# Estatuto da Criança e do Adolescente

# Estatuto da Criança e do Adolescente

ENTRE A EFETIVIDADE DOS DIREITOS
E O IMPACTO DAS NOVAS TECNOLOGIAS

2022

Coordenadores

Andrea Sant'ana Leone Souza

Angelo Viglianisi Ferraro

Eduardo Tomasevicius Filho

ALMEDINA

**ESTATUTO DA CRIANÇA E DO ADOLESCENTE**
ENTRE A EFETIVIDADE DOS DIREITOS E O IMPACTO DAS NOVAS TECNOLOGIAS

COORDENADORES: Andrea Sant'ana Leone Souza, Angelo Viglianisi Ferraro e Eduardo Tomasevicius Filho

DIRETOR ALMEDINA BRASIL: Rodrigo Mentz
EDITORA JURÍDICA: Manuella Santos de Castro
EDITOR DE DESENVOLVIMENTO: Aurélio Cesar Nogueira
ASSISTENTES EDITORIAIS: Isabela Leite e Larissa Nogueira
ESTAGIÁRIA DE PRODUÇÃO: Laura Roberti

DIAGRAMAÇÃO: Almedina
DESIGN DE CAPA: FBA

ISBN: 9786556276885
Novembro, 2022

Dados Internacionais de Catalogação na Publicação (CIP)
(Câmara Brasileira do Livro, SP, Brasil)

Estatuto da Criança e do Adolescente : entre a efetividade dos direitos
e o impacto das novas tecnologias / coordenadores Andrea Sant'ana
Leone Souza, Angelo Viglianisi Ferraro, Eduardo Tomasevicius
Filho. – São Paulo : Almedina, 2022.

Vários autores
Bibliografia.
ISBN 978-65-5627-688-5

1. Crianças e adolescentes – Direitos – Brasil 2. Direito à educação
3. Direito fundamental 4. Internet (Rede de computadores) 5. Trabalho infantil
I. Souza, Andrea Sant'ana Leone. II. Ferraro, Angelo Viglianisi.
III. Tomasevicius Filho, Eduardo.

22-123457 CDU-347.157.1(094)

**Índices para catálogo sistemático:**

1. Estatuto da Criança e do Adolescente : Direito 347.157.1(094)

Cibele Maria Dias – Bibliotecária – CRB-8/9427

Este livro segue as regras do novo Acordo Ortográfico da Língua Portuguesa (1990).



EDITORA: Almedina Brasil
Rua José Maria Lisboa, 860, Conj.131 e 132, Jardim Paulista | 01423-001 São Paulo | Brasil
editora@almedina.com.br
www.almedina.com.br

## SOBRE OS COORDENADORES

ANDREA SANT'ANA LEONE SOUZA

Professora de Direito Civil da Universidade Federal do Oeste da Bahia. Pós-doutora pelo Mediterranea International Centre for Human Rights Research da Università degli Studi 'Mediterranea' di Reggio Calabria. Doutora em Direito e Mestra em Relações Sociais e Novos Direitos pela Universidade Federal da Bahia. Bacharela em Direito pela Universidade Católica de Salvador. Especialista em Direito Civil pela Universidade Federal da Bahia. Pesquisadora no Grupo de Pesquisa Direitos Humanos, Direito à Saúde e Família, na linha de Direito à Saúde da Criança com Intersexo (CNPQ/UCSAL) e no Grupo Vida (UFBA/CNpq).

ANGELO VIGLIANISI FERRARO

Diretor do Mediterranea International Centre for Human Rights Research da Università degli Studi 'Mediterranea' di Reggio Calabria. Professor da Università degli Studi 'Mediterranea' di Reggio Calabria e da Cracow University of Economics (Polônia).

EDUARDO TOMASEVICIUS FILHO

Bacharel em Direito, Doutor e Livre-Docente em Direito Civil pela Universidade de São Paulo. Professor Associado do Departamento de Direito Civil da Faculdade de Direito da Universidade de São Paulo – USP. Professor e Coordenador (2009-2012;2017-2018) do Curso de Direito das Faculdades Integradas Campos Salles. Advogado.

## SOBRE OS AUTORES

ALDER THIAGO BASTOS

Doutorando em Direito Ambiental Internacional pela Universidade Católica de Santos - UNISANTOS, contemplado pelo programa de Bolsas pela CAPES. Mestre em Direito da Saúde - Dimensões Individuais e Coletivas pela Universidade Santa Cecília - UNISANTA. Especialista em Direito do Trabalho pela Escola Paulista de Direito e em Direito Processual Civil pelo IBMEC. Presidente da Comissão de Direito Processual do Trabalho da OAB/SP - Subseção Jabaquara. Professor das Faculdades Integradas Campos Salles e da Faculdade Bertioga. Advogado.

ANA RITA ALFAIATE

Professora Assistente convidada da Faculdade de Direito da Universidade de Coimbra (Portugal) e Professora Auxiliar da Universidade Portucalense (Portugal).

AUGUSTO REINKE

Especialista em Direito Civil pela Pontifícia Universidade Católica de Minas Gerais. Bacharel em Direito pela Universidade São Judas Tadeu. Professor do Curso de Direito das Faculdades Integradas Campos Salles. Advogado.

IRINEIA MARIA BRAZ PEREIRA SENISE

Bacharela, Mestra e Doutora pela Faculdade de Direito da Universidade de São Paulo. Pós-graduada em Direito Internacional Público pela Universidade de Paris II e pela Academia de Direito Internacional de Haia. Especialista em Política e Relações Internacionais pela Fundação Escola de Sociologia e Política de São Paulo. Pesquisadora no Departamento de Relações Internacionais da London School of Economics and Political Science (LSE – Universidade de Londres) e na Universidade de Camerino (Itália). Professora do Curso de Direito das Faculdades Integradas Campos Salles. Advogada.

ISAAC RAVETLLAT BALLESTÉ
Profesor Asociado de Derecho Civil de la Facultad de Ciencias Jurídicas y Sociales de la Universidad de Talca, Chile. Doctor en Derecho por la Universidad de Barcelona, España. Director del Centro de Estudios sobre los Derechos de la Infancia y la Adolescencia (CEDIA) de la Universidad de Talca. Coordinador General de la Red de Universidades por la Infancia (Chile).

JANAINA GALANI CRUZ TOMASEVICIUS
Bacharela em Economia (2003) e Direito (2008) pelas Faculdades Integradas Campos Salles. Mestra em Ciências Humanas pela Universidade Santo Amaro – UNISA. Professora do Curso de Direito das Faculdades Integradas Campos Salles e Coordenadora da Escola Superior da Advocacia – OAB São Paulo – Subseção Lapa. Advogada.

MARINA BERTINATTO
Acadêmica na Escola de Direito da Universidade do Vale do Rio dos Sinos e na Escola de Humanidades (História) da Pontifícia Universidade Católica do Rio Grande do Sul.

MARCOS CATALAN
Doutor summa cum laude pela Faculdade de Direito da Universidade de São Paulo. Mestre em Direito pela Universidade Estadual de Londrina. Professor no PPG em Direito e Sociedade da Universidade LaSalle. Visiting Scholar no Istituto Universitario di Architettura di Venezia (2015-2016). Estágio pós-doutoral na Facultat de Dret da Universitat de Barcelona (2015-2016). Visiting researcher no Mediterranea International Center for Human Rights Research (2020- ). Professor visitante no Mestrado em Direito de Danos da Facultad de Derecho de la Universidad de la Republica, Uruguai. Professor visitante no Mestrado em Direito dos Negócios da Universidad de Granada, Espanha. Professor visitante no Mestrado em Direito Privado da Universidad de Córdoba, Argentina. Editor da Revista Eletrônica Direito e Sociedade. Líder do Grupo de Pesquisas Teorias Sociais do Direito e Cofundador da Rede de Pesquisas Agendas de Direito Civil Constitucional. Diretor do Brasilcon (2020-2021). Advogado parecerista.

SANDRA REGINA CAVALCANTE

Pesquisadora e professora universitária, com doutorado e mestrado na USP (Faculdade de Saúde Pública e Faculdade de Direito – tema interdisciplinar Saúde do Trabalhador). Pós-graduação em Direito Ambiental (FSP/USP) e em Direito do Trabalho (ESA-OAB/SP), Pesquisadora visitante durante o doutorado na University of Massachusetts-Boston nos EUA. Advogada.

THIAGO FELIPE S. AVANCI

Ph.D. em Direito pela Universidade Presbiteriana Mackenzie (2020), com bolsa integral e aprovação summa cum laude. Estágio de Pós Doutorado pelo Mediterranea International Centre for Human Rights Research, da Università degli Studi Mediterranea di Reggio Calabria (2021), com bolsa integral. Mestre em Direito pela Universidade Católica de Santos - UNISANTOS (2011), com bolsa integral CAPES e aprovação summa cum laude. Pós-Graduado em Gestão Pública, Gestão Pública Municipal pela Universidade Federal de São Paulo - UNIFESP (2019). Bacharel em Direito pela Universidade Católica de Santos - UNISANTOS (2007). Professor da Universidade Paulista – UNIP (2014-). Professor do Centro Universitário São Judas Tadeu campus UNIMONTE (2017-). Membro convidado do Centro de Estudos Sociedade e Tecnologia (CEST)/ Faculdade Politécnica/Universidade de São Paulo (2020-). Vice-Presidente e Presidente do Conselho de Direitos da Criança e do Adolescentes de Guarujá entre 2014-2016. Conselheiro junto a diversos Conselhos Municipais em Guarujá, como de Saúde, de Assistência Social, de Segurança Alimentar, de Transporte (2012-). Avaliador INEP/MEC (2018-). Avaliador em diversos periódicos na América Latina. Advogado (2008-). Gestor Jurídico, de Recursos Humanos e de Projetos Sociais (2008-). Assessor de Governo (2019-).

# APRESENTAÇÃO

O direito da criança e do adolescente é um ramo cuja importância é indiscutível, porquanto ser aplicável a quem está na condição de pessoa em desenvolvimento, assim como este ramo um dia foi importante para toda pessoa adulta, que, um dia, já foi criança, chegando a esse estágio da vida porque, de uma forma ou outra, direitos fundamentais, como a vida, a saúde, a convivência familiar e a educação foram garantidos anos antes. Não bastasse esse fato, as transformações do direito privado, pelas quais se reconhece a progressiva autonomia para a constituição de novas entidades familiares, e a repactuação das regras básicas às existentes, decorrentes da igualdade entre cônjuges e companheiros e plena liberdade para o divórcio, fazem com que o direito da criança e do adolescente se torne a base de ordem pública do direito de família, porque suas regras se voltam à proteção integral e do melhor interesse, cuja observância é mais que obrigatória no exercício do poder familiar.

O ano de 1924 foi importante para a construção do direito da criança e do adolescente. Afinal, proclamou-se a primeira declaração dos direitos da criança e a questão da infância foi debatida em congressos internacionais. Promulgaram-se leis de proteção à infância, entre as quais o Decreto nº 4.867, de 5 de novembro de 1924, que fixou o dia 12 de outubro como o "dia da criança" no Brasil. Nesse mesmo ano de 1924, o professor Augusto Guzzo, brasileiro de ancestralidade italiana, e cônscio da relevância da educação para a pessoa e para a sociedade, fundou a Escola de Commercio Campos Salles no bairro da Lapa, em São Paulo, a qual se transformou décadas depois em Colégio e Faculdades Integradas Campos Salles – FICS. Adotando para si o lema "Ecce exiit qui seminat seminare" ("Eis que o semeador saiu para semear"), o professor Augusto Guzzo tornou-se um dos pioneiros da educação paulistana.

Quase um século depois, no dia 24 de novembro de 2020, as Faculdades Integradas Campos Salles e o Mediterranea International Centre for Human Rights Research – MICHR – da Università degli Studi 'Mediterranea' di Reggio Calabria tiveram a honra de realizar o Congresso Internacional "Trinta anos do ECA", em formato virtual em razão da pandemia de Covid-19.

A proposta do congresso consistiu na comemoração dos trinta anos da promulgação do Estatuto da Criança e do Adolescente (Lei nº 8.069, de 13 de julho de 1990), e da internalização da Convenção sobre os Direitos da Criança da ONU (Decreto Nº 99.710, de 21 de novembro de 1990). Os participantes – pós-doutorandos do MICHR e professores do curso de direito das FICS – versaram sobre aspectos relevantes acerca do direito da criança e do adolescente em uma perspectiva de avaliação acerca da efetivação desses direitos.

Foram discutidos os fundamentos do direito da criança, a Convenção dos Direitos da Criança, os direitos fundamentais à convivência familiar e à educação, as transformações no mundo do trabalho infantil e os impactos da Internet na vida das crianças e adolescentes. Além disso, foram apresentadas análise sobre os conselhos de defesa da criança e do adolescente e do Comitê dos Direitos da Criança da ONU. Dessa forma, à guisa de conclusão, observou-se que o direito da criança e do adolescente, trinta anos depois, avançou significativamente na garantia de direitos fundamentais, mas ainda há desafios em termos de efetivação desses mesmos direitos por conta das mudanças sociais, que modificaram a família enquanto instituição, e, sobretudo, pelas novas tecnologias, que agora fazem parte do cotidiano de todos.

Como resultado desse trabalho, os expositores registraram por escrito suas apresentações na forma de artigos científicos, os quais agora são compartilhados com a comunidade acadêmica como forma de continuidade das reflexões que ainda são necessárias acerca do tema. Ademais, esta obra coletiva também conta com a participação da Profa. Ana Rita Alfaiate, que é uma das mais importantes especialistas em direito da criança e do adolescente em Portugal, e que se tornou colaboradora do MICHR em 2021.

Agradecemos novamente o apoio da Ed. Almedina para a divulgação dessa obra coletiva, e ficamos felizes de ver esta renomada casa editorial de Portugal semeando o conhecimento jurídico no Brasil.

ANDREA SANT'ANA LEONE SOUZA
ANGELO VIGLIANISI FERRARO
EDUARDO TOMASEVICIUS FILHO

## SUMÁRIO

# 1.
# ASPECTOS DA TUTELA DOS MENORES NA ITÁLIA: UMA HOMENAGEM À COMEMORAÇÃO DOS TRINTA ANOS DO ESTATUTO DA CRIANÇA E DO ADOLESCENTE BRASILEIRO[1]

ANGELO VIGLIANISI FERRARO

Bom dia a todos! Para iniciar, eu quero agradecer ao Professor Tomasevicius, ilustre jurista que é um grande amigo. Ele, em 2020, está como um dos coordenadores de área do pós-doutorado internacional do Mediterranea Inernational Centre for Human Rights Research – MICHR em Reggio Calabria, Itália. Trata-se de uma iniciativa efetivamente revolucionária, que conta com a participação de noventa e sete doutores da América do Sul e de outros países. Se estiverem de passagem pela Europa, venham visitar o centro, pois vocês são muito bem-vindos. Nos últimos tempos, publicamos trabalhos e estamos realizando eventos, como este entre as Faculdades Integradas Campos Salles e o MICHR. Minha universidade [a Università degli Studi 'Mediterranea' di Reggio Calabria] tem um departamento de excelência na Itália por conta da qualidade da investigação realizada. O Ministério da Educação da Itália nos avaliou, e, com grande

[1] Transcrição da palestra de abertura do Congresso Internacional "Trinta anos do ECA", realizado online em 24 de outubro de 2020 pelas Faculdades Integradas Campos Salles (Brasil) com o Mediterranea Inernational Centre for Human Rights Research – MICHR, da Università degli Studi 'Mediterranea' di Reggio Calabria (Itália).

orgulho, fomos reconhecidos como departamento de excelência na Itália, no mesmo nível de Bolonha e Catania.

Estou feliz hoje de celebrar com os amigos brasileiros os trinta anos do Estatuto da Criança e do Adolescente. No meu caso, farei uma breve exposição para analisar quatro aspectos importantes da tutela dos menores na Itália. Cuidarei da centralidade dos menores enquanto sujeitos passivos para sujeitos ativos; abordarei o status único de filho na Itália de acordo com a nova nomenclatura estabelecida anos atrás; tratarei do "direito ao afeto" ou "direito ao amor" e, por fim, analisarei a vedação à alienação parental. Sei que um dos palestrantes tratará desse tema, e estou curioso para ouvir como é a disciplina da questão no Brasil.

Eis o primeiro ponto: a centralidade dos menores. Nosso Código Civil é muito antigo: foi promulgado em 1942. Portanto, um código elaborado durante o fascismo. Embora tenha sofrido reformas, estas não foram completas. A Corte Constitucional italiana acabou por eliminar muitas partes que não estavam em conformidade com a Constituição, que é de 1948. Há um projeto de reforma e consolidação em andamento. Tanto a Corte Suprema, quanto a Corte de Cassação, procuraram dar uma interpretação constitucional ao Código Civil. Neste, os filhos menores eram considerados como sujeitos passivos. Deviam honrar e respeitar os genitores, e estes tinham o pátrio poder ou poder "genitorial". Só recentemente se modificou essa questão, ao inserir o conceito de responsabilidade "genitorial". De fato, houve um lento processo de modificação desta ideia de menores, de sujeitos passivos a sujeitos ativos.

O tempo passa. Graças à Convenção dos Direitos da Criança de 1989, o menor se tornou um sujeito ativo com direitos. Por exemplo, no artigo 12 há o direito de ser ouvido em todas as coisas a que ele se refere. A Convenção Europeia sobre o Exercício dos Direitos da Criança, concluída em Strasburgo em 1996, deu um passo adiante: prevê a escuta informada, que é um conceito um pouco diferente. O menor deve ser ouvido, mas também deve ser informado, de modo que saiba o que quer dizer, dar a própria opinião ou ponto de vista sobre um problema. No artigo 24 da Carta de Direitos Fundamentais da União Europeia, estatuiu-se o direito dos menores de exprimir livremente a própria opinião, ter liberdade de expressão e de ter a própria opinião. Deve-se levar em consideração nessa carta de direitos fundamentais a idade e maturidade do menor. Assim, um menino de quatro anos deve ser ouvido, porque sua opinião pode ser relevante. Observem: não é só ser ouvido, mas ter a liberdade de exprimir a própria opinião. Esse conceito de escutar foi bastante ampliado, porque se afirma a possibilidade de analisar e escutar o menor, valorizando sua liberdade de expressão, assegurando-lhe o direito de dizer tudo aquilo que considera útil. Além disso, esse direito é também o de ser ouvido em sua linguagem não verbal. O direito à escuta, portanto, implica o dever de avaliar o comportamento do menor, como pelo que faz em sala de aula, pelo desenho que fez, sua expressão facial e na relação com os amigos. Toda linguagem não verbal ou não diretamente relacionada à escuta direta do menor precisa ser levada em consideração.

Quanto ao segundo ponto, a Itália estava em descompasso com outros países, devido à odiosa distinção que se fazia entre filhos legítimos, naturais e incestuosos. Não sei se no Brasil a situação é similar, mas o nosso Código Civil dispunha dessa forma. Filhos legítimos eram os nascidos durante o casamento. Filhos naturais nasciam em relações extraconjugais. Filhos incestuosos eram gerados por parentes. Estes últimos não podiam ter o sobrenome dos pais. Não tinham muitos direitos. Somente aqueles que tinham a paternidade a maternidade declaradas podiam ter direitos de caráter econômico. Por isso, filhos incestuosos eram, na prática, verdadeiramente órfãos vivendo com seus genitores. A reforma de 10 de dezembro de 2012, que entrou em vigor pelo Decreto Legislativo nº 154, de 2013, eliminou essa distinção. Criou-se o status único de filho. Filhos biológicos, naturais, adotivos, incestuosos, são todos filhos e têm os mesmos direitos fundamentais. Além disso: os direitos fundamentais dos menores dos filhos são direitos à autodeterminação. É claro que os menores não têm o mesmo grau de autodeterminação. Menores muito pequenos não têm capacidade de entender: devem ser acompanhados e tutelados. Mas este seu poder de autodeterminação deve aumentar proporcionalmente com o crescimento. Rapazes de dezessete anos não podem ser considerados como crianças de quatro anos. Logo, com base na idade dos menores, muda-se também o grau de importância que dever ser atribuído à sua declaração, à sua vontade e intenção.

O terceiro ponto: com o novo artigo 315-bis do Código Civil, construiu-se aquilo que é considerado como “direito ao amor” aos menores, um “direito ao afeto” aos menores. Antes se falava de “interesse dos menores"; agora se fala de "direitos dos menores", direitos fundamentais do menor. Não é somente a previsão de um direito à instrução, à educação e ao sustento. Tem-se agora uma belíssima novidade: o direito à assistência moral. O filho menor deve ser assistido não só economicamente, não só pela sua instrução, educação e formação, mas deve receber essa assistência moral. A doutrina discute esse conceito de assistência moral, mas se pode falar verdadeiramente de um direito de receber um sentimento forte, que é o amor, que é o afeto. Direito de receber cuidado, conforto, proteção, e tudo que for necessário para um são e sereno crescimento.

Ligado ao "direito ao afeto", e para concluir com o quarto ponto, há o direito de não sofrer alienação parental. Como sabemos, na situação de crise conjugal, o filho pode tornar-se objeto de conflito e ser usado como instrumento para punir o outro cônjuge. Torna-se uma coisa, uma "res", sobre a qual se joga o poder entre dois genitores. Então o Código Civil, nessa nova redação, estabelece o direito a crescer na família, mesmo em caso de separação ou divórcio. O menor não perde o direito de crescer dentro da família, através do "affido condiviso" (guarda compartilhada): os filhos, assim, permanecem sob a responsabilidade de ambos os genitores. Filho não é prerrogativa de um genitor, exceto em casos excepcionais, como quando o pai é violento. Nesse caso, o filho fica exclusivamente com a mãe. Repito: a regra é essa – "affido condiviso". Não obstante a lide, separação ou divórcio, os filhos devem crescer em lugar privilegiado, que é a família de origem, ainda que essa família nova, dinâmica, dos genitores signifique que não irão mais viver juntos como casal. Aquilo que é absolutamente proibido é a situação que Richard Gardner definiu como Síndrome da Alienação Parental, na qual um genitor, para punir o ex-cônjuge, promove uma "lavagem cerebral" na criança, cria uma realidade virtual distorcida, fala mal do outro cônjuge e convence-a que ela deve estar somente na sua companhia, apresentando-se como pessoa perfeita e o ex-cônjuge, como pessoa negativa. Essa forma de destruir da ideia normal de família, do conceito natural de núcleo familiar, foi definida pela sociedade italiana de neuropsiquiatria infantil como um abuso psicológico sobre o menor. O art. 315-bis do Código Civil e o 317-bis impõem o direito de manter relação significativa com os parentes. Em caso de divórcio ou separação, os menores têm o direito, de manter a relação que tinham com os primos, parentes, e, sobretudo, como os avós.

Isso porque a primeira coisa que se faz em caso de alienação parental é interromper a relação com os ascendentes, avós, pais do outro genitor. O art. 317-bis também traz o outro lado da medalha: os ascendentes têm o direito de manter relação significativa com os netos. Não podem ser privados do afeto de seus netos porque isso pode gerar trauma psicológico, não somente nos menores, mas também nos avós idosos que cresceram com as crianças, e as consideravam como novos filhos.

Então, temos visto uma verdadeira transformação na proteção dos menores no último decênio. Podemos falar de menores como sujeitos particularmente tutelados pela família, porque são eles que sofrem as consequências da crise conjugal, criada pelos genitores e cabe a eles resolverem-na entre si. Não é mais permitido que as vítimas dessa crise sejam os menores, sujeitos privados de defesa que não têm instrumentos para reagir a essa situação.

Muito obrigação pela atenção!

# 2.
# CONVENÇÃO INTERNACIONAL DA ONU SOBRE OS DIREITOS DA CRIANÇA: IMPORTÂNCIA PARA A CONSTRUÇÃO DO ECA

IRINEIA MARIA BRAZ PEREIRA SENISE

*"O bem-estar das crianças de hoje está inseparavelmente ligado à paz do mundo de amanhã".*

Henry Labouisse[1]

**Introdução**

Novembro de 1989. O mundo, estupefato, volta sua atenção para a Alemanha, onde, em Berlim, cai o icônico Muro, símbolo da divisão bipolar internacional de poder, surgida no pós-Segunda Guerra Mundial.

Tal extraordinário fato, considerado marco histórico do fim da *Guerra Fria* entre Estados Unidos e União Soviética e seus respectivos blocos de influência político-ideológica, consequentemente abriria caminho para a reunificação das duas Alemanhas – Ocidental (RFA – República Federal da Alemanha) e Oriental (RDA – República Democrática da Alemanha).[2]

[1] Diretor Executivo do Fundo das Nações Unidas para a Infância (UNICEF), de 1965 a 1979.

[2] O chamado Muro de Berlim, construído em agosto de 1961, foi um dos mais marcantes símbolos da disputa de poder entre os blocos capitalista e socialista, inserido no contexto

A nova ordem internacional que assim despontava no horizonte, foi fator de reorganização do mapa político, sobretudo no cenário europeu, que, a partir de então, assistiu, exemplificadamente, à fragmentação da antiga União das Repúblicas Socialistas Soviéticas (URSS) e à desintegração da antiga Iugoslávia.[3]

Nesse cenário de grande renovação internacional, trazido por novos ventos políticos que sopraram sobre diversas partes do mundo, como que a indicar uma oxigenação necessária com vistas para um futuro de maior liberdade e oportunidades para a humanidade, nada mais sugestivo do que a assunção por líderes mundiais de um compromisso internacional para com a infância de todas as nações e de todos os tempos vindouros.

É nesse clima que surge a Convenção sobre os Direitos da Criança, adotada pela Assembleia Geral das Nações Unidas – ONU –, no mesmo emblemático mês de novembro de 1989,[4] produto que foi de longas reflexões e debates, que resultaram em verdadeiro instrumento a favor dos direitos humanos e tido como o mais aceito pela comunidade internacional de Estados, visto que já ratificado por, pelo menos, 196 países.[5]

geopolítico que teve início com o fim da Segunda Guerra Mundial, quando os exércitos Aliados tomaram a Alemanha, em 1945, e Berlim, dividida, ficou sob ocupação em quatro setores militares distintos, controlados pelos Estados Unidos, Reino Unido da Grã-Bretanha, França e União Soviética. Com o recrudescimento das tensões entre os dois polos ideológico-políticos, o setor soviético fez construir um grande muro divisório, altamente fortificado, a isolar Berlim Oriental da Ocidental, impedindo, com isso, o trânsito de alemães entre os dois lados da fronteira. O Muro só veio a ser destruído a partir de novembro de 1989, em meio às grandes transformações políticas que marcaram a abertura da "Cortina de Ferro" e o fim da União Soviética, assim declarado em 25 de dezembro de 1991. Cf. Hobsbawn, Eric. Era dos extremos. O breve século XX – 1914-1991. São Paulo: Schwarcz Ltda. 2006. p. 223-252.

[3] Hobsbawn, Eric. *Ibid.*

[4] A Convenção sobre os Direitos da Criança foi aprovada pela Assembleia das Nações Unidas em 20 de novembro de 1989 e entrou em vigor em 2 de setembro de 1990. Cf. Albernaz Junior, Victor Hugo. Vaz Ferreira, Paulo Roberto. Convenção sobre os direitos da criança. Disponível em: http://www.pge.sp.gov.br/centrodeestudos/bibliotecavirtual/direitos/tratado11.htm Acesso em: 9 jul. 2021.

[5] O Brasil foi um dos primeiros países a ratificar a Convenção sobre os Direitos da Criança, em 24 de setembro de 1990, após tê-la assinado em 26 de janeiro de 1990. Cf. Albernaz Junior, Victor Hugo. Vaz Ferreira, Paulo Roberto. *Ibid.*

## 1. Antecedentes históricos

As primeiras iniciativas no sentido de defesa da causa dos Direitos da Criança remontam às duas primeiras décadas do Século XX, nos trabalhos que então culminariam na Declaração de Genebra, de 1924, ainda sob a égide da Liga das Nações e com a participação da Organização Internacional do Trabalho (OIT),[6] que, em Convenções de 1919 e de 1920, já levantaram a questão de se abolir ou de se regular o trabalho infantil.

Com a Declaração Universal dos Direitos do Homem (1948), foi reconhecido mundialmente, pela primeira vez, que a criança precisa receber tratamento diferenciado, pleno de cuidados e de assistência especial, dada a sua própria condição de um ser humano em desenvolvimento.

Seguiram-se tratados e demais pactos internacionais,[7] de caráter mais genérico, até que, em 1959, deu-se a aprovação, pela Assembleia Geral da ONU, da Declaração dos Direitos da Criança, adaptada que foi da Declaração Universal de 1948, porém com princípios focados nas crianças de todo o mundo.

Mas somente em 1978 que um projeto da Convenção sobre os Direitos da Criança foi apresentado à Comissão de Direitos Humanos da ONU, por iniciativa do governo da Polônia, na tentativa – frustrada – de que fosse aprovado até o ano seguinte, visto que 1979 foi instituído pela ONU

[6] A Liga ou Sociedade das Nações, com sede em Genebra, teve seu berço no Tratado de Versalhes (1919), ao fim da Primeira Guerra Mundial. Como sabido, não sobreviveu à Segunda Guerra Mundial, pois que falhou em sua principal missão, que era a de manter a paz no mundo. Já a Organização Internacional do Trabalho (OIT), igualmente nascida da Conferência de Paz de Paris (1919), não só se manteve ativa desde sua instituição, como também foi integrada à Organização das Nações Unidas (ONU), como uma de suas agências. Cf. Accioly, Hildebrando. Do Nascimento e Silva, G. E. Casella, Paulo Borba. Manual de Direito Internacional Público. 16. ed. rev., atual., ampl. São Paulo: Saraiva, 2010. p.452 e segs. Também cf. Córdoba, José A. Corriente. Textos de derecho internacional público. Pamplona: Ediciones Universidad de Navarra, S. A., 1973. p.345–376.

[7] Neste sentido, consultem-se o Pacto Internacional de Direitos Civis e Políticos e o Pacto Internacional de Direitos Econômicos, Sociais e Culturais. (ONU, 1966). Cf. Accioly, Hildebrando. Do Nascimento e Silva, G. E. Casella, Paulo Borba. *Ibid.* Também, cf. Córdoba, José A. Corriente. *Id.* p. 185-208.

como o Ano Internacional da Criança – e assim se chamar mais a atenção para essa causa.[8]

Não obstante, um Grupo de Trabalho foi formado a partir daí, por aquela Comissão de Direitos Humanos, para dar continuidade aos debates e preparação do texto final da Convenção, tarefa essa que se estendeu por mais dez anos de complexas e extenuantes negociações, nas quais uma das principais contribuições brasileiras foi, juntamente com demais países em desenvolvimento, buscar adequação nos programas de políticas públicas a serem assumidos pelos Estados aderentes, segundo a realidade socioeconômica de cada país, evitando-se com isso a imposição de padrões impactantes dos países ricos, incompatíveis com as reais possibilidades de implementação dos referidos programas nos países em desenvolvimento.[9]

Igualmente, é de se notar o esforço dos negociadores brasileiros para que fossem incluídos, no texto da Convenção, elementos de consideração das diferenças econômicas, sociais e culturais de cada região, bem como a necessidade de cooperação e de assistência material inclusive, dos países ricos e desenvolvidos para com os subdesenvolvidos e os em desenvolvimento, na tarefa de zelo pela infância, para melhoria das condições gerais de vida das crianças dos países mais desfavorecidos – uma vez que toda e qualquer criança é importante.[10]

## 2. Convenção sobre os Direitos da Criança: aspectos gerais e princípios adotados

Para se chegar a um consenso a respeito do inteiro teor das futuras normas referentes a esse diploma internacional, voltado à proteção dos direitos

[8] Souza, Sérgio Augusto G Pereira de. A declaração dos direitos da criança e a convenção sobre os direitos da criança. Direitos humanos a proteger em um mundo em guerra. **Revista Jus Navigandi**, Teresina, ano 7, n.53, 1 jan. 2002. Disponível em: https://jus.com.br/artigos/2568. Acesso em: 15 ago. 2021.

[9] Rosemberg, Fúlvia. Mariano, Carmem Lúcia Sussel. A convenção internacional sobre os direitos da criança: debates e tensões. Cadernos de Pesquisa. São Paulo, v.40, n.141, p. 693-728, set./dez2010.

[10] Fundo das Nações Unidas para A Infância. *30 anos da convenção sobre os direitos da criança*: avanços e desafios para meninas e meninos do Brasil. Reis, Elisa Meirelles *et al.* (Coord.). São Paulo: UNICEF, 2019.

de crianças e adolescentes de todas as partes do mundo, as negociações se travaram entre Estados, porém com ampla participação ativa de organizações não governamentais voltadas à defesa de assuntos concernentes ao desenvolvimento infantil,[11] defensores de direitos humanos, juristas, profissionais da saúde, educadores, assistentes sociais, líderes religiosos e demais interessados no tema, todos eles vindos do mundo inteiro.

O resultado obtido do querer-se propiciar condições adequadas ao desenvolvimento sadio e harmonioso dos indivíduos menores de 18 anos de idade,[12] foi um documento que buscou, como já referido, não perder de vista as tradições nacionais, bem como respeitar as diferenças culturais, os diversos sistemas legais e as necessidades específicas das crianças nacionais de países em diferentes níveis de desenvolvimento.

A Convenção está fundada em princípios, que se recomenda serem também basilares para a legislação nacional pertinente de todos os países signatários, tais como a não discriminação; primazia do melhor interesse do menor; direito à vida, aqui abarcada a obrigação estatal de garantia plena a esse direito básico, que compreende sobrevivência e desenvolvimento saudável; e o direito de a criança se expressar e de ser ouvida nos assuntos que a afetarem diretamente.[13]

A Convenção, ao optar por diretrizes uniformes na consideração de quais são os direitos fundamentais da Infância a serem observados pelos países signatários, adotou, na verdade, um padrão que revela novo conceito do que é o ser humano enquanto criança.

[11] Como exemplos, *Save the Children, Defense for Children International* e *Bureau International Catholique de l'Enfance.*

[12] A Convenção sobre os Direitos da Criança, em regra, define seu objeto de proteção – a criança – o ser humano com até 18 anos incompletos. "Parte 1. Artigo 1: Para efeito da presente Convenção, considera-se como criança todo ser humano com menos de 18 anos de idade, salvo quando, em conformidade com a lei aplicável à criança, a maioridade seja alcançada antes." Cf. UNICEF. *Convenção sobre os direitos da criança.* Brasília: UNICEF, 1989. Disponível em: https://www.unicef.org/brazil/convencao-sobre-os-direitos-da-crianca. Acesso em: 22 jul. 2021.

[13] Fundo das Nações Unidas para A Infância. *30 anos da convenção sobre os direitos da criança*: avanços e desafios para meninas e meninos do Brasil. *Ibid.*

Neste sentido, afastam-se ideias segundo as quais os filhos *alieni juris*[14] – expressão emprestada ao Direito Romano, em oposição aos *sui juris*, mas aqui significando, no entanto, só os menores de idade, absoluta ou relativamente incapazes conforme as modernas leis civis – seriam como que propriedade exclusiva de seus genitores, sujeitos ao seu inteiro arbítrio, ou ainda, quando desamparados, seres dignos de mero auxílio aleatório, mais próximo de caridade do que de direitos próprios a lhes conferirem dignidade.

Por esta última via transita a Convenção, isto é, esta reconhece e defende que a pessoa física de até dezoito anos é também sujeito de direitos próprios, inserida, o mais possível, em uma família que a acolha, a respeite, a proteja e a ensine a ser membro de sua comunidade nacional, detentora de direitos, mas igualmente de responsabilidades próprias e adequadas à sua idade e desenvolvimento pessoal.[15]

## 3. Convenção sobre os Direitos da Criança: elementos basilares

A Convenção dos Direitos da Criança procurou fundar-se sobre elementos que constituíssem uma estrutura ético-jurídica capaz de ser recepcionada e posta em prática mundialmente.

Hoje, passados mais de trinta anos de sua entrada em vigor, nota-se que esse objetivo vem sendo alcançado, na medida em que se vislumbram nos múltiplos estatutos nacionais voltados para a infância e adolescência praticamente os mesmos ditames constantes da Convenção, o que significa um avanço, ao menos formal, nesse campo dos direitos humanos.[16]

A Convenção é, de fato, o primeiro compromisso internacional formal com vistas não só a identificar e a prescrever, como garantia fundamental, os direitos das crianças, como também a promover o monitoramento da observância fática dos mesmos nos países que a esta já aderiram e nos

[14] Para o Direito Romano, aquela pessoa (*filiusfamilias*) que estivesse sob o poder de um *paterfamilia*, não importando a idade cronológica. Cf. Marky, Thomas. Curso elementar de direito romano. 3. ed. São Paulo: Milesi Editora Ltda, 1981. p. 54-55.

[15] Fundo das Nações Unidas para a Infância. *30 anos da convenção sobre os direitos da criança*: avanços e desafios para meninas e meninos do Brasil. *Ibid.*

[16] Fundo das Nações Unidas para a Infância. *Situação mundial da infância* – Celebrando 20 anos da convenção sobre os direitos da criança. Edição especial. Brasília: UNICEF, 2009.

que venham ainda a aderir – o que reforça a ideia de responsabilidade individual e coletiva de cada país no concerto de Estados, em relação a seus pequenos, mas futuros cidadãos, que também, enquanto membros da humanidade, assumem a condição de cidadãos do mundo e de futuros protagonistas dos destinos da Terra.[17]

Importante salientar que a Convenção Internacional sobre os Direitos da Criança é reconhecida não somente por entes estatais, mas também por organizações não-governamentais (ONGs) que trabalham nesse campo de defesa dos interesses de crianças e adolescentes, por entidades especializadas e agências das próprias Nações Unidas, como o Fundo das Nações Unidas para a Infância (UNICEF), a Organização Internacional do Trabalho (OIT), o Alto Comissariado das Nações Unidas para Refugiados (ACNUR) e a Organização das Nações Unidas para a Educação, a Ciência e a Cultura (UNESCO).[18]

## 4. Convenção sobre os Direitos da Criança: monitoramento. Comitê dos Direitos da Criança

O monitoramento da implementação da Convenção é feito continuamente pelo Comitê dos Direitos da Criança, órgão formado por dezoito especialistas em matéria de direitos infantis, oriundos de diversas partes do mundo e de diferentes sistemas legais, indicados pelos Estados membros, porém deles independentes na atuação política e na representatividade.

Esses especialistas são responsáveis por cobrar e analisar relatórios, que devem ser apresentados periodicamente (em média, de 5 em 5 anos) pelos países signatários que ratificaram a Convenção ou qualquer de seus Protocolos Facultativos, a respeito de como estão sendo tratadas as questões referentes aos direitos das crianças e de que maneira a situação é conduzida pelos responsáveis nacionais.

Estando corretas as posturas estatais no atendimento aos padrões estabelecidos de proteção aos direitos infantis, os relatórios são ratifica-

[17] UNICEF. *30º aniversário da convenção sobre os direitos da criança* – 20 de novembro de 2019. Disponível em: https://www.unicef.org/brazil/convencao-direitos-da-crianca-30-anos . Acesso em: 28 jun. 2021.

[18] Sedes em Nova Iorque, Genebra, Genebra e Paris, respectivamente.

dos pelo Comitê, que pode também revisá-los, requerer informações adicionais e relatórios complementares, bem como fazer recomendações de melhoria aos Estados nas implementações – cujo acatamento ou não pelo Estado alvo será verificado, quando do próximo relatório.

Sempre que necessário, o Comitê dos Direitos das Crianças pode solicitar ajuda internacional a outros países, além de assistência especializada e aconselhamento de organismos internacionais e agências da ONU, especialmente do Fundo das Nações Unidas para a Infância (UNICEF), que mantém programas específicos, por vezes emergenciais, voltados à assistência da Infância e, por isso mesmo, tem o direito, conferido pela Convenção, de estar presente e de opinar, através de relatórios, quando da revisão, pelo Comitê, da implementação da Convenção em determinado país.

Convém lembrar que é por meio dessas revisões periódicas de relatórios que o Comitê tem como instar os governos nacionais a adotarem a Convenção como guia de atuação das políticas internas voltadas para o atendimento do bem estar integral da Criança, inclusive sob o ponto de vista de reservas orçamentárias para implementação desse fim.[19]

## 5. Convenção sobre os Direitos da Criança: sistemática e estrutura do documento

Nestes 30 anos de vigência da Convenção sobre os Direitos da Criança, muitos avanços foram conseguidos graças à sua implementação e a de seus três Protocolos Facultativos,[20] resultando na melhoria de condições de vida de milhões de crianças ao redor do mundo.

Isto porque esses diplomas internacionais levaram à incorporação de seus princípios basilares na legislação pertinente dos países ratificadores,

[19] Albernaz Junior, Victor Hugo. Vaz Ferreira, Paulo Roberto. *Ibid.*

[20] O Primeiro desses Protocolos se refere à proteção das crianças contra o envolvimento em conflitos armados (2002); o Segundo Protocolo Facultativo recomenda a criminalização do tráfico de crianças, da exploração sexual e da pornografia infantil (2002); e o Terceiro trata de permitir às crianças que apresentem diretamente ao Comitê dos Direitos da Criança reclamações formais de violações de seus direitos (2014). Cf. UNICEF. *Fortalecimento da convenção sobre os direitos da criança:* protocolos facultativos. Disponível em: https://www.unicef.org/brazil/fortalecimento-da-convencao-sobre-os-direitos-da-crianca-protocolos-facultativos. Acesso em: 11 ago. 2021.

que são guias para estabelecimento de organismos multidisciplinares e intergovernamentais competentes para tratar dos direitos das crianças, vêm promovendo o desenvolvimento das agendas nacionais para a infância e o consequente incentivo ao incremento orçamentário voltado para o atendimento das políticas públicas nacionais de proteção à sobrevivência, de atendimento às necessidades básicas e ao pleno desenvolvimento da criança, que não pode ser alvo de discriminações de nenhum tipo, nem de perseguições, de maus tratos, mas sim de meios suficientes de oportunidades que favoreçam seu desabrochar saudável e construtivo.[21]

Sob o ponto de vista formal, a Convenção sobre os Direitos da Criança é composta por 54 artigos, distribuídos em três grandes partes, precedidas de um preâmbulo, que traz a definição do que se entende por criança e estabelece as linhas mestras que servirão de base para a compreensão de seus princípios na implementação de suas metas protetivas daquele ser humano em fase de formação no seio da família e da sociedade à qual pertence.

Prescreve, assim, como de garantia fundamental, direitos de uma longa lista plural, a abarcar desde o direito à vida, à sobrevivência digna, com respeito à integridade física e moral, à honra e à privacidade, à imagem, à igualdade, à liberdade de ir e vir, ao desenvolvimento saudável, passando pelos direitos de liberdade de expressão, de religião e de manifestação de pensamento; direitos de não discriminação de cor, de religião, de sexo, de língua, de convicções filosófico-políticas, sem distinção por origem étnica nem social, bem como o direito a um domicílio, à identidade, ao nome, à imagem, à nacionalidade, ao aconchego protetivo dos pais e da família; direito ao estudo e à educação, ao lazer e ao descanso; direito de brincar; direito de ter bom tratamento e de não receber punições injustas nem descabidas; direito de ser ouvido em processos tanto administrativos quanto judiciais, naquilo em que a criança puder ser afetada e tiver interesse direto; direto à privacidade de correspondência; direito à adoção segura e responsável; direito de não ser objeto de exploração sexual, nem laboral, nem de violência física ou mental; direito ao refúgio, à ajuda humanitária, à previdência social; direito a tratamento médico adequado,

[21] Fundo das Nações Unidas para a Infância. *30 anos da convenção sobre os direitos da criança*: avanços e desafios para meninas e meninos do Brasil. *Ibid.*

aí incluído pré e pós-natal e ao aleitamento materno; direito à dignidade dos portadores de deficiências físicas e mentais; direito de respeito à identidade nacional, cultural e ao idioma; direito a um meio ambiente saudável; direito à tolerância, à identidade de gênero, à proteção contra drogas ilícitas e ao tráfico de entorpecentes e ao tráfico de pessoas e de órgãos; proteção contra tortura e pena de morte, de prisão perpétua e demais penas cruéis; direito contra prisão ilegal; direito à assistência jurídica adequada, à prisão em separado de adultos e direito a tradutor e intérprete, sempre que necessário; direito a tratamento humanitário; direito a não alistamento militar antes dos 15 anos de idade; direito à amizade entre os povos, direito, enfim, a ter direitos, sempre no melhor interesse da criança.[22]

## 6. A Convenção sobre os Direitos da Criança e o Estatuto da Criança e do Adolescente

A Convenção sobre os Direitos da Criança teve evidente influência sobre a Constituição Federal brasileira de 1988, uma vez que seu art. 227 apresenta claros traços daquele diploma internacional, ao prescrever no *caput* que:

> Art. 227. É dever da família, da sociedade e do Estado assegurar à criança, ao adolescente e ao jovem, com absoluta prioridade, o direito à vida, à saúde, à alimentação, à educação, ao lazer, à profissionalização, à cultura, à dignidade, ao respeito, à liberdade e à convivência familiar e comunitária, além de coloca-los a salvo de toda forma de negligência, discriminação, exploração, violência, crueldade e opressão.

Os parágrafos e incisos que se seguem ao *caput* são evidências da apontada influência, que, na prática, significou ter a Constituição Federal de 1988 adotado a doutrina da proteção integral, alçando a criança e o adolescente à condição de sujeito de direitos, antes mesmo de a Convenção ser aprovada, tendo antecipado, inclusive, o conceito pelo qual o cuidado

[22] Souza, Sérgio Augusto G. Pereira de. *Ibid.*

com as crianças também é de responsabilidade do Estado e da sociedade, não somente da família.

Essa previsão constitucional foi também decisiva para que, na elaboração do Estatuto da Criança e do Adolescente - ECA, este se firmasse como um dos mais atualizados do mundo e em completa harmonia com a Convenção.

Toda essa sistemática de valores e de normas, de princípios e de garantias fundamentais, como não poderia deixar de ser, pelo fato de o Brasil ter aderido de pronto à Convenção, foi determinante para a elaboração do ECA[23] - também festejando seus trinta anos de vigência -, que apresenta, no entanto, uma ou outra diferença, em relação à Convenção, sem, no entanto, dela destoar. Exemplo disso é o fato de o ECA fazer distinção entre criança e adolescente, considerando a primeira como o ser humano com idade cronológica de zero a doze anos incompletos e o adolescente aquele entre doze anos completos até os dezoito anos.

Sob a ótima formal, o ECA se apresenta de maneira também semelhante a da Convenção, porém com algumas inovações. Ao longo de seus 267 artigos, mostra-se adepto da doutrina da proteção integral e da responsabilidade compartilhada entre família, Estado e sociedade no zelo pelas crianças e adolescentes - isto exatamente em compasso com a Convenção.

Após disposições preliminares, o ECA elenca e trata, nos diversos títulos e capítulos, dos direitos fundamentais (vida, saúde, liberdade, respeito, dignidade, convivência familiar e comunitária, educação, cultura, esporte e lazer, profissionalização e proteção no trabalho), seguindo, ao depois, com disposições relativas à política de atendimento, a medidas de proteção, à prática de ato infracional, de medidas voltadas para os pais

[23] A entrada em vigor da Lei nº 8.069/90 - o Estatuto da Criança e do Adolescente - ECA - se deu aos 13 de julho de 1990 - antes mesmo, portanto, da entrada em vigor da Convenção da ONU sobre os Direitos da Criança, o que em nada invalida a influência maciça que o texto da Convenção exerceu sobre a redação do ECA. Vale lembrar que essa Convenção Internacional sobre os Direitos da Criança foi promulgada, para ingresso integral em nosso sistema de normas jurídicas, através do Decreto nº 99.710, de 21 de novembro de 1990, precedido que foi pelo Decreto Legislativo n.º 28, de 14/09/1990, que aprovou, no Brasil, o texto da Convenção.

ou responsável, Conselho Tutelar, acesso à Justiça, crimes e infrações administrativas.

Assim, faz-se presente sistemática e princípios da Convenção, que, quando de sua promulgação, garantiram ao ECA posição de vanguarda no cenário mundial, em matéria de legislação da Infância.

## Considerações finais

Muitas estradas já foram trilhadas. Porém muito mais caminhos estão ainda por serem desbravados no campo dos direitos da criança.

No Brasil, como resultado da convergência do prescrito na atual Constituição Federal e da adoção de políticas públicas, muitas delas fundadas na adesão às recomendações internacionais competentes, no balanço dos últimos trinta anos de Convenção e de ECA, os indicadores de desempenho apontam que, nestas terras, têm havido resultados positivos, com avanços em diversas áreas, como nos da educação, saúde e proteção social, com registros de queda do analfabetismo, diminuição da evasão escolar, da taxa de mortalidade infantil e dos índices de trabalho infantil irregular.

Por outro lado, muitos ainda são os desafios a serem vencidos, sobretudo aqueles advindos das desigualdades sociais, da violência, dos efeitos irrefreáveis da crise climática mundial, que todos os anos provocam a perda de centenas de vidas humanas e continuam deixando à margem do aceitável – para os padrões da Convenção em matéria de direitos fundamentais – milhões de jovens vítimas de toda espécie desrespeito, de exploração, de fome e de outras mazelas, que fazem parecer distantes ao alcance as metas prescritas na Convenção.[24]

[24] O Brasil já recebeu uma série de recomendações do Comitê dos Direitos da Criança, visando à implementação das metas da Convenção, nos programas de políticas públicas, dentre elas medidas para se garantir recursos voltados a atender as necessidades prementes de crianças indígenas e de demais grupos vulneráveis, além de tomada de medidas tendentes a abolir violência contra crianças e adolescentes. Cf. Fundo das Nações Unidas para a Infância. *30 anos da convenção sobre os direitos da criança*: avanços e desafios para meninas e meninos do Brasil. *Ibid.*. Também Cf. Fundo das Nações Unidas para a Infância. *ECA 25 anos*. Avanços e desafios para a infância e a adolescência no Brasil. Brasília: UNICEF, 2015.

O alerta, no entanto, está dado: crianças não são somente o futuro; constituem, igualmente, o presente. E o país que não cuida de seus pequenos, está fadado à desesperança e à ruína.

O mundo de hoje está em crise de diversas naturezas. Mas, ao mesmo tempo, mostra-se repleto de bons exemplos de ativismo de crianças e de adolescentes ciosos do futuro – que é mais deles do que das atuais gerações de adultos.

As ações desses corajosos jovens idealistas representam um poderoso veio de luz, de clara esperança, a apontar para o caminho, que pode e deve ser trilhado por todos, esperança essa que fica estampada na fisionomia daqueles que se recusam à acomodação e à falta de entusiasmo e de coragem por transformar um planeta que pede por socorro.

Jovens que querem educação e saúde para todos; que lutam por mudanças nos padrões de consumo desenfreado e sem sentido; que clamam contra as causas das brutais mudanças climáticas e que incitam seus agentes provocadores à tomada de medidas urgentes que possam reverter ou ao menos refrear os danos à Natureza. E ainda os que heroicamente arriscam suas próprias vidas na tentativa de salvar vidas de outras pessoas, pelo simples fato de compreenderem que estão salvando seus semelhantes. Com isso, vão dando lições de resistência e de resiliência, que precisam ser ouvidas e seguidas.

Nestes tempos de tantas incertezas e de questionamentos sobre o futuro da humanidade, quando até mesmo há quem vislumbre a possibilidade (arrogante) de colonização humana de planetas distantes, como única saída para se escapar à possível extinção da vida na Terra – que, por certo, está em risco, provocado, aliás, pelo próprio ser humano, que assim está preferindo agir, ao invés de pugnar pela conservação e melhoria das condições de existência nesta bela e insubstituível casa comum, que é o nosso planeta –, sugestivo vídeo veiculado pela UNICEF lança sobre o espectador uma interessante provocação a respeito dos reais limites de atuação das crianças no mundo, de sua força influenciadora do meio em que vivem, de seu ativismo em prol da conservação deste planeta e da preciosa vida nele contida, da sua capacidade geradora, enfim, de mudanças até no curso do "mundo dos adultos"!

Com o título, a princípio irônico, de "Apenas uma Criança!...",[25] é narrada uma sequência de histórias tocantes e inspiradoras de crianças que, apesar da natural fragilidade física, demonstram caráter inquebrantável e força moral surpreendente, cuja experiência de vida fez com que se transformassem em ativistas pelos direitos das crianças, em prol de um futuro melhor para todos.

Ao relato de que uma única criança nadou por 3 horas em mar aberto, para salvar, com sucesso, 18 refugiados; que outra foi obrigada a matar durante guerra civil; que outra ainda foi baleada, por simplesmente desejar educação formal; e que outra mobilizou multidões no mundo inteiro em defesa da questão ambiental, todas elas se tornando, depois, ativistas entusiastas dos direitos humanos, em geral, e dos direitos das crianças, em especial, fica evidente que uma criança pode muita coisa, se munida do necessário – que, do ponto de vista material, nem sempre é muito...

Crianças como essas podem ensinar aos adultos muitas coisas – até mesmo como se chegar às estrelas sem se sair deste planeta – e sendo apenas simples crianças.

## Referências

ACCIOLY, Hildebrando. DO NASCIMENTO E SILVA, G. E. CASELLA, Paulo Borba. Manual de Direito Internacional Público. 16. ed. rev., atual., ampl. São Paulo: Saraiva, 2010.

ALBERNAZ JUNIOR, Victor Hugo. VAZ FERREIRA, Paulo Roberto. Convenção sobre os direitos da criança. Disponível em: http://www.pge.sp.gov.br/centrodeestudos/bibliotecavirtual/direitos/tratado11.htm Acesso em: 9 jul. 2021.

CÓRDOBA, José A. Corriente. Textos de derecho internacional público. Pamplona: Ediciones Universidad de Navarra, S. A., 1973.

FUNDO DAS NAÇÕES UNIDAS PARA A INFÂNCIA. *30 anos da convenção sobre os direitos da criança*: avanços e desafios para meninas e meninos do Brasil. REIS, Elisa Meirelles *et al.* (Coord.). São Paulo: UNICEF, 2019.

—. *ECA 25 anos.* Avanços e desafios para a infância e a adolescência no Brasil. Brasília: UNICEF, 2015.

[25] UNICEF BRASIL. Apenas uma criança. Youtube. 30 de outubro de 2019. Disponível em: https://www.youtube.com/watch?v=FeYaKVNXH4U

—. *Situação mundial da infância* – Celebrando 20 anos da convenção sobre os direitos da criança. Edição especial. Brasília: UNICEF, 2009.

HOBSBAWN, Eric. Era dos extremos. O breve século XX – 1914-1991. São Paulo: Schwarcz Ltda. 2006.

MARKY, Thomas. Curso elementar de direito romano. 3. ed. São Paulo: Milesi Editora Ltda, 1981.

ROSEMBERG, Fúlvia. MARIANO, Carmem Lúcia Sussel. A convenção internacional sobre os direitos da criança: debates e tensões. Cadernos de Pesquisa. São Paulo, v.40, n.141, p. 693-728, set./dez2010.

SOUZA, Sérgio Augusto G Pereira de. A declaração dos direitos da criança e a convenção sobre os direitos da criança. Direitos humanos a proteger em um mundo em guerra. Revista Jus Navigandi, Teresina, ano 7, n.53, 1 jan. 2002. Disponível em: https://jus.com.br/artigos/2568. Acesso em: 15 ago. 2021.

UNICEF BRASIL. Apenas uma criança. Youtube. 30 de outubro de 2019. Disponível em: https://www.youtube.com/watch?v=FeYaKVNXH4U

UNICEF. *30º aniversário da convenção sobre os direitos da criança* – 20 de novembro de 2019. Disponível em: https://www.unicef.org/brazil/convencao-direitos-da-crianca-30-anos . Acesso em: 28 jun. 2021.

—. *Convenção sobre os direitos da criança*. Brasília: UNICEF, 1989. Disponível em: https://www.unicef.org/brazil/convencao-sobre-os-direitos-da-crianca. Acesso em: 22 jul. 2021.

—. *Fortalecimento da convenção sobre os direitos da criança:* protocolos facultativos. Disponível em: https://www.unicef.org/brazil/fortalecimento-da-convencao-sobre-os-direitos-da-crianca-protocolos-facultativos. Acesso em: 11 ago. 2021.

# 3.
# PARTICIPAÇÃO E O RESPEITO À OPINIÃO DA CRIANÇA: IMPLEMENTAÇÃO DE POLÍTICAS PÚBLICAS APÓS 30 ANOS DO ECA

ANDREA SANT'ANA LEONE SOUZA

## Introdução

Passaram-se 30 anos desde a criação do Estatuto da Criança e do Adolescente – ECA, e muito se construiu desde então no campo dos direitos à educação, à saúde, à segurança, posto que, entre avanços e retrocessos, contabilizam-se de modo inconteste o acesso à escolarização, a diminuição da taxa de mortalidade, a preocupação com a subnutrição e a desnutrição, entre outras conquistas que marcaram a existência da criança enquanto sujeito de Direito. Isso não significa que obliterações se façam mitigadas, pois ainda coexiste a percepção de que a criança se constitui como sujeito de dominação dos adultos. É sob esse viés que este artigo se alicerça, tendo como principal objetivo discutir o respeito e a participação da criança a partir da implementação de políticas públicas após trinta anos da promulgação do ECA no Brasil.

A Declaração Universal sobre Direitos das Crianças de 1959 foi um verdadeiro divisor de águas no reconhecimento delas enquanto sujeitos de direito. Ocorre que, no Brasil, o Código de Menores de 1979 ainda apontava para a criança como objeto de tutela. Percebendo essa instabilidade na proteção, em 1989, fez-se a Convenção sobre os Direitos das Crianças, qualificando-as como sujeitos de direitos e indicando dois principais princípios: a proteção integral e o melhor interesse da criança.

No artigo 12, ficou determinado o respeito às opiniões da criança, requerendo que suas expectativas sejam incluídas e consideradas nas decisões que lhe afetam, ressaltando que não se trata apenas de um direito da criança como um princípio que precisa ser respeitado. O Brasil foi signatário dessa Convenção e incorporou essas importantes mudanças ao ECA, ao acolher a doutrina da proteção integral e do melhor interesses, destacando a garantia do respeito à opinião das crianças.

Ocorre que, apesar de a legislação garantir esse respeito, quando se discute a aplicabilidade desse conceito, esbarra-se no poder familiar, já que, para o ordenamento brasileiro, até dezesseis anos, a pessoa é considerada absolutamente incapaz, por isso representada. Dos dezesseis aos dezoito anos, é considerada relativamente incapaz, devendo ser assistida. Nesse sentido, surge o problema de pesquisa deste artigo: de que forma é garantido o respeito e a participação da criança a partir de políticas públicas após trinta anos da promulgação do ECA no Brasil?

No que diz respeito à metodologia utilizada para a construção deste estudo, optou-se por uma revisão literária e documental, materializada em uma pesquisa bibliográfica com abordagem de natureza qualitativa, visto que possibilita uma análise mais profunda das relações, dos processos e dos fenômenos que não serão reduzidos à operacionalização de variável.[1]

Este trabalho se estrutura pelos seguintes procedimentos e seções: inicialmente, realizou-se um levantamento da produção científica sobre a proteção integral da criança no Brasil com ênfase na promulgação e na aplicabilidade do ECA, traçando-se um breve panorama histórico; em seguida, fez-se um mapeamento normativo, ascendendo a discussão sobre a questão da criança enquanto sujeito de direito diante do Código Civil e do instituto da incapacidade; na terceira seção, identificam-se as políticas públicas federais que objetivam a participação da criança e tomam a sua opinião com respeito; na quarta seção, parte-se para a análise dos dados relativos às ações e aos programas da Secretaria Nacional

[1] MINAYO, M. C. S. O desafio do conhecimento: pesquisa qualitativa em saúde. 9. ed. São Paulo: Hucitec, 2006.

dos Direitos da Criança e do Adolescente – SNDCA,[2] colhidos no site do Governo Federal, cujo critério de seleção foram os arquivos que tiveram a "participação" como palavra-chave; por fim, seguem as considerações finais.

## 1. Da proteção integral da criança no Brasil: um breve contexto histórico

No ordenamento jurídico brasileiro, os direitos humanos passaram a ocupar posição de supremacia com a Constituição Federal de 1988, que, nesse contexto, engloba como direitos fundamentais os direitos à vida, à saúde, à igualdade, à infância. No capítulo intitulado "Da Família, da Criança, do Adolescente, do Jovem e do Idoso", a Constituição Federal traz a inovação mais significativa quanto à proteção da criança e do adolescente, com a inclusão do artigo 227, que lhes assegura aqueles direitos. Além disso, impõe-se à família, à sociedade e ao Estado o dever de colocar esses sujeitos de direito a salvo de qualquer forma de negligência, discriminação, exploração, violência, crueldade e opressão.

O artigo 227 da Constituição Federal obteve o peso de trezentas mil assinaturas de eleitores e mais dois milhões de assinaturas de crianças e adolescentes a partir da emenda popular denominada "Criança, Prioridade Nacional", que ganhou certa irreversibilidade no Congresso Nacional. Essa emenda foi fruto da mobilização de um conjunto de instituições que incluía a Ordem dos Advogados do Brasil – OAB, a Sociedade Mineira de Pediatria, o Movimento Nacional dos Meninos de Rua, ao Fundo de Emergência Internacional das Nações Unidas para a Infância – UNICEF, e mais sete ministérios da área social que aderiram a esse fundo

[2] [...] é responsável pela condução da política nacional de promoção, proteção e defesa dos direitos das crianças e dos adolescentes, vinculada à pasta dos Direitos Humanos no Governo brasileiro. Sua função primordial é apoiar ações inter-setoriais, interinstitucionais e inter-federativas, promovendo a articulação de diversos órgãos e sociedade civil. BRASIL. Secretaria Nacional dos Direitos da Criança e do Adolescente. Ações e Programas. 30 ago. 2018. Disponível em: https://www.gov.br/mdh/pt-br/acesso-a-informacao/acoes-e-programas/secretaria-nacional-dos-direitos-da-crianca-e-do-adolescente. Acesso em: 20 jul. 2021.

e não deixaram dúvidas quanto aos anseios dos cidadãos por mudanças e pela revogação do antigo Código de Menores.[3]

Com a inserção do artigo 227 na Constituição Federal, "[...] a criança e o adolescente se transformam em prioridades de Estado. A legislação pretende protegê-los da família desestruturada e dos maus tratos que venham a sofrer". Nesse contexto de proteção aos direitos da criança e do adolescente e com a adoção do ECA, o papel governamental passa a ser redimensionado em relação às políticas sociais, facilitando o aparecimento das Organizações Não Governamentais – ONGs.[4] O ECA, de 13 de julho de 1990, e que entrou em vigor em 14 de outubro de 1990, surge seguindo a orientação principiológica da Constituição Federal, abandonando o termo "menor" que "[...] não deixa de ser estigmatizante".[5]

Dentre os dos avanços trazidos pelo ECA em relação ao Código de Menores, podem-se destacar o entendimento da criança e do adolescente enquanto sujeitos de direito, diferenciando-os do revogado código, Lei n.º 6.697/79, que tratava os menores como objetos de medidas judiciais;[6] e a proteção a toda e qualquer criança e adolescente, diferente do que previa o Código de Menores, que, no art. 2º, limitava sua aplicação a menores em situação de risco pessoal.[7] Nesse sentido, há de se destacar que:

> [...] pela primeira vez, uma construção do direito positivo, vinculada à infanto-adolescência, rompe explicitamente com a chamada doutrina da 'situação irregular', substituindo-a pela doutrina da 'proteção integral', tam-

[3] Costa, A. C. G. Entrevista concedida ao Portal Conselhos de MG. 14 out. 2009. Disponível em: http://www.conselhos.mg.gov.br/informativos/7. Acesso em: 14 jun. 2019.

[4] Passetti, E. Crianças carentes e políticas públicas. *In:* Del Priore, Mary (Org.). História das crianças. 4. ed. São Paulo: Contexto, 2004. p. 366.

[5] Nogueira, P. L. Estatuto da Criança e do Adolescente comentado: Lei n. 8.069, de 13 de julho de 1990. 3. ed. rev. e ampl. São Paulo: Saraiva, 1996. p. 7.

[6] Rizzini, I. *A* criança e a lei no Brasil: revisitando a história (1822-2000). Brasília, DF: Unicef, 2000.; Mendez, E. G. Parte I. Das necessidades aos direitos. São Paulo: Malheiros Editores Ltda., 1994.

[7] Nogueira, P.L. *Id.*

bém denominada de 'Doutrina das Nações Unidas para a proteção dos direitos da infância'.[8]

O ECA impõe o princípio da proteção integral à criança e ao adolescente, constituindo verdadeiro emparelhamento com as diretrizes internacionais que entraram em vigor com a Convenção sobre os Direitos da Criança. Essa normativa garante à população infanto-juvenil condições para a promoção de seu desenvolvimento físico, mental, moral, social e espiritual, com dignidade e liberdade.[9] O desafio é colocar em prática as inovações trazidas por este Estatuto.[10] Nesse sentido, é possível inferir que

> O Estatuto da criança e do adolescente tem a relevante função, ao regulamentar o texto constitucional, de fazer com que este último não se constitua em letra morta. No entanto, a simples existência de leis que proclamem os direitos sociais, por si só não consegue mudar as estruturas. Antes há que se conjugar aos direitos uma política social eficaz, que de fato assegure materialmente os direitos já positivados.[11]

O conceito de proteção integral é abrangente, refere-se "[...] à vida, à saúde, à liberdade, ao respeito, à dignidade, à conveniência familiar e comunitária, à educação, à profissionalização, ao lazer e ao esporte".[12] Destaque-se que "[...] na doutrina da proteção integral, o Direito, muito mais que dizer o que é justo (o que torna apenas retórico), define como buscar a justiça quando alguém a ameaça ou viola".[13] Essa busca da justiça

[8] MENDEZ, E.G. *Id.* p. 53.
[9] BRASIL. Lei nº 8.069, de 13 de julho de 1990. Dispõe sobre o Estatuto da Criança e do Adolescente e dá outras providências. Brasília, DF, 1990. Disponível em: http://www.planalto.gov.br/ccivil_03/leis/l8069.htm. Acesso em: 20 jun. 2021.
[10] MENDEZ, E. G. *Id.*
[11] VERONESE, J. R. P. Temas de direito da criança e do adolescente. São Paulo: LTr, 1997. p. 15.
[12] ELIAS, R. J. Direitos Fundamentais da criança e do adolescente. São Paulo: Saraiva, 2005. p. 2.
[13] SÊDA, E. A criança e o direito alterativo: um relato sobre o cumprimento da doutrina da proteção integral à criança e ao adolescente no Brasil. São Paulo: Adês, 1995. p. 24.

não está apenas no judiciário, como determinava o Código de Menores, mas "[...] está distribuída em todo o complexo social".[14]

## 2. Contexto histórico internacional sobre a participação da criança

No que se refere ao artigo 12º da Convenção dos Direitos da Criança, a participação que aí se refere é mais do que apenas ouvir: requer que as opiniões e as expectativas sejam incluídas e consideradas nas decisões que afetam a criança, ressaltando-se ainda que esse artigo não é apenas um direito, mas sim um princípio que precisa ser respeitado.[15] Enfatiza-se que, diante da necessidade de entender a importância dessa oitiva da criança, o referido artigo é entendido como o direito da criança à participação. Esse termo faz referência ao processo de compartilhar decisões que afetam a vida de uma pessoa e a da sua comunidade, sendo assim um direito fundamental da cidadania.[16]

Interessante é apontar que o Comitê de Direitos da Criança da UNICEF[17] assente no artigo 12º que não impõe limite de idade ao direito da criança de expressar suas opiniões e, inclusive, desencoraja os Estados a introduzir limites de idade por lei, que impeçam que as crianças participem dos assuntos que as afetem. Ressalta ainda que o trecho "todos os assuntos que afetam as crianças" foi incluído nesse artigo de propósito, a fim de evitar um rol taxativo de situações em que as crianças teriam direito de participar das decisões.

[14] *Ibid.*

[15] Krappmann, L. The weight of the child's view (Article 12 of the Convention on the Rights of the Child). The International Journal of Children s Rights, v. 18, n. 4, p. 502-513, nov. 2010. Disponível em: https://www.researchgate.net/publication/274466028_The_weight_of_the_child's_view_Article_12_of_the_Convention_on_the_Rights_of_the_Child. Acesso em: 18 abr. 2020. p. 502.

[16] Hart, R. Children´s participation. The theory and practice of involving Young citizens in community development and environmental care. London: Earthscan, 1997. p. 14.

[17] Comitê das Nações Unidas sobre os Direitos Da Criança (CRC), Comentário Geral nº 12 (2009): O direito da criança de ser ouvida, 20 de julho de 2009, CRC / C / GC / 12. Disponível em: https://www.refworld.org / docid / 4ae562c52.html. Acesso em: 3 mar. 2021.

No cenário da formação de um sujeito responsável "[...] são necessárias condições básicas na família para que se dê o livre desenvolvimento da personalidade, por meio do processo de identificações".[18] Nesse sentido, "[...] a personalidade desenvolve-se sobre uma base corporal e apoia-se nas relações com os cuidadores – em geral a mãe e o pai – que, por sua vez, precisam ser minimamente cuidados pelo Estado".[19]

A esse respeito Lévesque[20] faz uma crítica a Van Bueren que, apesar de indicar que as crianças podem participar na medida de suas habilidades, não discute as implicações e os critérios para conceituar capacidade em evolução, concentrando-se no fato do artigo 12 que seria dar peso às opiniões de uma criança dependendo da idade e da maturidade. Questiona o autor que esse foco na evolução pode ser problemático, pois, nessa lógica, as crianças que não reunissem essa capacidade, seriam completamente ignoradas. Com essa mesma preocupação, ressalta-se a dificuldade desse pensamento, gerando uma indicação de que a opinião do adolescente teria maior peso que a de uma criança.[21]

Historicamente, a criação autoritária foi entendida como a metodologia que mais possui êxito, deixando de lado a possibilidade de garantir "voz" às crianças, até mesmo porque os próprios responsáveis na experiência pessoal de criação não foram incentivados a ter "voz".[22] Um dos elementos mais controversos na literatura diz respeito ao direito das crianças à autodeterminação e à participação nas decisões que as afetam, assim, a dificuldade de garantir-lhe decisões que reflitam seus pró-

[18] Groeninga, G. C. O Direito à Integridade Psíquica e o Livre Desenvolvimento da personalidade. In: Pereira, R. C. Família e dignidade humana. *V Congresso Brasileiro de Direito de Família*. São Paulo: IOB Thomson, p. 439-455, 2006. p. 450.

[19] *Ibid.*

[20] Lévesque, R. J. R. Geraldine Van Bueren, The International Law on the Rights of the Child. Fordham International Law Journal, v. 19, Issue 2, artigo 28, p. 830-839, 1995. Disponível em: https://ir.lawnet.fordham.edu/cgi/viewcontent.cgi?article=2235&context=ilj. Acesso em: 12 mar. 2020.

[21] Edwards, L.P.; Sagatun, I.J. Who Speaks for the Child? *HeinOnline* -- 2 U. Chi. L. Sch. Roundtable, p. 67-94, 1995. Disponível em: http://www.judgeleonardedwards.com/docs/3-UChiLSchRoundtable67.pdf. Acesso em: 11 out. 2019.

[22] Hart, R. *Id.* p. 7.

prios desejos,[23] no lugar das decisões que são reflexos das vontades dos responsáveis.[24]

Nesse sentido, vale destacar que a dificuldade de perceber o limite tênue entre proteger e garantir a privacidade dos filhos, destacando situações como redes sociais, em um momento em que se faz necessário pensar também sobre pedofilia, *cyberbullying*, etc. E o desafio se faz, pois, em evitar o lugar de autoridade para garantir voz às crianças, pois também seria o melhor caminho para alcançá-lo.[25]

Exequível é construir uma concepção de autoridade parental frente às perspectivas qualitativa e quantitativa; a qualitativa refere-se ao momento em que se faz prioritário um exercício do poder familiar que respeite "[...] a formação do menor bem como as fases galgadas de construção da personalidade por ele",[26] visando com isso à efetivação do princípio da proteção integral da criança. Quanto à quantitativa, compreende-se que "[...] é possível uma redução gradativa da abrangência da autoridade parental, em prol da realização da personalidade da criança e do adolescente".[27]

[23] Bohrnstedt, G.w.; Freeman, H. E.; Smith, T. Adult Perspectives on Children's Autonomy, (academic oup). The Public Opinion Quarterly, v. 45, n. 4, p. 443-62,1981. Disponível em: https://citeseerx.ist.psu.edu/viewdoc/download?doi=10.1.1.825.7983&rep=rep1&type=pdf. Acesso em: 22 mar. 2021.

[24] Zawistowski, C. A.; Frader, D. J. E. 2003. Ethical problems in pediatric critical care: Consent. Critical Care Medicine, v. 31, n. 5, p. 407–410, 2003. Disponível em: https://europepmc.org/article/med/12771592. Acesso em: 11 abr. 2021.; Minow, M. "The Role of Families in Medical Decisions." Utah Law Review, *HeinOnline*, v. 1991, n. 1, p. 1-24, 1991.

[25] Souza, A. P. L. de; Lauda, B. V.; Koller, S. H. Opiniões e vivências de adolescentes acerca dos direitos ao respeito e privacidade e à proteção contra a violência física no âmbito familiar. Psicologia & Sociedade, v. 26, n. 2, p. 397-409, 2014. Disponível em: https://lume.ufrgs.br/bitstream/handle/10183/114652/000938860.pdf?sequence=1. Acesso em: 20 mar. 2021.

[26] Teixeira, A.c.b.; Penalva, L.D. Autoridade parental, incapacidade e melhor interesse da criança: uma reflexão sobre o caso Ashely. Revista de informação legislativa, v. 45, n. 180, p. 293-304, out./dez. 2008. p. 296.

[27] *Id.* p 297.

## 3. A participação o respeito à opinião da criança: avanços e desafios após 30 anos de ECA

Em levantamento realizado sobre as ações e os programas do Governo Federal a partir da Secretaria Nacional dos Direitos da Criança e do Adolescente, foi identificado um total de 18 achados. Destaque-se que o Decreto n.º 9.122, de 9 de agosto de 2017, atribui a competência de formular, coordenar e executar políticas e diretrizes voltadas à promoção dos direitos humanos de crianças e adolescentes. Dessa maneira, busca-se fomentar estratégias e mecanismos que facilitem a participação organizada e a expressão livre de crianças e adolescentes, em especial sobre os assuntos a eles relacionados, considerando sua condição peculiar de desenvolvimento, pessoas com deficiência e a diversidade de gênero, orientação sexual, cultural, étnico-racial, religiosa, geracional, territorial, de nacionalidade e opção política.

Do total de programas e ações implementadas, foi possível selecionar três delas voltadas para a participação das crianças:

a) Convênio com a Fundação São Paulo (FSP) com o objetivo de identificar e dar visibilidade às formas como se processam a vida cultural de crianças e adolescentes nos espaços decisórios de políticas públicas, demarcando sua condição de sujeitos de direitos e evidenciando a importância da cultura como meio privilegiado de proteção social, conexão, interação e participação social. Recursos do Fundo Nacional dos Direitos da Criança e do Adolescente: R$ 573.544,55. Vigência: 21/12/2017 a 21/06/2019;
b) Convênio com a Viração Educomunicação, com o objetivo de elaborar e disseminar materiais multimídia com dados, diretrizes e estratégias a respeito do uso cidadão das TIC por crianças e adolescentes de todo o Brasil, que possam qualificar a atuação de operadores do SGD e proporcionar que meninos e meninas façam uso seguro, consciente e criativo de tais ferramentas, a partir de uma metodologia que favorece a participação das crianças e adolescentes em todos os processos. Recurso do Fundo Nacional dos Direitos da Criança e do Adolescente: R$ 699.711,79. Vigência: 01/09/2018 a 01/09/2020;
c) O Comitê de Participação de Adolescentes (CPA) do Conselho Nacional dos Direitos da Criança e do Adolescente (Conanda)

> foi instituído pela Resolução nº 191, de 7 de junho de 2017, do Conanda. É formado por 47 adolescentes escolhidos no âmbito dos espaços de participação de adolescentes nos Conselhos Estaduais dos Direitos da Criança e do Adolescente, de grupos sociais diversos e por meio do ambiente virtual de participação.

Dessa análise, perceptível é que, apesar do termo "participação" ter sido chancelado desde a Convenção sobre os Direitos da Criança, ainda é pouco suscitado em termos de políticas públicas, ressaltando que a única ação permanente que, de fato, busca implementar a participação dos adolescentes, ainda assim, distanciada das crianças desse *locus* é o Comitê de Participação de Adolescentes (CPA) do Conselho Nacional dos Direitos da Criança e do Adolescente, que será objeto de um olhar mais cuidadoso por este trabalho.

## 4. O Comitê de Participação de Adolescentes - CPA

Criado em 1991 pela Lei nº 8.242, o Conselho Nacional dos Direitos da Criança e do Adolescente - CONANDA foi previsto pelo ECA como o principal órgão do sistema de garantia de direitos. Por meio da gestão compartilhada, governo e sociedade civil definem, no âmbito do Conselho, as diretrizes para a Política Nacional de Promoção, Proteção e Defesa dos Direitos de Crianças e Adolescentes. Além da definição das políticas para a área da infância e da adolescência, esse conselho também fiscaliza as ações executadas pelo poder público no que diz respeito ao atendimento à população infanto-juvenil.

A gestão do Fundo Nacional da Criança e do Adolescente - FNCA é também outra importante atribuição do Conselho, sendo responsável pela regulamentação sobre a criação e a utilização desses recursos, garantindo que sejam destinados às ações de promoção e defesa dos direitos de crianças e adolescentes, conforme estabelece o Estatuto.

O Comitê de Participação de Adolescentes - CPA, colegiado consultivo do CONANDA, composto por 47 adolescentes de todo o Brasil, iniciou suas atividades em 2021 conhecendo melhor as características do grupo a partir dos perfis de seus integrantes; buscando informações sobre as atividades e implementação dos comitês de participação estaduais e do DF; e elencando prioridades a partir do planejamento e metas dos Conselhos de Direitos da Criança e do Adolescente no Brasil.

As atividades desenvolvidas para conhecer o grupo de adolescentes que compõe o CPA revelaram características que se destacam, como: 60% são meninas; 36% são da região nordeste; 61% têm entre 15 e 16 anos; 38% se autodeclaram pretos(as) ou pardos(as); e 48% estão cursando o ensino médio. Desde o final de fevereiro, o CPA vem desenvolvendo ações de pesquisa e aprendizado, quais sejam: funcionamento das instâncias de controle e participação social das quais o Comitê terá atuação; os calendários e planos de funcionamento dos Comitês de Participação de Adolescentes nos Estados e no DF, assim como, as prioridades e ações previstas para ocorrerem neste ano em nível estadual e nacional, nos Conselhos de Direitos da Criança e do Adolescente. Com estas informações, o Comitê pretende não só estar próximo às instâncias locais de participação de adolescentes, mas também se preparar para exercer o seu protagonismo junto aos conselhos e outras instâncias de participação com efetividade e de forma a priorizar ações que contemplem de fato as demandas das crianças e adolescentes do Brasil.[28]

Entre as propostas elencadas pelo CPA, nas quatro temáticas a serem debatidas no âmbito da RedSurca, estão:

- A divulgação e a ampliação da participação de adolescentes nas políticas de promoção, proteção e garantia dos direitos de crianças e adolescentes pelo Brasil;
- A inclusão do debate sobre direitos humanos de crianças e adolescentes nas escolas;
- Capacitação dos professores para as novas tecnologias com vistas à promoção de um melhor ensino remoto aos alunos durante a pandemia;
- Elaboração de estratégias que auxiliem os estudantes brasileiros na retomada da aprendizagem após a pandemia;

[28] Comitê de Participação de Adolescentes inicia gestão com atividades de pesquisa. *Ascom/Conanda*. 18 de março de 2021. Disponível em: http://flacso.org.br/?p=24899. Acesso em: 21 jun. 2021.

- Ampliação e fiscalização dos programas de acolhimento de crianças e adolescentes;
- Ampliação do número de vagas em creches;
- Fortalecimento dos conselhos tutelares e que estes sejam mais acessíveis e mais presentes nas famílias, reforçando a convivência familiar e o diálogo;
- Ampliação da fiscalização e do acompanhamento de adolescentes que estão em unidades socioeducativas e suas famílias; entre outras propostas.[29]

Atualmente, a plataforma "Participa adolescente"[30] é um espaço virtual criado para quem faz parte do CPA trocar ideias, compartilhar informações e ajuda nas decisões desse conselho.

## 5. Dos avanços e desafios

No processo de conscientização das famílias sobre a importância da participação das crianças e dos adolescentes nos processos que os afetam diretamente, é essencial garantir-lhes espaços de conscientização e debates específicos, para que possam se empoderar dos seus direitos tanto quanto de seus deveres.[31] Nesse sentido, a importância de políticas que garantam a participação desses jovens, garantindo-lhes voz é uma forma de ir quebrando aquela lógica social do mutismo desses sujeitos de direito ainda muito cristalizado na visão dos adultos.

A Fundação Jacobs, desde 1989, propõe uma pesquisa internacional sobre o bem-estar das crianças, reunindo mais de 54 mil crianças em 16 países, por acreditar que as vozes das crianças devem ter um lugar nos

[29] CPA Realiza Roda de Conversa e Define Propostas para a RedSurca/Mercosul. *Participa + Brasil.* Brasília-DF: Comitê de Participação de adolescentes, 17 mai. 2021. Disponível em: https://www.gov.br/participamaisbrasil/comite-de-participacao-de-adolescentes-cpa. Acesso em: 20 jun. 2021.

[30] Participa Adolescente. Disponível em: https://participa.direitosdacrianca.gov.br/start/. Acesso em: 20 abr. 2021.

[31] Souza, A. P. L. A visão de adolescentes de diferentes contextos a respeito de seus próprios direitos. 2008. 214f. Dissertação (Mestrado em Psicologia) – Universidade Federal do Rio Grande do Sul, Porto Alegre, 2008.

grandes estudos internacionais.[32] Outros estudos pontuam a importância da pesquisa internacional sobre o bem-estar das crianças, destacando como a percepção delas sobre o conhecimento de seus direitos afetam em seu bem estar; suposição essa confirmada pela pesquisa. Os dados sugerem que as crianças que tinham mais consciência dos seus direitos e que participavam mais dos seus processos tinham um índice de bem-estar maior também.[33]

Em carta enviada pela UNICEF[34] em comemoração aos 30 anos da Convenção sobre os Direitos das Crianças, foram pontuados alguns desafios, dentre eles: a falta de importância da voz de crianças e adolescentes e o "adultocentrismo". Sobre o "adultocentristmo", tradicionalmente, até mesmo as pesquisas sobre crianças tinham como base a visão dos adultos e que, apenas nas últimas duas décadas, iniciou-se um processo de mudança, voltando a preocupação para o reconhecimento da subjetividade da própria criança.[35] O princípio de autonomia tem circulado por vários campos de conhecimento, especialmente no que tange às questões que envolvem a saúde e a garantia da dignidade da criança e do adolescente. Dessa maneira, pode-se afirmar que vulnerabilidade e autonomia vinculam-se, porquanto é de larga relevância reconhecer quando um indivíduo se encontra em situação vulnerável, para que sua dignidade seja respeitada e haja meios favoráveis para o adequado consenti-

[32] BEN-ARIEH, A.; CASAS, F.; REES, G.; BRADSHAW, J. Children's Worlds: The International Survey of Children's Well-Being. *Jacobs Fundation*, 2019. Disponível em: https://isciweb.org/wp-content/uploads/2019/12/Session1-ChildrensWorlds.pdf. Acesso em: 19 jul. 2021.

[33] KOSHER, H.; BEN-ARIEH, A. What Children Think About Their Rights and Their Well-Being: A Cross-National Comparison. *The American journal of orthopsychiatry*, v. 87, n. 3, p. 256-273, 2017. Disponível em: https://pubmed.ncbi.nlm.nih.gov/27977281/. Acesso em: 11 jul. 2021.

[34] UNICEF BRASIL. Carta de Brasília. *30 anos da Convenção sobre os Direitos da Criança*.13 nov. 2019. Disponível EM: HTTPS://WWW.UNICEF.ORG/BRAZIL/CARTA-DE-BRASILIA. Acesso em: 2 jun. 2021.

[35] BEN-ARIEH, A. How do we measure and monitor the "state of our children"? Revisiting the topic in honor of Sheila B. Kamerman. *Science Direct Review*, v. 34, n. 3, p. 569–575, 2012. Disponível em: https://www.sciencedirect.com/science/article/abs/pii/S0190740911003732?via%3Dihub. Acesso em: 22 jun. 2021.

mento de participação de procedimento, e assim, a garantia do direito à autonomia.[36]

No tocante ao protagonismo de crianças e adolescentes, erige-se um desafio, pois obter o assentimento do menor e o consentimento dos pais são exigências que implicam uma situação ética e jurídica mais complexa do que aquela que envolve adultos.[37] Para conferir poder às crianças e aos adolescentes em meio a esse processo, foram desenvolvidas propostas relativas à capacidade decisória, como a alternativa de maioridade referente a situações concernentes à saúde e ao próprio corpo, decisão essa denominada de maioridade bioética.[38]

Conforme o constante no art. 28, §§ 1º e 2º do ECA, a idade de 12 anos retrata um aporte apropriado para a geração de presunção absoluta de capacidade à prática de atos vinculados ao direito à vida e à saúde. Essas normativas remetem aos processos de colocação em família substituta antevistos no ECA, como a guarda, a tutela e a adoção.[39] Assim, a maioridade bioética dar-se-ia aos 12 anos, momento em que a opinião da criança sobre a tomada de decisão em saúde deve ser respeitada.

## Conclusão

O respeito à opinião da criança foi positivado na Convenção sobre os Direitos das Crianças e chancelado pelo ECA, porém, na prática, ainda há limitações ao cumprimento desse princípio. Isso se dá pela interpretação patrimonialista dada ao art. 3º do Código Civil de 2002, que determina

[36] Cosac, D. C. S. Autonomia, consentimento e vulnerabilidade do participante de pesquisa clínica. *Cosac. Rev. bioét. (Impr.).* v. 25, n. 1, p. 19-29, 2017, Disponível em: https://www.scielo.br/j/bioet/a/NLVytLDgkv8z6x8tSRH4YBP/?lang=pt&format=pdf. Acesso em: 4 jul. 2021. p. 20.

[37] Aguiar, M; Barboza, A. S. Autonomia bioética de crianças e adolescentes e o processo de assentimento livre e esclarecido. *RBDA*, Salvador, v.12, n. 2, p. 17 – 42, mai – ago, 2017. Disponível em: https://livros-e-revistas.vlex.com.br/vid/autonomia-bioetica-criancas-adolescentes-698578965. Acesso em: 14 jun. 2021. p. 2.

[38] Aguiar, M. Para além da capacidade: o impacto da vulnerabilidade em matéria de autonomia em questões de saúde. *In*: Lotufo, R.; Nanni, G.e.; Martins, F.R. (coord.). Temas Relevantes do Direito Civil Contemporâneo*:* reflexões sobre os 10 anos do Código Civil. São Paulo: IDP; ATLAS, 2012. p. 98 -101.

[39] Aguiar, M; Barboza, A. S. *Id.*

que os menores de 16 anos são incapazes e deverão ser representados pelos seus responsáveis.

No levantamento realizado das ações e programas da Secretaria Nacional dos Direitos da Criança e do Adolescente, foram encontradas três ações com o termo "participação", sendo apenas uma delas uma ação permanente, qual seja: o Comitê de Participação de Adolescentes - CPA do Conselho Nacional dos Direitos da Criança e do Adolescente - CONANDA, foco deste estudo. Esse conselho foi previsto pelo ECA como o principal órgão do sistema de garantia de direitos, criado em 1991 pela Lei nº 8.242. O CPA foi instituído pela Resolução nº 191, de 7 de junho de 2017, e é composto por 47 adolescentes de todo o Brasil, representa o colegiado consultivo do CONANDA. Apesar de ter sido instituído em 2017, os trabalhos do Comitê só tiveram início em fevereiro de 2021.

Dada à complexidade desse contexto, especialmente no que se refere à esfera jurídica e ética, os principais desafios que se erguem à instituição do protagonismo desses sujeitos de direito são o seu assentimento e o consentimento de seus pais.[40] Entram em cena estratégias que possam atribuir a crianças e adolescentes poder, a exemplo de proposições no campo da capacidade decisória, a chamada maioridade bioética, de modo que essa atue como alternativa de maioridade no que concerne a situações relativas à saúde e ao próprio corpo.[41]

Logo, deve-se ter cuidado ao se manifestar o respeito à autonomia da criança e do adolescente, especialmente sobre às restrições decisórias intrínsecas às etapas da vida do ser humano. São necessárias estratégias eficientes à condução do menor para que ele exerça a sua autonomia e possa tornar-se empoderado, tendo, assim, condições para decidir, na medida de sua capacidade, participar do processo o máximo possível.[42] Não obstante, compreende-se que o processo de assentimento livre e esclarecido constitui-se em momento apropriado à conferência de capa-

[40] Aguiar, M; Barboza, A. S. *Id.* p. 2.

[41] Aguiar, M. *Id.* p. 98 -101.

[42] Aguiar, M; Barboza, A. S. *Id.* p. 21.

cidade decisória do menor de idade, relativamente presumida desde os 12 anos de idade.[43]

## Referências

AGUIAR, M. Para além da capacidade: o impacto da vulnerabilidade em matéria de autonomia em questões de saúde. *In*: LOTUFO, R.; NANNI, G.E.; MARTINS, F.R. (Coord.). Temas Relevantes do Direito Civil Contemporâneo: reflexões sobre os 10 anos do Código Civil. São Paulo: IDP; ATLAS, 2012.

AGUIAR, M; BARBOZA, A. S. Autonomia bioética de crianças e adolescentes e o processo de assentimento livre e esclarecido. *RBDA*, SALVADOR, v.12, n. 2, p. 17 – 42, mai – ago, 2017. Disponível em: https://livros-e-revistas.vlex.com.br/vid/autonomia-bioetica-criancas-adolescentes-698578965. Acesso em: 14 jun. 2021.

BEN-ARIEH, A. How do we measure and monitor the "state of our children"? Revisiting the topic in honor of Sheila B. Kamerman. *Science Direct Review,* v. 34, n. 3, p. 569–575, 2012. Disponível em: https://www.sciencedirect.com/science/article/abs/pii/S0190740911003732?via%3Dihub. Acesso em: 22 jun. 2021.

BEN-ARIEH, A.; CASAS, F.; REES, G.; BRADSHAW, J. Children's Worlds: The International Survey of Children's Well-Being. *Jacobs Fundation,* 2019. Disponível em: https://isciweb.org/wp-content/uploads/2019/12/Session1-Childrens-Worlds.pdf. Acesso em: 19 jul. 2021.

BOHRNSTEDT, G.W.; FREEMAN, H. E.; Smith, T. Adult Perspectives on Children's Autonomy, (academic oup). The Public Opinion Quarterly, v. 45, n. 4, p. 443-62,1981. Disponível em: https://citeseerx.ist.psu.edu/viewdoc/download?doi=10.1.1.825.7983&rep=rep1&type=pdf. Acesso em: 22 mar. 2021.

BRASIL. Lei nº 8.069, de 13 de julho de 1990. Dispõe sobre o Estatuto da Criança e do Adolescente e dá outras providências. Brasília, DF, 1990. Disponível em: http://www.planalto.gov.br/ccivil_03/leis/l8069.htm. Acesso em: 20 jun. 2021.

BRASIL. Secretaria Nacional dos Direitos da Criança e do Adolescente. Ações e Programas. 30 ago. 2018. Disponível em: https://www.gov.br/mdh/pt-br/acesso-a--informacao/acoes-e-programas/secretaria-nacional-dos-direitos-da-crianca-e--do-adolescente. Acesso em: 20 jul. 2021.

COMITÊ DAS NAÇÕES UNIDAS SOBRE OS DIREITOS DA CRIANÇA (CRC), Comentário Geral nº 12 (2009): O direito da criança de ser ouvida, 20

[43] Aguiar, M; Barboza, A. S. *Id.* p. 22.

de julho de 2009, CRC / C / GC / 12. Disponível em: https://www.refworld.org / docid / 4ae562c52.html. Acesso em: 3 mar. 2021.

COMITÊ DE PARTICIPAÇÃO de Adolescentes inicia gestão com atividades de pesquisa. *Ascom/Conanda*. 18 de março de 2021. Disponível em: http://flacso.org.br/?p=24899. Acesso em: 21 jun. 2021.

COSAC, D. C. S. Autonomia, consentimento e vulnerabilidade do participante de pesquisa clínica. *Cosac. Rev. bioét. (Impr.)*. v. 25, n. 1, p. 19-29, 2017, Disponível em: https://www.scielo.br/j/bioet/a/NLVytLDgkv8z6x8tSRH4YBP/?lang=pt&format=pdf. Acesso em: 4 jul. 2021.

COSTA, A. C. G. Entrevista concedida ao Portal Conselhos de MG. 14 out. 2009. Disponível em: http://www.conselhos.mg.gov.br/informativos/7. Acesso em: 14 jun. 2019.

CPA Realiza Roda de Conversa e Define Propostas para a RedSurca/Mercosul. *Participa + Brasil*. Brasília-DF: Comitê de Participação de adolescentes, 17 mai. 2021. Disponível em: https://www.gov.br/participamaisbrasil/comite-de-participacao-de-adolescentes-cpa. Acesso em: 20 jun. 2021.

EDWARDS, L.P.; SAGATUN, I.J. Who Speaks for the Child? *HeinOnline* -- 2 U. Chi. L. Sch. Roundtable, p. 67-94, 1995. Disponível em: http://www.judgeleonardedwards.com/docs/3-UChiLSchRoundtable67.pdf. Acesso em: 11 out. 2019.

ELIAS, R. J. Direitos Fundamentais da criança e do adolescente. São Paulo: Saraiva, 2005.

GROENINGA, G. C. O Direito à Integridade Psíquica e o Livre Desenvolvimento da personalidade. In: PEREIRA, R. C. Família e dignidade humana. *V Congresso Brasileiro de Direito de Família*. São Paulo: IOB Thomson, p. 439-455, 2006.

HART, R. Children´s participation. The theory and practice of involving Young citizens in community development and environmental care. London: Earthscan, 1997.

KOSHER, H.; BEN-ARIEH, A. What Children Think About Their Rights and Their Well-Being: A Cross-National Comparison. *The American journal of orthopsychiatry*, v. 87, n. 3, p. 256-273, 2017. Disponível em: https://pubmed.ncbi.nlm.nih.gov/27977281/. Acesso em: 11 jul. 2021.

KRAPPMANN, L. The weight of the child's view (Article 12 of the Convention on the Rights of the Child). The International Journal of Children s Rights, v. 18, n. 4, p. 502-513, nov. 2010. Disponível em: https://www.researchgate.net/publication/274466028_The_weight_of_the_child's_view_Article_12_of_the_Convention_on_the_Rights_of_the_Child. Acesso em: 18 abr. 2020.

LÉVESQUE, R. J. R. Geraldine Van Bueren, The International Law on the Rights of the Child. Fordham International Law Journal, v. 19, Issue 2, artigo 28, p. 830-839, 1995. Disponível em: https://ir.lawnet.fordham.edu/cgi/viewcontent.cgi?article=2235&context=ilj. Acesso em: 12 mar. 2020.

MENDEZ, E. G. Parte I. Das necessidades aos direitos. São Paulo: Malheiros Editores Ltda., 1994.

MINAYO, M. C. S. O desafio do conhecimento: pesquisa qualitativa em saúde. 9. ed. São Paulo: Hucitec, 2006.

MINOW, M. "The Role of Families in Medical Decisions." Utah Law Review, *HeinOnline,* v. 1991, n. 1, p. 1-24, 1991.

NOGUEIRA, P. L. Estatuto da Criança e do Adolescente comentado: Lei n. 8.069, de 13 de julho de 1990. 3. ed. rev. e ampl. São Paulo: Saraiva, 1996.

PARTICIPA ADOLESCENTE. Disponível em: https://participa.direitosdacrianca.gov.br/start/. Acesso em: 20 abr. 2021.

PASSETTI, E. Crianças carentes e políticas públicas. *In:* DEL PRIORE, Mary (Org.). História das crianças. 4. ed. São Paulo: Contexto, 2004.

RIZZINI, I. *A* criança e a lei no Brasil: revisitando a história (1822-2000). Brasília, DF: Unicef, 2000.

SÊDA, E. A criança e o direito alterativo: um relato sobre o cumprimento da doutrina da proteção integral à criança e ao adolescente no Brasil. São Paulo: Adês, 1995.

SOUZA, A. P. L. A visão de adolescentes de diferentes contextos a respeito de seus próprios direitos. 2008. 214f. Dissertação (Mestrado em Psicologia) – Universidade Federal do Rio Grande do Sul, Porto Alegre, 2008.

SOUZA, A. P. L. de; LAUDA, B. V.; KOLLER, S. H. Opiniões e vivências de adolescentes acerca dos direitos ao respeito e privacidade e à proteção contra a violência física no âmbito familiar. Psicologia & Sociedade, v. 26, n. 2, p. 397-409, 2014. Disponível em: https://lume.ufrgs.br/bitstream/handle/10183/114652/000938860.pdf?sequence=1. Acesso em: 20 mar. 2021.

TEIXEIRA, A.C.B.; PENALVA, L.D. Autoridade parental, incapacidade e melhor interesse da criança: uma reflexão sobre o caso Ashely. Revista de informação legislativa, v. 45, n. 180, p. 293-304, out./dez. 2008.

UNICEF BRASIL. Carta de Brasília. *30 anos da Convenção sobre os Direitos da Criança.*13 nov. 2019. Disponível EM: HTTPS://WWW.UNICEF.ORG/BRAZIL/CARTA-DE-BRASILIA. Acesso em: 2 jun. 2021.

VERONESE, J. R. P. Temas de direito da criança e do adolescente. São Paulo: LTr, 1997.

ZAWISTOWSKI, C. A.; FRADER, D. J. E. 2003. Ethical problems in pediatric critical care: Consent. Critical Care Medicine, v. 31, n. 5, p. 407–410, 2003. Disponível em: https://europepmc.org/article/med/12771592. Acesso em: 11 abr. 2021.

# 4.
# RESPONSABILIDADE CIVIL PELA NÃO CONVIVÊNCIA FAMILIAR: VIOLAÇÃO DO ART. 22 DO ECA

JANAINA GALANI CRUZ TOMASEVICIUS

## Introdução

No Estatuto da Criança e do Adolescente – ECA, a convivência familiar é um direito fundamental que consiste no privilégio dos filhos estarem com seus genitores e parentes. Sua importância está no fato de que, quando estão presentes as pessoas que são suas referências – em especial, a mãe e o pai – elas terão mais chances de ter assegurado o livre desenvolvimento enquanto pessoas em formação. Sabe-se que a não convivência familiar causa transtornos à criança e adolescente, concorrendo para que sejam inseguros, deprimidos, isolados, com problemas de relacionamento, privando-os de uma mais adequada preparação na vida adulta.

Ao longo dos anos, considerava-se natural que qualquer dos genitores rejeitasse o filho pelos mais diversos motivos, seja porque nunca teve relacionamento com o outro genitor e, consequentemente, com o filho; talvez até por desconhecer o fato de seu nascimento; porque não gostava da criança, ou se interessava por ela, posto que não se pode obrigar ninguém a amar o próximo, inclusive o próprio filho. Porém, nos últimos anos, houve quem decidiu questionar essa situação e, sentindo-se lesado por esse fato, buscou a reparação desse dano perante o Poder Judiciário, alegando ter sofrido "abandono afetivo".

O objetivo desse artigo é o de analisar a questão do "abandono afetivo" ou, em outras palavras, da responsabilidade civil pela não convivência familiar. Para tanto, cuidou-se do desenvolvimento da ideia de responsabilidade civil nas relações familiares, destacando-se a mudança semântica ocorrida, de "abandono afetivo" para "não convivência familiar", e a construção jurisprudencial dessa responsabilidade no Superior Tribunal de Justiça.

## 1. A responsabilidade civil nas relações familiares

Embora a família seja formada a partir de duas pessoas que se unem para uma comunhão plena de vida, tal como está disposto no Código Civil em relação ao casamento, e a família ter a função social de criação e educação das crianças e adolescentes, pressupõe-se a existência do amor entre seus membros. Entretanto, nem sempre o amor impera entre si. Incompatibilidades, insatisfações, mal-entendidos geram conflitos entre casais, levando ao fim do relacionamento e do amor. De igual modo, o relacionamento entre pais e filhos pode ter problemas.

As consequências do não convívio familiar surgem anos depois na vida da pessoa, por serem imprescindíveis as presenças das figuras materna e paterna para o desenvolvimento do aparelho psíquico da criança. Outro aspecto é que seres humanos são ritualistas e a simbologia existente nos relacionamentos é fundamental para o bem-estar e saúde mental da pessoa. A ausência de um genitor em uma festa, cerimônia ou viagem, pode gerar traumas emocionais que prejudicam a pessoa por muitos anos. A sensação de perda da oportunidade de ter convivido com o pai ou mãe, é um fato importante a ser considerado. Em suma, esses casos podem gerar a sensação de "abandono afetivo".

Diz-se "abandono afetivo", porque a questão não decorre do abandono material. A pessoa que se sente abandonada afetivamente, pode até mesmo ter recebido apoio financeiro em termos de pagamento de alimentos, mas a dor que sente a incomoda. Por ser uma sensação subjetiva, cada pessoa reage de um modo peculiar. Em um universo de pessoas que passaram pela mesma situação de não convivência com o genitor, haverá quem se sinta meramente aborrecido; outro grupo se sentirá lesado; um terceiro grupo dirá que esse fato é indiferente em sua vida; e um último grupo agradecerá pela oportunidade de não ter tido a convivência. Essa diversidade de reações é evidência da dificuldade do estabelecimento de uma regra geral acerca desse problema, bem como a possibilidade de existência dessa hipótese de responsabilidade civil e o valor a ser pago a título de indenização pelos danos sofridos.

A discussão jurídica sobre o "abandono afetivo" era considerada descabida décadas atrás, uma vez que o direito de família não considerava juridicamente relevante o afeto entre cônjuges e companheiros, nem entre pais e filhos. As obrigações eram – e continuam sendo – de fidelidade, sustento, educação e convivência, mas não a de amarem-se.

A pretensão de indenização à reparação civil por danos pelo fato da não convivência familiar começou a ser trazida aos tribunais brasileiros no início da década de 2000. Foram e continuam sendo decisões polêmicas, porque consistem na discussão sobre a possibilidade jurídica de exigir que uma pessoa tenha amor pelo filho. Para contornar esse dilema, procurou-se evitar tecnicamente o uso do termo "abandono afetivo", pois a convivência familiar independe do afeto que o genitor tem ou não pela criança. Em seu lugar, procura-se usar o termo "não convivência familiar".

A mudança argumentativa deu-se a partir do momento em que se passou a afirmar que, embora seja verdadeiro que não há como obrigar o genitor a dar "amor" ao filho, a violação do dever de cuidado, previsto no art. 22 do ECA, poderia ser o fundamento jurídico dessa responsabilidade, o qual segue transcrito:

> Art. 22. Aos pais incumbe o dever de sustento, guarda e educação dos filhos menores, cabendo-lhes ainda, no interesse destes, a obrigação de cumprir e fazer cumprir as determinações judiciais.

Além disso, devido à repersonalização do direito civil e à mudança dos paradigmas valorativos do direito de família, o afeto passou a ser reconhecido como o principal valor que permeia os novos arranjos familiares. Conforme assevera Maria Berenice Dias, "a afetividade é o princípio que fundamenta o Direito das Famílias na estabilidade das relações socioafetiva e na comunhão de vida (...)".[1] É o que se observa, por exemplo, em termos de reconhecimento de novos vínculos de parentesco, os quais têm

[1] Dias, Maria Berenice. Manual de Direito das Famílias. 14. ed. Salvador: Juspodium, 2021. p. 74.

por causa, ao lado da biológica e adotiva, a socioafetividade entre duas pessoas.

Enquanto o afeto, por si só, não seria causa de obrigação civil, o dever de cuidado, porém, geraria responsabilidade civil. Para corroborar esse entendimento, é cediço que, tendo uma pessoa dado a vida à outra, obrigar-se-ia não somente a dar suporte em questões financeiras pela prestação de alimentos, mas também a cuidar dela, educá-la e garantir o mínimo de consideração enquanto pessoa, até que alcance a maioridade.

Uma vez admitida a possibilidade da responsabilidade civil pela não convivência familiar, a primeira indagação que se faz é sobre a possibilidade jurídica de cogitar-se uma obrigação de amar, ou se é possível obrigar alguém amar ou gostar do outro. Nesse sentido, Paulo Lôbo, em 2010, já discorria sobre o tema do "abandono afetivo do filho", definindo-o como "(...) nada mais é que o inadimplemento dos deveres jurídicos de paternidade. Seu campo não é exclusivamente o da moral, pois o direito o atraiu para si, conferindo-lhe consequências jurídicas que não podem ser desconsideradas".[2] Naquela ocasião, este autor apontou que a jurisprudência começava a formar entendimento sobre o caso. Ao concluir sobre esse fato, apontou que

> São casos difíceis com ponderáveis razões em cada lado. Entendemos que o princípio da paternidade responsável estabelecido no art. 226 da Constituição não se resume ao cumprimento do dever de assistência material. Abrange também a assistência moral, que é dever jurídico cujo descumprimento pode levar à pretensão indenizatória. O art. 227 da Constituição confere à criança e ao adolescente os direitos "com absoluta prioridade", oponíveis à família – inclusive ao pai separado –, à vida, à saúde, à educação, ao lazer, à dignidade, ao respeito e à convivência familiar, que são direitos de conteúdo moral, integrantes da personalidade, cuja rejeição provoca dano moral. O poder familiar do pai separado não se esgota com a separação, salvo no que concerne à guarda, permanecendo os deveres de criação, educação e companhia (art. 1634 do Código Civil), que não se subsumem na pensão alimentícia.[3]

[2] Lôbo, Paulo. Direito Civil. Famílias. 3.ed. São Paulo: Saraiva, 2010. p. 309.

[3] Lôbo, Paulo. *Ibid.*

Maria Berenice Dias, embora favorável à questão, cuidou do tema em poucas palavras. Em sua opinião, "(...) a convivência dos pais com os filhos não é um direito, é um dever. Não há o direito de visitá-lo, há a obrigação de conviver com eles. O distanciamento entre pais e filhos produz consequências de ordem emocional e pode comprometer o seu sadio desenvolvimento. O sentimento de dor e abandono pode deixar reflexos permanentes em sua vida".[4]

Rolf Madaleno[5] acredita que as injustas frustações ao exercício do direito de visitas e do poder parental, implicariam aos pais assumir a responsabilidade pelos danos causados. O pedido de indenização nãoestá exatamente no ato ilícito, nos termos do art. 186 do Código Civil, mas no abuso do direito nos termos do artigo 187 do Código Civil e no abuso do poder familiar do artigo 1.630 do mesmo dispositivo legal. No entanto, embora se compreenda que é possível reconhecer-se uma situação abusiva na não convivência familiar, isso não significa abuso do direito, pois, neste caso, não se trata de um direito, mas, sim, de um dever. Logo, seria abuso de um dever, não de um direito.

Mais recentemente, Gustavo Tepedino e Ana Carolina Brochado Teixeira trazem questões importantes acerca do tema. Partindo esses autores dos conceitos de direito constitucional à convivência familiar, destacam a importância desse contato permanente, porque "(...) é por meio dele que criança e adolescente podem criar e fortalecer seus vínculos de afeto com seus pais e familiares e é nessa ambiência de interação que a pessoa pode desenvolver sua integridade psíquica".[6] Por isso, continuam a argumentação, destacando que "é nesse sentido que a convivência é dever dos pais, não estando na sua esfera de liberdade não exercê-lo".[7]

De igual modo, Conrado Paulino da Rosa, em revisão doutrinária sobre o tema, defende que os deveres de cuidado e afeto são implícitos ao exercício da paternidade e lamenta que estas questões precisam ser dis-

[4] Dias, Maria Berenice. *Id.* p. 140.

[5] Madaleno, Rolf. O custo do abandono afetivo. Disponível em: https://www.rolfmadaleno.com.br/web/artigo/o-custo-do-abandono-afetivo . Acesso em: 13 jul. 2021.

[6] Tepedino, Gustavo; Teixeira, Ana Carolina Brochado. Fundamentos do Direito Civil. Volume 6. Direito de Família. Rio de Janeiro: Forense, 2020. p. 320.

[7] Tepedino, Gustavo; Teixeira, Ana Carolina Brochado. *Id.* p. 321.

cutidas em juízo. Sendo assim, o fundamento para esse pedido de indenização se fundaria no princípio da afetividade, aliado ao da paternidade responsável, cujos fundamentos legais estariam na Constituição Federal e no ECA.[8]

Assim, as três principais situações de não convivência familiar seriam: a) o genitor que desconhece o fato da paternidade; b) o genitor que tem reconhecida a paternidade e a ciência de sua obrigação de cuidar, mas não cuida; c) o genitor que não tem o interesse em cuidar do filho.

Em relação à primeira hipótese, a não convivência familiar provocada por um dos genitores, pode configurar alienação parental, aliás, combatida pela Lei nº 12.318/2010, e que seria tipificada como crime nos termos do art. 236 do Estatuto da Criança e do Adolescente, caso não tivesse sido vetado, com a justificativa de que seria medida exagerada para coibir esse problema. Seja como for, a alienação parental faz com que o genitor alienado seja privado de ter convivência com seus filhos, pelo fato de o outro genitor, afastar e agir para prejudicar, por vezes, a imagem daquele, inclusive, fazendo os filhos ter uma visão distorcida da realidade, cujos efeitos podem ser irreversíveis. Embora tais sentimentos sejam, na maioria das vezes, comuns àqueles que se separam, estes, no entanto, não podem comprometer a imagem do outro genitor em relação aos seus filhos.

Nessas situações em que a não convivência familiar decorre da alienação parental, o genitor alienado não deveria responder civilmente pelos danos causados por ausência de nexo causal. Consequentemente, a responsabilidade deve voltar-se ao genitor alienante. De acordo com Rolf Madaleno, seria possível a aplicação de multa, a fim de coibir o pai desinteressado, e que, ao menos, seja obrigado a visitar seu filho, ou, por outro lado, obrigar a mãe a possibilitar o direito de visitação ao pai interessado.[9]

Gustavo Tepedino e Ana Carolina Brochado Teixeira analisam a fixação de multa tanto por quem não cumpre o dever de convivência, quanto por quem não permite seu cumprimento:

[8] Rosa, Conrado Paulino da. Direito de Família Contemporâneo. 8. ed. Salvador: Juspodium, 2021. p. 511-515-516.

[9] Madaleno, Rolf. Multa afetiva. Disponível em: https://www.rolfmadaleno.com.br/web/artigo/a-multa-afetiva . Acesso em: 13 jul. 2021.

Uma das possibilidades para compelir um dos pais a conviver com os filhos é a imposição de multa prevista nos arts. 497 e ss. do CPC, quando se entende que a convivência é obrigação de fazer, pois é através dela que se concretizam inúmeros deveres da autoridade parental, como a educação e a criação. No entanto, critica-se a solução na medida em que induz à monetização das relações familiares e nem sempre o convívio imposto será melhor para o filho.[10]

Uma vez delineado o tema na doutrina, que aceita a possibilidade de pretensão à responsabilidade civil pela não convivência familiar e até mesmo multa passa-se, agora, à análise da jurisprudência do Superior Tribunal de Justiça acerca dessa possiblidade.

## 2. O entendimento do Superior Tribunal de Justiça sobre a questão

Devido ao fato de a pretensão à responsabilidade civil pela não convivência familiar não ter um dispositivo legal específico, mas decorrer de uma interpretação contemporânea da Constituição Federal e do art. 22 do ECA, importa analisar a jurisprudência do Superior Tribunal de Justiça, pois, no fundo, coube a este tribunal a estruturação dessa matéria por meio de seus acórdãos.

Essa questão começou a ser enfrentada a partir de 2004, com o julgamento do primeiro caso no REsp nº 275.568/RJ. Este caso não se referia exatamente à pretensão à reparação civil, mas à discussão sobre a perda do poder familiar pelo abandono afetivo. O entendimento foi de que "[c]aracterizado o abandono efetivo, cancela-se o pátrio poder dos pais biológicos. Inteligência do Art. 395, II do Código Bevilacqua, em conjunto com o Art. 22 do Estatuto da Criança e do Adolescente. Se a mãe abandonou o filho, na própria maternidade, não mais o procurando, ela jamais exerceu o pátrio poder".

O primeiro acórdão do Superior Tribunal de Justiça em que se enfrentou propriamente a questão da responsabilidade civil pela não convivência familiar foi julgado em 2005 no RESp. nº 757.411/MG, de relatoria do Min. Fernando Gonçalves. O autor da ação viu-se afastado do convívio paterno desde seus seis anos de idade, quando nasceu sua meia-irmã

[10] Tepedino, Gustavo; Teixeira, Ana Carolina Brochado. *Id.* p. 322.

com a segunda esposa de seu genitor. Alegou que o pai não compareceu a ocasiões importantes e que também teria perdido a oportunidade do convívio fraternal. Em sua defesa, o pai alegou que a desavença deu-se por conta de ação de revisão de alimentos e que as ofensas proferidas pela mãe teriam prejudicado o convívio, mas sem interrompê-lo, porque este ainda se deu em telefonemas e viagens. Por fim, embora não tenha comparecido à formatura, o genitor sempre incentivou o filho por telefone.

O voto vencedor[11] foi pelo não reconhecimento da pretensão à reparação pelo "abandono afetivo". O Min. Fernando Gonçalves sustentou que, embora os fatos da vida, que, um dia, foram considerados juridicamente irrelevantes, passaram a merecer atenção do Poder Judiciário. Porém, em se tratando desse tipo de pretensão, o ordenamento jurídico já estabelece a perda do poder familiar para quem descumpre o dever de pai. Ainda observou que, quem cuida da criança preterida, costuma transferir seus sentimentos de tristeza e mágoa para esta, o que pode interferir na dor que sente, de modo que a condenação à reparação do dano moral simplesmente encerraria de vez a possibilidade de qualquer convívio, e "nenhuma finalidade positiva seria alcançada com a indenização pleiteada". Por sua vez, o Min. Cesar Asfor Rocha entendeu que não seria correto que o direito de família recebesse influências de outros ramos do direito civil, em geral disciplinadas pelo direito das obrigações, devendo-se usar os princípios do direito de família para a solução dos casos. Por mais reprovável que seja o abandono do pai, as soluções consistem na prestação de alimentos e destituição do poder familiar. Em conclusão a seu voto, destacou o seguinte:

> Com a devida vênia, não posso, até repudio essa tentativa, querer quantificar o preço do amor. Ao ser permitido isso, com o devido respeito, iremos estabelecer gradações para cada gesto que pudesse importar em desamor: se abandono por uma semana, o valor da indenização seria "x"; se abandono por um mês, o valor da indenização seria "y", e assim por diante.

[11] Tal entendimento jurisprudencial foi mantido no REsp nº 514.350/SP, julgado em 2009.

Entretanto, o Min. Barros Monteiro, em voto vencido, sustentou ser possível a pretensão à indenização, porque a penalidade de perda do poder familiar não afastaria a possibilidade de reparação por danos, por serem fatos distintos.

Foi, todavia, em 2012, que o Superior Tribunal de Justiça, no REsp nº 1.159.242/SP, de relatoria da Ministra Nancy Andrighi, reconheceu a possibilidade jurídica dessa pretensão, tornando-se esse acórdão o precedente favorável sobre a matéria.

Em entrevista à Revista Veja, a autora da ação, moradora do município de Votorantim, SP, disse que nasceu em razão de um relacionamento extraconjugal, e não teve a convivência familiar com o pai, proprietário de rede de postos de gasolina e distribuidora de combustível, embora tenha recebido alimentos dele entre 1974 a 1995. Ela sentia-se preterida pelo fato de que seus irmãos tiveram a convivência e ela, não, assim como teria passado dificuldades financeiras. Sentiu-se abandonada pelo fato de a pensão alimentícia ter sido interrompida ao ter atingido a maioridade, e que sentiu falta de ter alguém para aconselhá-la, conversar e ajudá-la no que precisasse.[12] Como defesa, o pai alegou que o distanciamento deveu-se a comportamento agressivo da genitora.

No julgamento, houve três entendimentos entre os ministros, e o caso foi julgado por maioria de votos.

A primeira corrente de entendimento foi elaborada pela relatora, Min. Nancy Andrighi, favorável à pretensão à indenização de forma ampla. Preliminarmente, destacou a dificuldade de aferição do dano, por conta dos aspectos subjetivos envolvidos. Porém, devido ao fato da existência de ato volitivo no surgimento da relação de parentesco entre pais e filhos, surgiria, com isso, a consequente responsabilidade decorrente do ato, consistente na criação da prole, pelo dever de assistência psicológica dos pais para com os filhos, com o intuito de garantir-se o desenvolvimento sociopsicológico da criança. Em vez de fundamentar sua decisão no critério do afeto, a Min. Nancy Andrighi sustentou no dever de cuidado, afastando-se da discussão sobre a possibilidade jurídica de obrigar alguém a

[12] TOMAZELA, José Maria. 'Ele nunca me quis', diz professora sobre pai. Revista VEJA. São Paulo, 4 de maio de 2012. Disponível em: https://veja.abril.com.br/brasil/ele-nunca-me--quis-diz-professora-sobre-pai/ . Acesso em: 13 jul. 2021.

amar. Assim, "[a]qui não se fala ou se discute o amar e, sim, a imposição biológica e legal de cuidar, que é dever jurídico, corolário da liberdade das pessoas de gerarem ou adotarem filhos". Portanto, seria possível a seguinte máxima, que se tornou célebre: "[e]m suma, amar é faculdade, cuidar é dever". Logo, existiria a pretensão à reparação civil pela violação do dever de cuidado, admitindo-se, porém, a prova da alienação parental como excludente de ilicitude civil.

A segunda corrente, diametralmente oposta, foi elaborada pelo Min. Massami Uyeda. Em seu entendimento, não existe essa pretensão, porque o seu reconhecimento permitiria que mágoas íntimas fossem quantificadas e potencializadas, e que a defesa dessa argumentação representa a imposição de um modelo ideal de convivência entre as pessoas com harmonia e carinho, quando, na prática, nem sempre é possível pelo fato de que as avós e pais têm muitas falhas, porque "nossa vida é feita de perdas e ganhos, talvez até mais de perdas do que de ganhos".

A terceira corrente, elaborada pelos Ministros Sidnei Benetti e Paulo de Tarso Sanseverino, caracteriza-se por uma posição intermediária, embora favorável à possibilidade de reparação civil pela não convivência familiar. Destaca-se o voto do Min. Paulo de Tarso Sanseverino, que entendeu ser necessária prudência para a configuração desse tipo de reparação civil por conta dos sentimentos envolvidos, não sendo possível exigir no seio da família a mesma cautela que se exige em outros casos que ensejam responsabilidade extracontratual, além de correr-se o risco de patrimonalizarem-se as relações. Dessa forma, apenas se poderia admitir dano moral em relações familiares em casos excepcionalíssimos, e que somente o abandono completo e notório do filho geraria tal pretensão. Ademais, prosseguiu o Min. Sanseverino:

> De fato, na educação e na criação dos filhos, não há um molde perfeito a ser observado, pois não há como medir o grau de atenção, de carinho e de cuidados dispensados pelos pais a sua prole, pois cada componente da célula familiar tem também a sua história pessoal. Felizmente, dispõe-se de uma larga margem de liberdade para educar e criar os filhos do modo que melhor se aprouver, sendo que desvios, percalços e falhas são inerentes ao processo de educação e de criação. O dever de cuidado, pois, apresenta um conteúdo inegavelmente subjetivo.

A partir do acórdão de 2012, a jurisprudência do Superior Tribunal de Justiça manteve-se favorável à possibilidade jurídica de pretensão à reparação civil pela não convivência familiar, inclusive em caso julgado em setembro de 2021 pela 3ª Turma (REsp nº 1.887.697/RJ, de Relatoria da Ministra Nancy Andrighi. Neste caso, trata-se de criança que, em 2005, teve sua convivência abruptamente interrompida pelo pai por conta da dissolução da união estável, gerando traumas, angústia e sofrimento. Ao propor ação de indenização por danos morais decorrente do "abandono afetivo", o Tribunal de Justiça do Estado do Rio de Janeiro fixou o valor em R$ 3 mil; no julgamento do Recurso Especial, o valor da indenização foi aumentado para R$ 30 mil. Além de afirmar-se a possiblidade de aplicação dos arts. 186 e 927 do Código Civil, a relatora afirmou: "O recorrido, pois, ignorou uma conhecida máxima: existem as figuras do ex-marido e do ex-convivente, mas não existem as figuras do ex-pai e do ex-filho".

Entretanto, ainda persiste a divergência de entendimento entre ministros, em especial entre os da 3ª Turma e da 4ª Turma, de modo que a Min. Isabel Galotti defende o entendimento firmado no REsp. nº 757.411/MG. Por exemplo, no REsp nº 1.579.021/RS, de 2017, em que não se conheceu do recurso, mas se colocaram os seguintes aspectos jurídicos na ementa do acórdão:

> 3. O dever de cuidado compreende o dever de sustento, guarda e educação dos filhos. Não há dever jurídico de cuidar afetuosamente, de modo que o abandono afetivo, se cumpridos os deveres de sustento, guarda e educação da prole, ou de prover as necessidades de filhos maiores e pais, em situação de vulnerabilidade, não configura dano moral indenizável. Precedentes da 4ª Turma.

No voto, a Min. Isabel Galotti fundamentou o seguinte:

> A afetividade não é dever jurídico. Trata-se, sem dúvida, de sentimento que deve ser levado em conta pelo Juiz quando, precisamente em razão de vicissitudes ou conflitos, tem que escolher um só dos pais, parentes mais afastados ou até mesmo estranhos para exercer a função de guardião ou tutor do menor. A convivência com ambos os genitores, o desejável sob qualquer aspecto – psicológico, moral, religioso, jurídico – em algumas hipóteses pode ser prejudicial ao menor. Não me refiro apenas aos casos de doença física,

> mental ou desvio de comportamento de um dos genitores, o que certamente seria considerado para afastar a indenização por dano afetivo. Nem tão-pouco apenas aos casos em que há comportamento negligente ou doloso do genitor, em relação aos cuidados devidos ao menor, hipóteses que seriam o campo fértil da indenização por dano afetivo. Ressalto que há diversas idiossincrasias, características psicológicas, causadas por diferenças de personalidade, contingências, traumas e circunstâncias da vida, que tornariam a convivência familiar – talvez forçada pela necessidade de defender-se de futura acusação de abandono afetivo – flagrantemente nociva, ou, pior, inconscientemente prejudicial ao desenvolvimento psicológico do menor. Observo que a incapacidade de amar, de cuidar afetivamente, muitas vezes é incapacidade decorrente das circunstâncias da criação, personalidade, traumas vividos pelo genitor – e também pelo filho em função do outro genitor – ao longo de sua vida. A convivência e o afeto devem corresponder a sentimentos naturais, espontâneos, genuínos, com todas as características positivas e negativas de cada indivíduo e de cada família. Não é – nem deve ser – o cumprimento de dever jurídico, imposto pelo Estado, sob pena de punição (ou indenização punitiva). Qual a situação preferível, do ponto de vista da dignidade e do desenvolvimento psicológico, dentre as duas extremas que figuro a seguir: a do filho que não conviveu com o pai e sua atual família, sendo criado, às expensas do pai ausente, em regime de internato, em centro educacional de excelência, no país ou no exterior; ou a do menor, forçado a conviver no seio de segunda família do genitor ou genitora, convivendo, se não com a agressão e humilhação, mas ao menos com o desprezo velado dos demais membros da família? Naturalmente, o ideal seria acolhimento afetuoso pela segunda família do genitor, mas isso nem sempre ocorre. A escolha de como e onde deve se dar a educação, guarda e sustento será sempre da família, dependente de inúmeras circunstâncias, objetivas e subjetivas. Não cabe ao Estado impor essa escolha, em nome de dever de convivência e afeto que não se extrai do ordenamento jurídico.

Em razão da divergência dentro do próprio tribunal, e do cuidado que se deve ter ao condenar uma pessoa por "abandono afetivo", observa-se que as decisões procuram evitar a banalização do pedido à reparação por danos morais, devendo-se concedê-lo somente em hipóteses excepcionais.

## 3. Desdobramentos acerca do reconhecimento dessa responsabilidade

As nuances sobre a questão igualmente chegaram ao conhecimento do Superior Tribunal de Justiça.

O primeiro aspecto que foi trazido desde 2012 consiste na possibilidade ou não do reconhecimento da responsabilidade civil pela não convivência familiar – ou "abandono afetivo por omissão" – por quem não tinha a paternidade reconhecida em ação de investigação de paternidade, mesmo quando a existência do filho é conhecida pelo genitor. No REsp nº 1.374.778/RS, de 2015, julgou-se ação de investigação de paternidade movida por filho vinte e um anos depois, que, e na idade adulta, pediu, cumulativamente, indenização pelo abandono afetivo. Na análise do caso, observou-se que o genitor tinha sido acusado pelo crime de sedução ao ter tido relações sexuais, e, por isso, deixara de procurar o filho. Decidiu-se que não se poderia esperar conduta diversa do pai por conta do episódio, e que o filho, por sua vez, não havia procurado o pai durante sua vida. O segundo caso é o REsp nº1.493.125/SP, em que a filha havia sido registrada por outra pessoa, e o contato entre eles ocorreu apenas depois de trinta e seis anos e por meio de ação de investigação de paternidade. Entendeu-se que a filha demonstrou comportamento contraditório pelo longo tempo que levou para buscar este reconhecimento, e o fato de ter convivido com outra pessoa que a assumira como filha, afastava o dano alegado.

O segundo aspecto é que, pelo fato de que estas questões costumam ser retomadas depois de muito tempo de falta de convivência, a pretensão à reparação costuma estar extinta pela prescrição, que, no caso, é de três anos por força do art. 206, § 3º do Código Civil. No REsp nº 1.298.576/RJ, de 2012, fixou-se o entendimento de que como o filho tinha conhecimento de quem era o pai que o abandonara, o prazo prescricional para a pretensão à reparação civil iniciava-se a partir do advento da maioridade civil. No caso concreto, como o prazo passou a correr em 1978 e o reconhecimento formal da paternidade deu-se apenas em 2007, ter-se-ia operado a prescrição. Já no AgInt no AREsp 1270784/SP, de 2018, aperfeiçoou-se esse entendimento, ao afirmar-se que o prazo prescricional corre a partir da maioridade e não do reconhecimento da paternidade, pois este fato jurídico é objeto de ação declaratória. Como, no caso, o filho sabia da existência do pai e nada o fez, não pode pleitear essa indenização anos depois.

O terceiro ponto corresponde à análise da quantidade e qualidade do convívio entre pai e filho para o reconhecimento da responsabilidade, bem como da necessidade de comprovação do dano por meio de estudo psicossocial. No REsp nº 1.557.978/DF, a filha, com doze anos de idade, tendo sido reconhecida a paternidade dois anos antes da propositura da ação, pleiteou indenização em valor de R$ 3 milhões por "descumprimento da obrigação paterna de cuidado e de afeto (abandono afetivo)". Ao analisar-se o caso, entendeu-se, em primeiro lugar, que somente se poderia cogitar o abandono afetivo após o reconhecimento da paternidade mediante ação de investigação. Em seguida, observou-se que houve beligerância entre os genitores, mas que, dentro do possível, estava ocorrendo a composição do conflito, inexistindo absoluta falta e contato entre pai e filha, porque houve algum contato, sendo que somente se pode cogitar da imputação dessa responsabilidade na hipótese em que resta comprovado "o liame entre a conduta voluntária omissiva ou comissiva por parte do pai e o abalo moral suportado pelo filho". Outro aspecto importante é que o magistrado que conheceu a causa em primeiro grau entendeu não ser necessário o exame psicossocial, enquanto o Superior Tribunal de Justiça entendeu que este exame era importante para o deslinde do caso. Dessa forma, como não se produziu essa prova, entendeu-se que não seria cabível imputar qualquer tipo de indenização.

Por outro lado, no REsp nº1.887.697/RJ, reconheceu-se a possiblidade de responsabilidade por "abandono afetivo", afirmando-se que não haveria restrições para a aplicação das regras sobre responsabilidade civil previstas nos arts. 186 e 927 do Código Civil de 2002, ao contrário do que se havia sustentado no REsp. nº 757.411/MG. Observou-se na fundamentação que o cumprimento do dever de assistência material não afasta a possibilidade de pretensão à reparação civil, por serem objetos distintos, tendo fundamento jurídico próprio, e que a perda do poder familiar visa à proteção da integridade física da criança. Em prova pericial, constatou-se que houve danos causados à criança por conta da conduta paterna, a qual foi interrompida pelo pai quando ela tinha seis anos de idade. Por essa razão, fixou-se a indenização em R$ 30.000,00.

## Conclusão

Devido às transformações das relações familiares nas últimas décadas, o direito de família brasileiro foi-se alterando para conseguir regulá-las. Uma dessas hipóteses consistiu na possibilidade de responsabilização civil pela não convivência familiar. Sob todos os aspectos, as relações familiares deixaram de ser imunes a reparação dos danos quando estes ocorrem, uma vez que, desde 1990 já se dispunha no ECA sobre o princípio da proteção integral em seu art. 1º, de modo que tal proteção não se limita a aspectos materiais, mas também ao bem-estar. O princípio do interesse superior da criança, o qual, embora não estivesse positivado no ECA em 1990, incluído tangencialmente em 2009 em uma de suas reformas, leva em consideração as necessidades da criança e do adolescente de conviverem com seus genitores. Estes princípios fundamentam, pois, a existência do direito à convivência familiar e comunitária, previsto no ECA no Capítulo III do Título II (arts. 19 a 52). Assim, o poder familiar, previsto no Código Civil e no ECA, exercido pelos genitores, é irrenunciável, não havendo opção por aquele que o detém. Como mencionado pela Min. Nancy Andrighi no REsp nº1.887.697/RJ, "existem as figuras do ex-marido e do ex-convivente, mas não existem as figuras do ex-pai e do ex-filho". Desse modo, não se pode renunciar a um filho, pois esse fato causa danos irreparáveis pelo resto da vida.

Para haver a responsabilidade civil e consequente obrigação de reparação do dano por não convivência familiar, é preciso estar configurado o ato ilícito de forma cabal, o que ocorre apenas em circunstâncias extraordinárias, e não por mero aborrecimento. Três são as hipóteses de responsabilização pela não convivência familiar. A primeira delas ocorre quando há a desinformação parental, situação em que um dos pais nem sabe da filiação. A segunda ocorre quando o genitor reconhece a paternidade, mas não tem o interesse em cuidar da prole; a terceira, quando o genitor interrompe a convivência com o filho.

É de três anos o prazo prescricional para a propositura da ação de reparação de danos, o qual começa a fluir a partir da maioridade, e não do reconhecimento da paternidade. Requer-se prova cabal do dano moral, preferencialmente aferido por perícia técnica. Há também de se avaliar o valor da reparação do dano, considerando que o Superior Tribunal de Justiça procurou coibir a banalização da pretensão e evitar, ademais, o surgimento da "indústria do abandono afetivo". Em síntese, é evidente que o dano é de difícil mensuração pecuniária. Como há poucos casos julgados procedentes pelo Superior Tribunal de Justiça, ainda é possível que, conforme a turma sorteada para o julgamento do recurso especial, não seja fixada indenização por esse fato.

## Referências

DIAS, Maria Berenice. Manual de Direito das Famílias. 14. ed. Salvador: Juspodium, 2021.

LÔBO, Paulo. Direito Civil. Famílias. 3.ed. São Paulo: Saraiva, 2010.

MADALENO, Rolf. Multa afetiva. Disponível em: https://www.rolfmadaleno.com.br/web/artigo/a-multa-afetiva . Acesso em: 13 jul. 2021.

—. O custo do abandono afetivo. Disponível em: https://www.rolfmadaleno.com.br/web/artigo/o-custo-do-abandono-afetivo . Acesso em: 13 jul. 2021.

ROSA, Conrado Paulino da. Direito de Família Contemporâneo. 8. ed. Salvador: Juspodium, 2021.

TEPEDINO, Gustavo; TEIXEIRA, Ana Carolina Brochado. Fundamentos do Direito Civil. Volume 6. Direito de Família. Rio de Janeiro: Forense, 2020.

TOMAZELA, José Maria. 'Ele nunca me quis', diz professora sobre pai. Revista VEJA. São Paulo, 4 de maio de 2012. Disponível em: https://veja.abril.com.br/brasil/ele-nunca-me-quis-diz-professora-sobre-pai/ . Acesso em: 13 jul. 2021.

# 5.
# A ALIENAÇÃO PARENTAL INTERPRETADA DE ACORDO COM O ESTATUTO DA CRIANÇA E DO ADOLESCENTE

ALDER THIAGO BASTOS

## Introdução

No Congresso Nacional, tramitam Projetos de Lei que, se aprovados, poderão trazer novos contornos à Lei de Alienação Parental (Lei nº 12.318/2010). De um lado, pelo Projeto de Lei do Senado 498/2018, pretende-se, em um único artigo, a revogação da Lei nº 12.318/2010. De outro lado, pelos Projetos de Lei do Senado 19/2016 e 6.008/2019, assim como os Projetos de Lei da Câmara dos Deputados 10.712/2018 e 10.182/2018 e 5.588/2020, propõem-se mudanças pontuais à lei vigente, entre as quais o uso de mediação e acompanhamento psicológico ou biopsicossocial.[1]

Independentemente da continuidade dos projetos de lei, antagônicos entre si, é certo que a hipótese na qual se centra no presente estudo, é que a Lei de Alienação Parental não é o único instrumento normativo que protege à convivência familiar, inibindo atos de alienação parental. Isto

[1] O Projeto de Lei da Câmara nº 7.352, de 2017, converteu-se na Lei nº 14.340, de 18 de maio de 2022, para inserir garantias de visitação, acompanhamento psicológico ou biopsicossocial com elaboração de, ao menos, um laudo técnico; regulação da oitiva da criança e adolescente, inclusive para concessão de medida liminar; e fim da suspensão do poder familiar como sanção por alienação parental.

porque o marco legislativo da Lei da Alienação Parental é o Estatuto da Criança e do Adolescente, o qual é verdadeiro microssistema, com mecanismos próprios à efetivação de qualquer malefício ao menor, podendo os atos de alienação parental ser interpretados diretamente desta lei.

O artigo está dividido em quatro itens. O primeiro deles versa sobre a importância da convivência familiar para a criança e adolescente. No segundo item, discutem-se as transformações sociais, o impacto do divórcio para a dissolução dos núcleos familiares e a possibilidade de ocorrência de alienação parental. No terceiro item, analisou-se a relevância do reconhecimento da alienação parental como transtorno mental; no quarto e último item, as consequências de eventual revogação ou alteração da Lei de Alienação Parental. A metodologia adotada para o desenvolvimento da pesquisa é dedutiva, amparada em referenciais teóricos publicados em meios físicos e digitais.

## 1. A convivência familiar e sua importância

A convivência familiar é um tema recorrente na evolução legislativa dos últimos trinta anos, como se verifica no Estatuto da Criança e do Adolescente (art. 19, *caput*), no Código Civil (art. 1.583 e 1.584), e no Plano Nacional de Promoção, Proteção e Defesa do Direito de Crianças e Adolescentes à Convivência Familiar e Comunitária, espelhando todos a proteção garantia pelo art. 227 da Constituição Federal. Sendo reconhecida a liberdade dos genitores de manter os laços afetivos por meio do casamento ou da união estável, também se convalida a ideia de que o divórcio ou dissolução de união estável não extingue o núcleo familiar, mas o divide para reconhecer o dinamismo existente.

Porém, este entendimento nem sempre foi assim, haja vista que a família era patriarcal, cabendo ao homem da casa ser o chefe e intervir no futuro dos filhos e dos netos, inclusive, com casamentos arranjados e alianças políticas e econômicas.[2] O Século XX foi decisivo para a mudança que se avistava, possibilitando que mulheres frequentassem escolas e instruções de ensino superior, deixando de ser uma assistente do lar, para contribuir no mercado de trabalho, tal como os homens, não sendo mais uma

[2] Bastos, Alder Thiago. A Saúde Mental da Criança Vítima de Alienação Parental. Paraná: Brazil Publishing, 2019. p. 53-54.

figura vista como submissa. Nesta época, como anota Janaina Galani Cruz Tomasevicius "as revoluções dos costumes e sexual que se encontram em curso, as mulheres encontraram a oportunidade de ampliar seus espaços na sociedade",[3] não justificando a manutenção de uma oligarquia pensada em um patriarquismo. As mulheres, tornaram-se corresponsáveis pela manutenção e sustento do lar, contribuindo com suas respectivas forças de trabalho para a subsistência das mais comezinhas da estrutura familiar. Então, a convivência com os filhos na contemporaneidade passou a ser limitada pelo papel fundamental da mulher no sustento do lar, com responsabilidades fora da residência daquele núcleo familiar.

Houve oscilações na própria evolução legislativa brasileira no que tange ao direito da criança e do adolescente. Isto porque o Código Mello Mattos, de 1927, que trazia singela preocupação com o desenvolvimento pessoal do menor, foi substituído pelo Código de Menores de 1979, cujo enfoque era normatizar o tratamento ao menor infrator. Nas palavras de Antonio Cezar Lima da Fonseca:

> O Código de Menores, a rigor, "não passava de um Código Penal do Menor", uma vez que suas normas tinham mais um caráter sancionatório do que protetivo ou assistencial. [...] Estudava-se o "direito do menor", tido como "um conjunto de normas jurídicas relativas à definição, tratamento e prevenção da situação irregular do menor". Dessa forma, até o advento da Constituição Federal a disciplina legal que dizia respeito a crianças e adolescentes estavam submetidas ao Código de Menores, aplicável ao menor que se encontrasse em uma "situação denominada 'patologia social ampla, exigir decisão da autoridade judiciaria.[4]

Porém, a Constituição Federal de 1988 passou a definir novos trajetos e preocupações com o direito do menor, buscando centrar uma responsabilidade da família, da sociedade e do Estado para que seja reconhecida a transgeracionalidade (art. 227, CF), reforçando o paradigma de que a

[3] Tomasevicius, Janaina Galani Cruz. Jurisprudência como Memória Coletiva: antecedentes da Lei do Divórcio (1962-1977). Rio de Janeiro: Lumen Juris, 2019. p. 60.

[4] Fonseca, Antonio Cezar Lima da. Direitos da Criança e do Adolescente. 3. ed. ampl., rev. e atual. São Paulo: Atlas, 2015. p. 10.

criança de hoje reflete diretamente na sociedade de amanhã. Com isto, não fazia mais sentido um "Código Penal do Menor", como anotado por Antonio Cezar Lima da Fonseca,[5] com preocupações apenas na condução de aspectos criminais em relação ao menor, já que, dentro das garantias constitucionais de 1988, também era necessário assegurar com absoluta prioridade direitos como à vida, à saúde e à convivência familiar e comunitária.

Neste contexto, o Estatuto da Criança e do Adolescente trouxe importante avanço à questão, reforçando a garantia estabelecida pelo art. 227 da Constituição Federal, alinhavando a preocupação com a convivência familiar como um direito fundamental do menor. Devido à importância do convívio familiar, o Estatuto da Criança e do Adolescente tem capítulo próprio sobre convivência familiar (artigos 19 e 24), inclusive tratando a suspensão ou a perda do poder familiar de qualquer dos genitores que tenham negligenciado ou descumprido as suas obrigações.

A convivência familiar também se encontra disciplinada na Convenção sobre os Direitos da Criança, internalizada pelo Brasil pelo Decreto 99.710, de 1990, especificamente quando trata sobre o convívio nos artigos 9 e 10, trazendo um referencial internacional à necessidade de assegurar ao menor as referências que são passadas de genitores para os seus respectivos filhos.

Além disso, também é instituído um plano de política pública voltado à convivência familiar. O Plano Nacional de Promoção, Proteção e Defesa do Direito de Crianças e Adolescentes, à Convivência Familiar e Comunitária assegura que

> Os tipos de entidades familiares explicitamente referidos na Constituição brasileira não encerram *numerus clausus*. As entidades familiares, assim entendidas as que preencham os requisitos de afetividade, estabilidade e ostensibilidade, estão constitucionalmente protegidas, como tipos próprios, tutelando-se os efeitos jurídicos pelo direito de família e jamais pelo direito das obrigações, cuja incidência degrada sua dignidade e das pessoas que as integram. A Constituição de 1988 suprimiu a cláusula de exclusão, que ape-

[5] Fonseca, Antonio Cezar Lima da. *Ibid.*

nas admitia a família constituída pelo casamento, mantida nas Constituições anteriores, adotando um conceito aberto, abrangente e de inclusão.[6]

Percebe-se que o Estatuto da Criança e do Adolescente reforça a ideia de que a convivência familiar é uma garantia à formação do menor, não se tratando de um direito do genitor ou da genitora, já que a formação do menor é alinhavada pelas referencias que são passadas pelos seus pais, tutores ou responsáveis.

Em consonância com o fenômeno que se inicia no fim do século XX, também se constatou a necessidade de alteração substancial do Código Civil, modificando-se, em 2008, as regras de fixação da guarda, abrindo-se a possibilidade de regime compartilhado, bem como alterando o termo "pátrio poder" para poder familiar, sepultando-se, definitivamente, o entendimento de que a família é oligarquia capitaneada exclusivamente pelo homem/marido.

A alteração do Código Civil e, especialmente, a promulgação da Lei da Alienação Parental, apenas reafirmam a necessidade de uma convivência igualitária entre genitores, assegurando que estes façam parte da formação do adulto de amanhã, transpassando seus valores e modo de como a vida deve ser conduzida em prol da sociedade.

## 2. O divórcio e a manutenção do núcleo familiar

A família é "o lugar onde devem ser cultivados e fortalecidos os sentimentos básicos de um crescimento sadio e harmonioso",[7] sendo importante para alinhavar as bases de formação do adulto de amanhã. Porém, com a autonomia da mulher e o tratamento igual para assegurar os mesmos direitos e deveres com relação ao homem, o divórcio tornou-se uma realidade existente a partir de 1977, sendo assegurado aquele que desejar não

[6] BRASIL. Ministério do Desenvolvimento Social e Combate à Fome. Plano Nacional de Promoção, Proteção e Defesa do Direito de Crianças e Adolescentes à Convivência Familiar e Comunitária. Brasília, 2006. Disponível em: https://www.mds.gov.br/webarquivos/publicacao/assistencia_social/Cadernos/Plano_Defesa_CriancasAdolescentes%20.pdf. Acesso em: 30 jul. 2021. p. 21.

[7] LIBERTATI, Wilson Donizeti. Comentários ao Estatuto da Criança e do Adolescente. 12. ed. rev. e ampl. de acordo com a Lei 13.058, de 22-12-2014. São Paulo: Malheiros, 2015. p. 37.

mais manter a união conjugal, independentemente de motivo. Diante deste novo paradigma, o divórcio demonstra que a manutenção do casamento não é uma condição a ser perseguida na contemporaneidade, dando espaço para que a união entre homem e mulher seja alinhavada pelos interesses comum, pelo afeto mútuo e pela conjugação de interesse em manter o casamento.

Jorge Trindade reforça a ideia do impacto causado pela ruptura da relação conjugal e reflexos que acabam acarretando aos filhos, pois a "separação de fato, e o divórcio, enquanto condição jurídica, implicam também um processo psicológico que corresponde a um conjunto de sentimentos, pensamentos e comportamentos destinados à resolução do conflito emocional entre duas pessoas".[8]

Nesta mesma linha, com o aumento dos divórcios, há uma nova realidade contemporânea que desponta. Importa preservar o núcleo familiar em prol da manutenção da estrutura familiar, mesmo que não haja a coabitação, buscando centrar a responsabilidade de ambos os genitores na adequada criação dos filhos.

Nas palavras de Rodrigo da Cunha Pereira, "a separação dos pais não significa a infelicidade dos filhos",[9] demonstrando-se que não há uma ruptura do núcleo familiar com o fim do relacionamento dos genitores, mas sim uma divisão deste núcleo em que prestigia a liberdade de escolha dos genitores, sem perder de vista a necessidade de que ambos tenham condições e façam seus respectivos papeis na criação dos seus filhos. Em outras palavras, ainda que extremamente impactante a colocação se que ora se faz, é certo que a ruptura do elo entre pais e filhos se dará com a morte de um deles.

Por esse motivo, não se procuram culpados na dissolução do casamento, muito menos se exige tempo de carência para propositura do divórcio judicial como no modelo adotado pela Lei n.º 6.515/1977 que determinava a separação antes da decretação do divórcio.

[8] Trindade. Jorge. Manual de Psicologia Jurídica Para Operadores do Direito. 8. ed. Porto Alegre: Livraria do Advogado, 2017. p. 415.

[9] Pereira, Rodrigo da Cunha. Alienação Parental: Uma inversão da relação sujeito e objeto. *In*: Dias, Maria Berenice (Coord). Incesto e a síndrome da alienação parental. 4. ed rev. ampl. atual. São Paulo: Revistas dos Tribunais, 2017. p. 73.

Centra-se, atualmente, o dinamismo e a busca da felicidade, impondo-se, pois, uma realidade identificada por Rolf Madaleno:

> Embora toda a separação cause desequilíbrios e estresses, os pais, quando rompem seus relacionamentos afetivos, deveriam empreender o melhor para si para preservarem seus filhos e ajudá-los a compreender, e também eles vencerem e superarem a triste fase da separação dos genitores. São as crianças e adolescentes que dependem do diálogo franco e da aparência e honestidade dos pais.[10]

Não há como dissociar a obrigação dos pais em demonstrar que a inexistência do amor entre os genitores não afetará os filhos, uma vez que aqueles que que não respeitam tal situação, cometem alienação parental, com a tentativa de descaracterizar ou minimizar a importância do outro genitor, inclusive com atribuições de culpas pela dissolução da relação conjugal.

A alienação parental é consequência de uma série de fatores que se relacionam na inconsciência de tentar achar um culpado para o término de uma relação existente entre os genitores, mesclando imaturidade, com uma tentativa que pode variar como proteção ou vingança do genitor considerado responsável pelo término do relacionamento conjugal. Lembre-se que a prática da alienação parental, como anotado por Ana Carolina Carpes Madaleno e Rolf Madaleno ressaltam que

> Os filhos são afetados de diversas maneiras, sentem-se impotentes diante da ruptura e das mudanças ocasionadas; rejeitados e abandonados, uma vez que, principalmente crianças pequenas, não conseguem compreender porque um dos pais se afasta do lar; passam a achar que são os culpados pelo desenlace dos pais – principalmente se a idade da criança (entre 3 e 6 anos) coincide com a fase fálica ou edípica de Freud –, quando se inicia a triangulação, ou seja a inclusão do pai, que iria criar as condições conflituosas em que o menor tem um forte desejo instintivo pelo progenitor do sexo oposto e repudia o do mesmo sexo, por ciúmes – momento em que a criança já se

[10] Madaleno, Rolf. Direito de família. 7. ed. rev., atual. e ampl. Rio de Janeiro: Forense, 2017. p. 438.

sente culpada, pois em seu amago ama os dois.[10] Essa idade também é a da iniciativa versus culpa da teoria de Erikson, portanto a criança sente-se culpada ao extremo.[11]

Contudo, é certo que, tanto pelo Estatuto da Criança e do Adolescente, quanto pela própria doutrina, o núcleo familiar se mantém em prol do melhor interesse do menor e em busca do convívio igualitário entre os filhos e seus respectivos genitores, não havendo uma dissolução do núcleo familiar, mas sim, em verdade, uma divisão que comporta ingressos de novos personagens que, antes do término da relação conjugal, era inimaginável (padrasto, madrasta, meios irmãos, entre outros exemplos vivenciados na prática).

## 3. A alienação parental: termo jurídico ou médico?

É possível identificar que a convivência familiar é um direito do pai ou da mãe, e também uma garantia constitucional e infraconstitucional direcionada ao sadio crescimento da criança e do adolescente que, na sua formação psicológica, necessita dos referencias dos adultos ao seu entorno – seja da família, seja da sociedade –, amor, carinho, respeito e demais elementos que são transmitidos de pai para filho com o objetivo de transpassar valores humanos e assegurar a manutenção de uma sociedade equilibrada.

Nesta toada, o art. 2º da Lei n.º 12.318/2010, quando define alienação parental como a interferência que cause prejuízos ao estabelecimento de vínculo ou manutenção deste entre genitores e filhos, representa uma proteção à convivência familiar, tal como assegurado na Constituição Federal, no Estatuto da Criança e do Adolescente, no Plano Nacional de Promoção, Proteção e Defesa do Direito de Crianças e Adolescentes à Convivência Familiar e Comunitária, reforçando a necessidade de convívio entre genitores e menor, já que a formação psicológica da criança passa pela aprendizagem recepcionada pelos valores morais referenciados de seus genitores. Assim, buscou-se a responsabilização por atos de

[11] MADALENO, Ana Carolina Carpes; MADALENO, Rolf. Síndrome da Alienação Parental, importância da detecção aspectos legais e processuais. 4. ed. rev. e atual. Rio de Janeiro: Forense, 2017. p. 42.

interferência que cause prejuízos ao convívio ou manutenção deste entre pais e filhos.

O núcleo jurídico defendido na presente legislação é o direito fundamental do convívio familiar como princípio constitucional e, igualmente, transcrito no Estatuto da Criança e do Adolescente como forma a garantir à dignidade humana da criança e do adolescente, bem como assegurar a formação estruturante que se denota das referências que absorvermos de nossos genitores.

Porém, conforme preceitua Richard Gardner: [12]

> A Síndrome de Alienação Parental (SAP) é um distúrbio da infância que aparece quase exclusivamente no contexto de disputas de custódia de crianças. Sua manifestação preliminar é a campanha denegritória contra um dos genitores, uma campanha feita pela própria criança e que não tenha nenhuma justificação. Resulta da combinação das instruções de um genitor (o que faz a "lavagem cerebral, programação, doutrinação") e contribuições da própria criança para caluniar o genitor-alvo. Quando o abuso e/ou a negligência parentais verdadeiros estão presentes, a animosidade da criança pode ser justificada, e assim a explicação de Síndrome de Alienação Parental para a hostilidade da criança não é aplicável.

Márcia Amaral Montezuma[13] não identifica um distúrbio mental a prática da alienação parental, mas sim, um abalo funcional da estrutura familiar que não permitiria a conceituação de uma doença psiquiátrica, reforçando, aos defensores deste posicionamento.

Neste contexto, o termo alienação parental deixou de ser um exclusivamente jurídico, ganhando força com o reconhecimento de uma doença mental definhada pela Classificação Internacional de Doenças na 11ª

[12] GARDNER, Richard A. O DSM-IV tem equivalente para o diagnóstico de Síndrome de Alienação Parental (SAP)? (2002). Traduzido por Rita Rafaeli. Disponível em: http://www.alienacaoparental.com.br/textos-sobre-sap-1/o-dsm-iv-tem-equivalente. Acesso em: 30 jul. 2021.

[13] MONTEZUMA, Márcia Amaral. *Síndrome de Alienação Parental: Diagnóstico médico ou jurídico? In*: DIAS, Maria Berenice (Coord). Incesto e a síndrome da alienação parental. 4 ed. rev. ampl. atual. São Paulo: Revistas dos Tribunais, 2017. p. 43.

Revisão do Código Internacional de Doenças para Estatísticas de Mortalidade e Morbidade – CID-11 publicado em 2018. Assim, essa discussão, todavia, encontra-se superada na atualidade porque, como ressaltado por este autor:[14]

> O Manual Diagnóstico e Estatístico de Doenças Mentais (DSM-V) também seguiu as referências da Classificação Internacional de Doenças anteriormente em vigor (de 1997 a 2018), não havendo o reconhecimento da alienação parental como potencial causador de doença mental.
> No entanto, a questão deverá ser revista, porquanto em recente publicação a Organização Mundial de Saúde (OMS) reviu seus assentos de Classificação Internacional de Doenças na 11ª Revisão do Código Internacional de Doenças para Estatísticas de Mortalidade e Morbidade – CID-11, que se deu no último mês de junho de 2018, acrescentando a Alienação Parental como doença infantil no item QE52.0: "*Caregiver-child relationship problem Parent*" (2018).

Atualmente é incontroverso que a alienação parental pode ser classificada em graus, consoante apontam Ana Carolina Carpes Madaleno e Rolf Madaleno:

> Os especialistas apontam diferentes estágios que identificam a ocorrência, progressão e gravidade da Síndrome da Alienação Parental, sendo voz corrente defini-los em três níveis assim definidos:
>
> a) O tipo ligeiro ou estágio I leve – a visitação ocorre quase sem problemas, com alguma dificuldade apenas quando se dá a troca entre os genitores. O menor mostra-se afetivo com o progenitor alienado.
> [...]
> b) O tipo moderado ou estágio II médio – o motivo ou tema das agressões torna-se consistente e reúne os sentimentos e desejos do menor e do genitor alienante, criando uma relação particular entre eles, que os torna cúmplices. [...]

[14] Bastos, Alder Thiago. *Id.* p. 117-118.

c) O tipo grave ou estágio III grave – os menores encontram-se extremamente perturbados, por isso as visitas são muito difíceis ou não ocorrem. Caso ainda haja visitação, ela é repleta de ódio, difamações, provocações ou, ao contrário, as crianças emudecem, ficam como entorpecidas ou até mesmo tentam fugir. O habitual é que o pânico, as crises de choro, explosões de violência e gritos do menor impeçam a continuidade do regime de visitas.[15]

Tendo o reconhecimento pela medicina como problema de saúde mental, a alienação parental, mesmo que haja a revogação da lei, na forma proposta pelos projetos de lei citados, a proteção à saúde da criança e do adolescente cabe "aos pais, como dever inerente ao poder familiar, cuidar do bem-estar físico e mental dos filhos".[16]

Desta forma, ainda que haja a revogação da legislação, o Estatuto da Criança e do Adolescente preservará a integridade física, mental e social (conceito atual de saúde), como situação basilar a ser seguida na forma do art. 4º e 7º, não apenas como uma obrigação do núcleo familiar, mas também como uma obrigação da sociedade e do Estado.

## 4. Possível revogação ou alteração da Lei da Alienação Parental e a aplicação do Estatuto da Criança e do Adolescente

Muitas discussões são alinhavadas durante os anos de vigência da Lei da Alienação Parental, colecionando-se apoiadores e pessoas contrárias à regulação jurídica da alienação parental, atribuindo-se, pois, através dos requisitos prescritos em lei, a caracterização de alienante (aquele que pratica o ato) e alienado (aquelas pessoas que são vitimadas pelo ato praticado).

As discussões versadas sobre a lei, no Brasil, ganham atuais contornos com a tramitação dos Projetos de Leis no Congresso Nacional, cujos contornos, conforme relatórios alinhados pela discussão nos projetos,

[15] MADALENO, Ana Carolina Carpes; MADALENO, Rolf. *Id.* p. 50-51.

[16] AMIN, Andréa Rodrigues. *Evolução histórica do direito da criança e do adolescente*. In: MACIEL, Kátia Regina Lobo Andrade et al (Coords.). Curso de direito da criança e do adolescente: aspectos teóricos e práticos. 10. ed. rev. e atual. São Paulo: Saraiva, 2017. p. 82

versam exclusivamente sobre excessos cometidos e supostas injustiças identificadas.

Fato é que, pelas classificações médicas contemporâneas, o termo alienação parental é considerado um problema de saúde mental, não se tratando mais de contornos da ciência jurídica, já que a própria ciência médica reconhece a nefasta devastação que ocasiona ao menor que é exposto à perversidade da alienação parental.

Neste contexto, tal como previsto no artigo 4º e 7º do Estatuto da Criança e do Adolescente, bem como com amparo no art. 227 da Constituição Federal, é uma obrigação, não apenas da família, mas da sociedade e do estado preservar a integridade física, mental e social do menor, inclusive com mecanismos e políticas públicas que buscam concentrar a obrigação na preservação desta.

É de se lembrar que o Estatuto da Criança e do Adolescente prevê, de forma expressa, que

> Art. 7º A criança e o adolescente têm direito a proteção à vida e à saúde, mediante a efetivação de políticas sociais públicas que permitam o nascimento e o desenvolvimento sadio e harmonioso, em condições dignas de existência.

Significa dizer que, se tratando de transtorno mental, conforme reconhecimento trazido em 2018, o art. 22 da Lei nº 8.069/1990, determina que

> Art. 22. Aos pais incumbe o dever de sustento, guarda e educação dos filhos menores, cabendo-lhes ainda, no interesse destes, a obrigação de cumprir e fazer cumprir as determinações judiciais.
> Parágrafo único. A mãe e o pai, ou os responsáveis, têm direitos iguais e deveres e responsabilidades compartilhados no cuidado e na educação da criança, devendo ser resguardado o direito de transmissão familiar de suas crenças e culturas, assegurados os direitos da criança estabelecidos nesta Lei.

Torna-se nítido que a alienação parental pode ser analisada sob o ângulo de responsabilidade pelo Estatuto da Criança e do Adolescente, mesclando as obrigações civis, no que tange a guarda e cuidado com o menor, com as responsabilidades administrativas, inclusive com a suspensão ou perda do pátrio poder. Assim, é plenamente possível que a proteção contra a alienação parental também pode ser conferida pelo Estatuto da Criança e do Adolescente, com medidas civis e administrativas, em prol do melhor interesse do menor e da manutenção da sua saúde. Aliás, a Lei de Introdução às Normas de Direito Brasileiro prevê, expressamente, que a analogia, costumes e princípios gerais de direito sejam alcançados para o julgamento de situações que não tem repercussão penal. Em outras palavras, há corrente doutrinária que reforça a interpretação da Lei de Alienação Parental em conjunto com o Código Civil e, principalmente, com o Estatuto da Criança e do Adolescente. A única possibilidade de não aplicação da Lei de Introdução às Normas de Direito Brasileiro seria para a responsabilidade criminal, que nem sequer é tratada pela Lei nº 12.318/2010.

Ainda que se revogue a Lei de Alienação Parental, a sua aplicação, ao identificar prejuízo à saúde mental da criança ou do adolescente vitimado, pode ser conduzida, de forma plena, eficaz e dentro dos limites constitucionais e infraconstitucionais pelo Estatuto da Criança e do Adolescente que, por se tratar de um microssistema, alberga a proteção integral à criança e ao adolescente vitimado.

## Conclusão

Na presente pesquisa, foi possível confirmar a hipótese de que a Lei da Alienação Parental reconhece a convivência familiar como meio de crescimento hígido do menor. Por isso, ainda que eventualmente revogada a legislação em comento, a proteção dos atos alienativos continuará pela a exegese do Estatuto da Criança e do Adolescente, porque esta instituiu um microssistema jurídico de proteção que alberga para si a responsabilidade de capitanear questões que envolvem a saúde e a integridade física e mental da criança, especialmente quando se verifica que a Alienação Parental é um motivo ensejador de doença mental, assim classificada pelo CID-11.

Ressalte-se que a Lei de Introdução às Normas de Direito Brasileiro, autoriza a aplicação do Estatuto da Criança e do Adolescente para regular a questão, em prol do convívio familiar e pela necessidade de um alcance da responsabilidade da família, da sociedade e do Estado em preservar a saúde do menor.

## Referências

AMIN, Andréa Rodrigues. *Evolução histórica do direito da criança e do adolescente.* In: MACIEL, Kátia Regina Lobo Andrade et al (Coords.). Curso de direito da criança e do adolescente: aspectos teóricos e práticos. 10. ed. rev. e atual. São Paulo: Saraiva, 2017.

BASTOS, Alder Thiago. A Saúde Mental da Criança Vítima de Alienação Parental. Paraná: Brazil Publishing, 2019.

BRASIL. Ministério do Desenvolvimento Social e Combate à Fome. Plano Nacional de Promoção, Proteção e Defesa do Direito de Crianças e Adolescentes à Convivência Familiar e Comunitária. Brasília, 2006. Disponível em: https://www.mds.gov.br/webarquivos/publicacao/assistencia_social/Cadernos/Plano_Defesa_CriancasAdolescentes%20.pdf. Acesso em: 30 jul. 2021.

FONSECA, Antonio Cezar Lima da. Direitos da Criança e do Adolescente. 3. ed. ampl.,rev. e atual. São Paulo: Atlas, 2015.

GARDNER, Richard A. O DSM-IV tem equivalente para o diagnóstico de Síndrome de Alienação Parental (SAP)? (2002). Traduzido por Rita Rafaeli. Disponível em: http://www.alienacaoparental.com.br/textos-sobre-sap-1/o-dsm-iv-tem-equivalente. Acesso em: 30 jul. 2021.

LIBERTATI, Wilson Donizeti. Comentários ao Estatuto da Criança e do Adolescente. 12. ed. rev. e ampl. de acordo com a Lei 13.058, de 22-12-2014. São Paulo: Malheiros, 2015.

MADALENO, Ana Carolina Carpes; MADALENO, Rolf. Síndrome da Alienação Parental, importância da detecção aspectos legais e processuais. 4. ed. rev. e atual. Rio de Janeiro: Forense, 2017.

MADALENO, Rolf. Direito de família. 7. ed. rev., atual. e ampl. Rio de Janeiro: Forense, 2017.

MONTEZUMA, Márcia Amaral. *Síndrome de Alienação Parental: Diagnóstico médico ou jurídico?* In: DIAS, Maria Berenice (Coord). Incesto e a síndrome da alienação parental. 4 ed. rev. ampl. atual. São Paulo: Revistas dos Tribunais, 2017

PEREIRA, Rodrigo da Cunha. Alienação Parental: Uma inversão da relação sujeito e objeto. *In*: DIAS, Maria Berenice (Coord). Incesto e a síndrome da alienação parental. 4. ed rev. ampl. atual. São Paulo: Revistas dos Tribunais, 2017.

TOMASEVICIUS, Janaina Galani Cruz. Jurisprudência como Memória Coletiva: antecedentes da Lei do Divórcio (1962-1977). Rio de Janeiro: Lumen Juris, 2019.

TRINDADE. Jorge. Manual de Psicologia Jurídica Para Operadores do Direito. 8. ed. Porto Alegre: Livraria do Advogado, 2017.

# 6.
# REFLEXÕES SOBRE O DIREITO À EDUCAÇÃO NO ESTATUTO DA CRIANÇA E DO ADOLESCENTE

AUGUSTO REINKE

## Introdução

Em 13 de julho de 1990 entrava em vigor a Lei n.º 8.069/90, instituindo o Estatuto da Criança e do Adolescente – ECA, o qual constitui verdadeiro sistema de proteção integral à criança e ao adolescente. Após mais de trinta anos de vigência deste importante diploma legal, é cada vez mais relevante e atual a pesquisa acerca dos direitos e institutos jurídicos por ele tratados.

Entre os dispositivos disciplinados no ECA, destaca-se o direito à educação, decorrente da garantia de direitos individuais da criança e do adolescente, e do dever estatal de proteção coletiva e dever familiar para a sua integral preservação.

A educação é, segundo Émile Durkheim, "o conjunto de influências que, sobre nossa inteligência ou sobre nossa vontade, exercem os outros homens, ou, em seu conjunto, realiza a natureza".[1] Analisando sob perspectiva, podemos afirmar que educação é um fato social que, a partir das

[1] Durkheim, Émile. Educação e Sociologia. Trad.: Lourenço Filho. 4. ed. São Paulo: Edições Melhoramentos, 1955. p. 25.

nossas relações possibilita a aquisição de novos conhecimentos,[2] e acima de tudo, trata-se de um processo de transformação[3] pessoal e social.

A importância de assegurar-se um direito à educação, remonta à Declaração dos Direitos do Homem e do Cidadão (*Déclaration des Droits de l'Homme et du Citoyen*) de 1789, que "avulta a ideia da impositiva necessidade de se assegurar acesso à educação e aos meios direcionados a emancipação intelectual e política do ser humano, integrante da comunidade social",[4] sendo este um direito que é reafirmado em diversas declarações internacionais de direitos.

Além disso, a Declaração Universal dos Direitos Humanos (*Universal Declaration of Human Rights*"), promulgada em 10 de dezembro de 1948 pela Organização das Nações Unidas, em clara resposta às atrocidades da Primeira e Segunda Guerras Mundiais, reafirma o direito à educação em seu 26º artigo, aduzindo que "toda pessoa tem direito à educação (...), a educação deve visar à plena expansão da personalidade humana e ao reforço dos direitos do Homem e das liberdades fundamentais".[5]

[2] Schlosser, Adriano; Fontoura, Léia Viviane; Rosa, Gabriel Fernandes Camargo; Cunha, Maiara Pereira. O que é Educação, educador? A concepção de educação para professores e diretores de escolas da região do Vale do Itajaí-SC. *In*: *X Congresso Nacional de Educação – EDUCERE e I Seminário Internacional de Representações Sociais, subjetividade e Educação – SIRSSE*, 2011, Curitiba. Anais do X Congresso Nacional de Educação. Curitiba: Ed. Universitária Champagnat, 2011. v. 1. p. 6531-6541.

[3] Rocha, Silvia Pimenta Velloso. Tornar-se quem se é: educação como formação, educação como transformação. *In:* Feitosa, Charles; Barrenechea, Miguel Angel; Pinheiro, Paulo. Nietzsche e os gregos: arte, memória e educação. Rio de Janeiro/Brasília: DP&A; Faperj/Capes, 2006. p. 267-278. "(...) aprender não é adquirir (novas habilidades), acrescentar (novos saberes ou conteúdo) ou constituir (um "eu" ou uma subjetividade); é antes deixar de ser quem se é e reinventar-se (...) Nesse caso, não se poderia falar em um "sujeito" da educação, mas de um processo que dissolve a própria noção de sujeito: o eu é a cada instante o efeito de uma configuração, é a soma dos acidentes que o constituem (de forma sempre provisória). Não há um sujeito que funcione como substrato do processo de aprendizagem: o homem se constitui como efeito dos seus saberes, como sua resultante".

[4] Caggiano, Mônica Herman Salem. A educação: direito fundamental. *In:* Ranieri, Beatriz Stocco Ranieri (Coord.); Righetti, Sabine (Orgs.). Direito à educação: aspectos constitucionais. São Paulo: EDUSP, 2009. p. 19-38.

[5] Organização Das Nações Unidas. Declaração Universal dos Direitos Humanos. Disponível em: <https://www.ohchr.org/en/udhr/documents/udhr_translations/por.pdf>. Acesso em: 29 jun. 2021.

Em 1988, a Constituição da República Federativa do Brasil foi assertiva, ao elencar a educação como direito social, que é, sobretudo, direito de todos e dever do Estado e da família:

> Art. 6º São direitos sociais a educação, a saúde, a alimentação, o trabalho, a moradia, o transporte, o lazer, a segurança, a previdência social, a proteção à maternidade e à infância, a assistência aos desamparados, na forma desta Constituição.
>
> Art. 205. A educação, direito de todos e dever do Estado e da família, será promovida e incentivada com a colaboração da sociedade, visando ao pleno desenvolvimento da pessoa, seu preparo para o exercício da cidadania e sua qualificação para o trabalho.

Assim, a Constituição Federal de 1988 estabeleceu novos paradigmas no ordenamento jurídico. Conforme ensina Andréa Rodrigues Amin, buscou-se atender aos anseios de uma "sociedade mais justa e fraterna, menos patrimonialista e liberal (...) de um sistema normativo garantidor do patrimônio do indivíduo passamos para um novo modelo que prima pelo resguardo da dignidade da pessoa humana. O binômio individual-patrimonial é substituído pelo coletivo-social",[6] o que, para ser obtido, depende da garantia de acesso à educação.

O ECA, sob forte influência dos ditames constitucionais de proteção à infância e adolescência, inclusive pela Convenção Internacional sobre os Direitos da Criança de 1989, e mediante amplo debate democrático na sociedade civil, com agentes jurídicos e políticos,[7] representou um marco na doutrina da proteção integral da criança e do adolescente.

[6] Amin, Andréa Rodrigues. Evolução histórica do direito da criança e do adolescente. *In*: Maciel, Katia Regina Ferreira Lobo Andrade (Coord.). Curso de direito da criança e do adolescente: aspectos teóricos e práticos. 12. ed. São Paulo: Saraiva Educação, 2019. p. 56.
[7] Amin, Andréa Rodrigues. *Id*. p. 58

Para garantia dessa proteção, são atualmente três os princípios gerais e orientadores do ECA: 1) princípio da prioridade absoluta; 2) princípio do superior interesse;[8] 3) princípio da municipalização.

Em atenção ao superior interesse da criança e do adolescente e a dignidade da pessoa humana, o artigo 4º do ECA imputou ao Estado e a família a responsabilidade de assegurar dentre outros direitos, o direito à educação:

> Art. 4º É dever da família, da comunidade, da sociedade em geral e do poder público assegurar, com absoluta prioridade, a efetivação dos direitos referentes à vida, à saúde, à alimentação, à educação, ao esporte, ao lazer, à profissionalização, à cultura, à dignidade, ao respeito, à liberdade e à convivência familiar e comunitária.

Inegável é a importância da educação, posto que pode tanto ser considerada direito fundamental de segunda geração, consubstanciando uma realidade social e individual. A esse respeito, explica Mônica Herman Salem Caggiano que se tem "o direito à instrução como um processo de desenvolvimento individual, mas, também o direito a uma política educacional (...) de um processo de formação da sociedade, visando oferecer aos integrantes da comunidade social instrumentos a alcançar os seus fins".[9]

[8] Cf. BRASIL. Superior Tribunal de Justiça REsp 1449560/RJ. 4ª Turma. Relator: Min. Marco Buzzi. Julgado em 19 de agosto de 2014. "O princípio do melhor interesse da criança tornou-se tanto orientador para o legislador, como para o aplicador da norma jurídica, já que estabelece a primazia das necessidades infanto-juvenis como critério de interpretação da norma jurídica e de elaboração da decisão que venha a solucionar demandas na área alcançada pela temática da infância e juventude".
FARIAS, Cristiano Chaves de; ROSENVALD, Nelson. Curso de Direito Civil: Famílias. 9. ed. rev. e atual. Salvador: Juspodivm, 2017. p. 683. "Pelo critério do melhor interesse da criança ou adolescente (the best interest of the child, em língua inglesa): Com isso, afasta-se o eventual interesse dos pais para reconhecer que a guarda de filhos tem sistemática própria, ligada à prevalência do interesse infanto-juvenil".

[9] CAGGIANO, Mônica Herman Salem. *Id.* p. 23.

## 1. Educação como Direito Fundamental

Os direitos fundamentais[10] exprimem os valores nucleares de uma ordem jurídica democrática,[11] e o Estado Democrático de Direito somente encontra sentido "no reconhecimento e na proteção da dignidade da pessoa humana e dos direitos fundamentais do homem",[12] conforme lição de Ingo Wolfgang Sarlet. Sintetizam Cristiano Chaves de Faria e Nelson Rosenvald que "o sistema de direitos fundamentais construído constitucionalmente representa um conteúdo mínimo para o significado social e para a construção do Direito".[13]

Os direitos fundamentais individuais fundam-se na proteção do indivíduo em face do Estado, assegurando-se, dentre outros, o direito à igualdade, direito de propriedade, direito de privacidade, direito geral de liberdade, a liberdade de expressão, e a liberdade religiosa. Por sua vez, os direitos fundamentais sociais (direitos econômicos, sociais e culturais) nascem da superação de uma perspectiva estritamente liberal do Estado, como elucida Luis Roberto Barroso:[14]

[10] Barroso, Luís Roberto. Curso de direito constitucional contemporâneo: os conceitos fundamentais e a construção do novo modelo. 9. ed. São Paulo: Saraiva Educação, 2020. p. 512. "Direitos fundamentais são direitos subjetivos. Isso significa que são posições jurídicas protegidas pelo Direito, e que podem ser sindicáveis judicialmente. Cabe relembrar aqui os atributos típicos de um direito subjetivo: (i) a ele corresponde um dever jurídico de alguém para com o seu titular; (ii) este dever jurídico pode ser descumprido, importando na violação do direito; e (iii) diante da violação, nasce para o titular uma pretensão, que pode ser exercida mediante a propositura de uma ação judicial".

[11] Sarmento, Daniel. Direitos Fundamentais e Relações Privadas. 2. ed. Rio de Janeiro: Lumen Juris, 2010. p. 131. "Direitos fundamentais exprimem os valores nucleares de uma ordem jurídica democrática, seus efeitos não podem se resumir à limitação jurídica do poder estatal. Os valores que tais direitos encarnam devem se irradiar para todos os campos do ordenamento jurídico, impulsionando e orientando a atuação do legislativo, executivo e Judiciário. Os direitos fundamentais, mesmo aqueles de matriz liberal, deixam de ser apenas limites para o estado, convertendo-se em norte da sua atuação".

[12] Sarlet, Ingo Wolfgang. A Eficácia dos Direitos Fundamentais – Uma teoria geral dos direitos fundamentais na perspectiva constitucional. 13. ed. rev. atual. Porto Alegre: Livraria do Advogado, 2018. p. 12.

[13] Farias, Cristiano Chaves de; Rosenvald, Nelson. *Id.* p. 452.

[14] Barroso, Luís Roberto. *Id.* p. 518.

> Direitos sociais estão ligados à superação das falhas e deficiências do mercado, à proteção contra a pobreza e à promoção de justiça social. Seu objeto é assegurar aos indivíduos vida digna e acesso às oportunidades em geral. Idealmente, são direitos que devem ser satisfeitos, não por prestações individuais, mas por serviços públicos de qualidade disponíveis para todos.

A educação é direito fundamental, e a lição de Mônica Herman Salem Caggiano, afasta qualquer dúvida, posto que[15]

> Não nos parece subsistir dúvidas quanto à inclusão do direito à educação no elenco dos direitos humanos fundamentais, amparado, portanto, por um quadro jurídico-constitucional que vem a lhe assegurar, também, um sistema de garantias. É direito fundamental porque, de uma banda, consubstancia-se em prerrogativa própria à qualidade humana, em razão da exigência de dignidade, e, de outra, porque é reconhecido e consagrado por instrumentos internacionais e pelas Constituições que o garantem.

A Constituição da República Federativa do Brasil, conforme seu art. 6º, expressamente elencou a educação como direito (fundamental) social, ou seja, é a educação importante direito fundamental que "na sua essência permite a instrumentalização de todos os demais e que cada um se dê conta do seu papel social, do seu local de fala, do seu poder de questionar e de exigir, de ser tratado e respeitado como cidadão".[16]

A educação como direito social demanda uma postura positiva por parte do Estado para a prestação de serviços públicos de qualidade disponíveis para todos (política educacional).

Neste aspecto a Lei de Diretrizes e Bases da Educação Nacional – LDB (Lei n.º 9.394, de 20 de dezembro de 1996) estabelece diretrizes e bases da educação nacional em consonância com a Constituição Federal de 1988 e com o ECA, reiterando no art. 2º que "A educação, dever da família e do Estado, inspirada nos princípios de liberdade e nos ideais de

[15] Caggiano, Mônica Herman Salem. *Id.* p. 22.

[16] Amin, Andréa Rodrigues. Dos Direitos Fundamentais. In: Curso de direito da criança e do adolescente: aspectos teóricos e práticos. *In:* Maciel, Katia Regina Ferreira Lobo Andrade (Coord.). 12. ed. São Paulo: Saraiva Educação, 2019. p. 124.

solidariedade humana, tem por finalidade o pleno desenvolvimento do educando, seu preparo para o exercício da cidadania e sua qualificação para o trabalho".

Assim, a LDB estabelece o dever do Estado de garantir a efetiva educação escolar pública, garantindo ensino fundamental, obrigatório e gratuito, inclusive para os que a ele não tiveram acesso na idade própria.

## 2. Educação como direito da personalidade

Além do aspecto social, o direito à educação é um valor essencial da pessoa no aspecto de sua formação intelectual. Trata-se, pois, de um direito personalíssimo intrínseco a dignidade da pessoa humana,[17] assumindo caráter de direito privado subjetivo, e também um dos direitos da personalidade.

Considerada a educação como direito da personalidade, esta é um direito intrínseco ao ser humano, considerado em si mesmo no bojo de sua intimidade e interesses pessoais, bem como, e em suas exteriorizações considerando o processo de transformação que a educação proporciona na formação do indivíduo para sua vivência em sociedade.

Eduardo Carlos Bianca Bittar traça um limiar da educação sob o aspecto social e individual indicando que[18]

> A educação pode e deve ser definida como, no contexto jurídico, além de direito público subjetivo fundamental, inscrito entre os mandamentos basilares da Carta Magna, como um direito privado subjetivo absoluto, nos termos dos direitos da personalidade. De fato, a educação, é parte do processo de formação espiritual, intelectual, moral e social do ser, habilitando-o para o convívio com suas intrínsecas características, assim como para a vida social. Ora é impossível pensar e conceber o pleno desenvolvimento do indivíduo

[17] Gimenez, Melissa Zani. Educação: um direito da personalidade da criança e do adolescente. Em tempo, Marília, SP, v. 12, p. 390-409, 2013. "Somente em meados do século XX, a dignidade da pessoa humana, como direito de personalidade, adquiriu um espaço privilegiado no ordenamento jurídico, com ênfase no artigo 1º, III, da Magna Carta, consagrando-se como um dos direitos fundamentais e, essenciais do ser humano".

[18] Bittar, Eduardo Carlos Bianca. Direito e ensino jurídico: legislação educacional. São Paulo: Atlas, 2001. p. 158-159.

> sem um mínimo processo educativo formal. Se entenda que o direito personalíssimo corresponde ao patrimônio que nasce com o indivíduo, correspondendo a sua estrutura e a sua constituição fundamental, é de se entender que a educação é o que habilita o indivíduo à depuração de suas potencialidades e habilidades naturais. (...) Quando se fala em direito à educação, fala-se de direito que participa da formação da personalidade de um indivíduo, dentro de sua liberdade de definir os critérios e os meios pelos quais deseja desenvolvê-la. O direito à educação carrega em si as características dos direitos da personalidade, ou seja, trata-se de um direito natural, imanente, absoluto, oponível "erga omnes "inalienável, impenhorável, imprescritível, irrenunciável... não se sujeitando aos caprichos do Estado ou à vontade do legislador, pois se trata de algo ínsito à personalidade humana desenvolver, conforme a própria estrutura e constituição humanas.

Deste modo, importa a observação de José Joaquim Gomes Canotilho quanto a as diferenças e interconectividade dos direitos fundamentais e direitos da personalidade:

> Muitos dos direitos fundamentais são direitos da personalidade, mas nem todos os direitos fundamentais são direitos da personalidade, entretanto, dada a interdependência entre o estatuto positivo e o estatuto negativo do cidadão, e em face da concepção de um direito geral de personalidade como direito à pessoa ser e à pessoa devir, cada vez mais os direitos fundamentais tendem a ser direitos da personalidade.[19]

Assim, o direito à educação permeia tanto no conceito de liberdades públicas, nas quais se exige a conduta positiva do Estado para assegurar o livre exercício dos direitos da personalidade, ou seja, garantir acesso a formação escolar, bem como, sob um aspecto privado, o direito da personalidade estabelece à coletividade em geral uma obrigação negativa (não interferir na liberdade individual), para proporcionar ao titular a melhor forma de exercê-los, portanto, garantir o exercício individual da formação com base em seus interesses e objetivos.

[19] Canotilho, José Joaquim Gomes. Direito Constitucional e Teoria da Constituição. 2. ed. Almedina: Coimbra, 1998. p. 362.

## 3. O ECA e o direito à educação

O ECA representa um marco na doutrina da proteção integral da criança e do adolescente, segundo a diretiva da concretização do princípio da prioridade absoluta e do princípio do superior interesse da criança e do adolescente. Assim, em seu artigo 4º, imputa-se como dever da família, da comunidade, da sociedade em geral e do poder público assegurar, com absoluta prioridade, a efetivação do direito à educação com igualdade de condições para o acesso e permanência na escola, devendo, no processo educacional serem respeitados os valores culturais, artísticos e históricos próprios do contexto social da criança e do adolescente, garantindo-se a estes a liberdade da criação e o acesso às fontes de cultura.

Proíbe-se ainda o tratamento degradante e os maus tratos para a concretização do processo de formação educacional, bem como assegurar o direito de ser respeitado por seus educadores. Ademais, conferiu a toda coletividade a obrigação de prevenir a ocorrência de ameaça ou violação dos direitos da criança e do adolescente, o que pressupõe tanto um mandamento direcionado ao Estado, responsável pelas políticas educacionais, como também aos pais e responsáveis que devem garantir que os menores recebam orientação.

### 3.1 Deveres do Estado quanto a educação da criança e do adolescente

A política educacional tem como direcionador os seguintes princípios constitucionais dispostos no art. 206 da Constituição da República:

> Art. 206. O ensino será ministrado com base nos seguintes princípios:
> I – Igualdade de condições para o acesso e permanência na escola;
> II – liberdade de aprender, ensinar, pesquisar e divulgar o pensamento, a arte e o saber;
> III – pluralismo de idéias e de concepções pedagógicas, e coexistência de instituições públicas e privadas de ensino;
> IV – gratuidade do ensino público em estabelecimentos oficiais;
> V – valorização dos profissionais da educação escolar, garantidos, na forma da lei, planos de carreira, com ingresso exclusivamente por concurso público de provas e títulos, aos das redes públicas;
> VI – gestão democrática do ensino público, na forma da lei;
> VII – garantia de padrão de qualidade;

> VIII – piso salarial profissional nacional para os profissionais da educação escolar pública, nos termos de lei federal;
> IX – garantia do direito à educação e à aprendizagem ao longo da vida.
> Parágrafo único. A lei disporá sobre as categorias de trabalhadores considerados profissionais da educação básica e sobre a fixação de prazo para a elaboração ou adequação de seus planos de carreira, no âmbito da União, dos Estados, do Distrito Federal e dos Municípios.

A LDB apresenta em comum a imputação do dever estatal de acesso à educação escolar pública, gratuita e inclusiva. Tal regramento pode ser mais bem verificado na íntegra do art. 54 do ECA, que aduz:

> Art. 54. É dever do Estado assegurar à criança e ao adolescente:
> I – ensino fundamental, obrigatório e gratuito, inclusive para os que a ele não tiveram acesso na idade própria;
> II – progressiva extensão da obrigatoriedade e gratuidade ao ensino médio;
> III – atendimento educacional especializado aos portadores de deficiência, preferencialmente na rede regular de ensino;
> IV – atendimento em creche e pré-escola às crianças de zero a cinco anos de idade;
> V – acesso aos níveis mais elevados do ensino, da pesquisa e da criação artística, segundo a capacidade de cada um;
> VI – oferta de ensino noturno regular, adequado às condições do adolescente trabalhador;
> VII – atendimento no ensino fundamental, através de programas suplementares de material didático-escolar, transporte, alimentação e assistência à saúde.
> § 1º O acesso ao ensino obrigatório e gratuito é direito público subjetivo.
> § 2º O não oferecimento do ensino obrigatório pelo poder público ou sua oferta irregular importa responsabilidade da autoridade competente.
> § 3º Compete ao poder público recensear os educandos no ensino fundamental, fazer-lhes a chamada e zelar, junto aos pais ou responsável, pela frequência à escola.

A responsabilidade civil da Administração Pública é objetiva, conforme os ditames do §6º art. 37 de Constituição Federal de 1988, quando determina que “as pessoas jurídicas de direito público e as de direito privado prestadoras de serviços públicos responderão pelos danos que seus agentes, nessa qualidade, causarem a terceiros, assegurado o direito de regresso contra o responsável nos casos de dolo ou culpa".

Na proteção judicial dos interesses individuais, difusos e coletivos, responde objetivamente o Estado, nos termos do art. 208 do ECA, pelo não oferecimento ou oferta irregular do ensino obrigatório, de atendimento educacional especializado às pessoas com deficiência, de atendimento em creche e pré-escola às crianças de zero a cinco anos de idade, de ensino noturno regular, adequado às condições do educando, de programas suplementares de oferta de material didático-escolar, transporte e assistência à saúde do educando do ensino fundamental, de serviço de assistência social visando à proteção à família, à maternidade, à infância e à adolescência, bem como, ao amparo às crianças e adolescentes que dele necessitem, de acesso às ações e serviços de saúde, de escolarização e profissionalização dos adolescentes privados de liberdade, de ações, serviços e programas de orientação, apoio e promoção social de famílias e destinados ao pleno exercício do direito à convivência familiar por crianças e adolescentes, de programas de atendimento para a execução das medidas socioeducativas e aplicação de medidas de proteção, e de políticas e programas integrados de atendimento à criança e ao adolescente vítima ou testemunha de violência.

Tais deveres estatais, quando confrontados judicialmente, esbarram na importação da teoria alemã da reserva do possível, a qual, em distorcida interpretação da original e com particularidades locais, o poder público, calcado na ausência orçamentária, busca mitigar a efetivação de alguns direitos sociais e fundamentais, como a educação, condicionando a presença dos recursos.

Em embate direto, os tribunais entendem majoritariamente que os direitos fundamentais sociais são um mínimo necessário, de modo que não comportam mitigação por parte do Poder Público, que tem a obrigação de efetivá-los, não sendo adequado eximir-se de suas obrigações pela ausência de recursos. Nesse sentido, o AgReg no RE 410715-5/SP do Supremo Tribunal Federal, de 2005:[20]

[20] BRASIL. Supremo Tribunal Federal. AgReg no RE 410715-5/SP. 2ª Turma. Relator: Min. Celso de Mello. Julgado em 22 de novembro de 2015.

RECURSO EXTRAORDINÁRIO – CRIANÇA DE ATÉ SEIS ANOS DE IDADE – ATENDIMENTO EM CRECHE E EM PRÉ-ESCOLA – EDUCAÇÃO INFANTIL – DIREITO ASSEGURADO PELO PRÓPRIO TEXTO CONSTITUCIONAL (CF, ART. 208, IV) – COMPREENSÃO GLOBAL DO DIREITO CONSTITUCIONAL À EDUCAÇÃO – DEVER JURÍDICO CUJA EXECUÇÃO SE IMPÕE AO PODER PÚBLICO, NOTADAMENTE AO MUNICÍPIO (CF, ART. 211, § 2º) – RECURSO IMPROVIDO. – A educação infantil representa prerrogativa constitucional indisponível, que, deferida às crianças, a estas assegura, para efeito de seu desenvolvimento integral, e como primeira etapa do processo de educação básica, o atendimento em creche e o acesso à pré-escola (CF, art. 208, IV). – Essa prerrogativa jurídica, em consequência, impõe, ao Estado, por efeito da alta significação social de que se reveste a educação infantil, a obrigação constitucional de criar condições objetivas que possibilitem, de maneira concreta, em favor das "crianças de zero a seis anos de idade" (CF, art. 208, IV), o efetivo acesso e atendimento em creches e unidades de pré-escola, sob pena de configurar-se inaceitável omissão governamental, apta a frustrar, injustamente, por inércia, o integral adimplemento, pelo Poder Público, de prestação estatal que lhe impôs o próprio texto da Constituição Federal. – A educação infantil, por qualificar-se como direito fundamental de toda criança, não se expõe, em seu processo de concretização, a avaliações meramente discricionárias da Administração Pública, nem se subordina a razões de puro pragmatismo governamental. – Os Municípios – que atuarão, prioritariamente, no ensino fundamental e na educação infantil (CF, art. 211, § 2º) – não poderão demitir-se do mandato constitucional, juridicamente vinculante, que lhes foi outorgado pelo art. 208, IV, da Lei Fundamental da República, e que representa fator de limitação da discricionariedade político-administrativa dos entes municipais, cujas opções, tratando-se do atendimento das crianças em creche (CF, art. 208, IV), não podem ser exercidas de modo a comprometer, com apoio em juízo de simples conveniência ou de mera oportunidade, a eficácia desse direito básico de índole social. – Embora resida, primariamente, nos Poderes Legislativo e Executivo, a prerrogativa de formular e executar políticas públicas, revela-se possível, no entanto, ao Poder Judiciário, determinar, ainda que em bases excepcionais, nas hipóteses de políticas públicas definidas pela própria Constituição, sejam estas implementadas pelos órgãos estatais inadimplentes, cuja omissão – por importar em descumprimento dos encargos político-jurídicos que sobre eles incidem em caráter mandatório – mostra-se apta a comprometer a eficácia e a integridade de direitos sociais e culturais impregnados de estatura constitucional. A questão pertinente à "reserva do possível". Doutrina.

### 3.2 Deveres da família quanto a educação da criança e do adolescente

O ECA imputa aos pais e responsáveis o dever de "sustento, guarda e educação dos filhos menores" em seu art. 22, cuja a redação é conexa aos deveres matrimoniais[21] de cuidado com prole indicados no inc. IV do art. 1.566 do Código Civil, bem como, é inerente ao exercício do poder familiar nos termos do inc. I do art. 1.634 do Código Civil.

Conforme leciona Caetano Lagrasta Neto, a guarda dos filhos menores "é, antes de tudo, Amar; estar presente, na medida do possível, comparecer a atos e festividades escolares, religiosas, manter diálogo permanente e honesto com o filho sobre as questões familiares, sobre arte, religião, lazer, cultura, esporte, política".[22] Assim, estabelece o ECA em seu art. 33 que "a guarda obriga a prestação de assistência material, moral e educacional à criança ou adolescente, conferindo a seu detentor o direito de opor-se a terceiros, inclusive aos pais".

Portanto, a educação dos filhos menores apresenta-se em nossa legislação como múnus inerente ao pleno exercício do poder familiar, o qual prevê o ECA que "os pais ou responsável têm a obrigação de matricular seus filhos ou pupilos na rede regular de ensino" também sendo um

[21] Farias, Cristiano Chaves de; Rosenvald, Nelson. *Id.* p. 281. "O dever de guarda, sustento e educação dos filhos. Não nos parece, porém, cuidar essa hipótese de um efeito tipicamente matrimonial. Efetivamente, a guarda, sustento e educação da prole parece estar mais razoavelmente ligada aos deveres decorrentes da paternidade ou maternidade, que, por lógico, independem da existência, ou não, de um casamento. Em sendo assim, a inobservância da obrigação de cuidar integralmente dos filhos (que deveria projetar consequências, apenas, no que se refere ao relacionamento entre pai e filho, especificamente em relação ao poder familiar) pode autorizar a imputação de culpa, sem prejuízo de eventual sanção penal (CP, arts. 244 e 246) e de eventual perda ou suspensão do poder familiar (CC, 1.637 e 1.638)".

[22] Lagastra Neto, Caetano. A família brasileira no final do século XX. São Paulo: Malheiros, 2000. p. 124.

dever/direito dos pais ou responsáveis acompanhar o processo pedagógico e propostas educacionais em prol da criança ou adolescente.

Gustavo Tepedino afirma que [23]

> A tutela da criança e do adolescente deve permitir, no curso do processo educacional, que o menor de idade cresça de forma biopsquicamente saudável, de modo a superar sua própria vulnerabilidade, informar-se e formar-se como pessoa responsavelmente livre, exercendo afetivamente a sua autonomia de maneira mais ampla possível.

Invocando o princípio da paternidade responsável, Maria Berenice Dias elucida que "pai é pai desde a concepção do filho e é preciso dar efetividade ao princípio da paternidade responsável. O fato de não assumir o genitor a responsabilidade parental não pode desonerá-lo de todos os cargos e deveres decorrentes do poder familiar".[24] Ou seja, os pais ou responsáveis possuem direitos iguais, deveres e responsabilidades compartilhados no cuidado e na educação da criança, assim, para o exercício da paternidade responsável o processo de formação educacional da criança e do adolescente é fundamental e deve ser encarado com muita responsabilidade.

## Considerações finais

Após mais de 30 anos de vigência do ECA, percebe-se a densidade desta importante lei que, subordinada à Constituição Federal de 1988, busca efetivar a proteção à dignidade da pessoa humana com enfoque no coletivo-social, e para tanto, é imprescindível a garantia de acesso à educação.

Aliás, é expresso na Constituição Federal que a educação é direito fundamental social, figurando como dever do Estado e da família, a ser promovida e incentivada com a colaboração da sociedade, visando ao pleno desenvolvimento da pessoa, seu preparo para o exercício da cidadania e sua qualificação para o trabalho.

[23] TEPEDINO. Gustavo. A tutela constitucional da criança e do adolescente: projeções civis e estatutárias. *In:* Temas de Direito Civil. Tomo III. Rio de Janeiro: Renovar, 1999. p. 204.
[24] DIAS, Maria Berenice. Manual de Direito das Famílias. 10. ed. rev., atual. e ampl. São Paulo: Revista dos Tribunais, 2015. p. 456.

A educação é direito fundamental social, representando um mínimo existencial para a garantia da dignidade, impondo ao Estado o dever de elaboração de políticas educacionais que assegurem ao indivíduo o acesso à educação, já no aspecto privado, a educação é um direito da personalidade, posto que é atributo existencial do indivíduo.

A partir destas diretivas, determinam como dever estatal a garantia de acesso à educação na escola pública, gratuita e inclusiva, e confere aos pais e responsáveis o dever de prestar assistência material, moral e educacional à criança ou adolescente, devendo garantir que os mesmos estejam regularmente matriculados no ensino regular.

A harmonia existente entre a Constituição, ECA e LDB, que formam um sistema de promoção e acesso à educação visando garantir a proteção da criança e do adolescente, conferindo-lhes atributos existenciais e de formação.

Por fim, refletindo sobre a importância da Educação, destacamos a frase de Nelson Mandela (1918-2013), ganhador do prêmio Nobel da Paz em 1993, que: "*Education is the most powerful weapon which you can use to change the world*".[25] (A educação é a arma mais poderosa que você pode usar para mudar o mundo).

## Referências

AMIN, Andréa Rodrigues. Evolução histórica do direito da criança e do adolescente. *In*: MACIEL, Katia Regina Ferreira Lobo Andrade (Coord.). Curso de direito da criança e do adolescente: aspectos teóricos e práticos. 12. ed. São Paulo: Saraiva Educação, 2019.

BARROSO, Luís Roberto. Curso de direito constitucional contemporâneo: os conceitos fundamentais e a construção do novo modelo. 9. ed. São Paulo: Saraiva Educação, 2020.

BITTAR, Eduardo Carlos Bianca. *D*ireito e ensino jurídico: legislação educacional. São Paulo: Atlas, 2001.

[25] Strauss, Valerie. Nelson Mandela on the power of education. The Washington Post, Washington, 5 dez. 2013. Disponível em: < https://www.washingtonpost.com/news/answer-sheet/wp/2013/12/05/nelson-mandelas-famous-quote-on-education/>. Acesso em: 27 jun. 2021.

BRASIL. Superior Tribunal de Justiça REsp 1449560/RJ. 4ª Turma. Relator: Min. Marco Buzzi. Julgado em 19 de agosto de 2014.

BRASIL. Supremo Tribunal Federal. AgReg no RE 410715-5/SP. 2ª Turma. Relator: Min. Celso de Mello. Julgado em 22 de novembro de 2015.

CAGGIANO, Mônica Herman Salem. A educação: direito fundamental. *In:* RANIERI, Beatriz Stocco Ranieri (Coord.); RIGHETTI, Sabine (Orgs.). Direito à educação: aspectos constitucionais. São Paulo: EDUSP, 2009.

CANOTILHO, José Joaquim Gomes. Direito Constitucional e Teoria da Constituição. 2. ed. Almedina: Coimbra, 1998.

DIAS, Maria Berenice. Manual de Direito das Famílias. 10. ed. rev., atual. e ampl. São Paulo: Revista dos Tribunais, 2015.

DURKHEIM, Émile. Educação e Sociologia. Trad.: Lourenço Filho. 4. ed. São Paulo: Edições Melhoramentos, 1955.

FARIAS, Cristiano Chaves de; ROSENVALD, Nelson. Curso de Direito Civil: Famílias. 9. ed. rev. e atual. Salvador: Juspodivm, 2017.

GIMENEZ, Melissa Zani. Educação: um direito da personalidade da criança e do adolescente. Em tempo, Marília, SP, v. 12, p. 390-409, 2013.

LAGASTRA NETO, Caetano. A família brasileira no final do século XX. São Paulo: Malheiros, 2000.

ORGANIZAÇÃO DAS NAÇÕES UNIDAS. Declaração Universal dos Direitos Humanos. Disponível em: <https://www.ohchr.org/en/udhr/documents/udhr_translations/por.pdf>. Acesso em: 29 jun. 2021.

ROCHA, Silvia Pimenta Velloso. Tornar-se quem se é: educação como formação, educação como transformação. *In:* FEITOSA, Charles; BARRENECHEA, Miguel Angel; PINHEIRO, Paulo. Nietzsche e os gregos: arte, memória e educação. Rio de Janeiro/Brasília: DP&A; FAPERJ/Capes, 2006.

SARLET, Ingo Wolfgang. A Eficácia dos Direitos Fundamentais – Uma teoria geral dos direitos fundamentais na perspectiva constitucional. 13. ed. rev. atual. Porto Alegre: Livraria do Advogado, 2018.

SARMENTO, Daniel. Direitos Fundamentais e Relações Privadas. 2. ed. Rio de Janeiro: Lumen Juris, 2010.

SCHLOSSER, Adriano; FONTOURA, Léia Viviane; ROSA, Gabriel Fernandes Camargo; CUNHA, Maiara Pereira. O que é Educação, educador? A concepção de educação para professores e diretores de escolas da região do Vale do Itajaí-SC. *In*: *X Congresso Nacional de Educação – EDUCERE e I Seminário Internacional de Representações Sociais, subjetividade e Educação – SIRSSE*, 2011,

Curitiba. Anais do X Congresso Nacional de Educação. Curitiba: Ed. Universitária Champagnat, 2011. v. 1. p. 6531-6541.

STRAUSS, Valerie. Nelson Mandela on the power of education. The Washington Post, Washington, 5 dez. 2013. Disponível em: < https://www.washingtonpost.com/news/answer-sheet/wp/2013/12/05/nelson-mandelas-famous-quote-on-education/>. Acesso em: 27 jun. 2021.

TEPEDINO. Gustavo. A tutela constitucional da criança e do adolescente: projeções civis e estatutárias. *In:* Temas de Direito Civil. Tomo III. Rio de Janeiro: Renovar, 1999.

# 7.
# NOVAS FORMAS DO TRABALHO INFANTIL ARTÍSTICO: OS INFLUENCIADORES DIGITAIS MIRINS

SANDRA REGINA CAVALCANTE

## Introdução

Um dos temas mais controvertidos ao longo desses trinta anos de Estatuto da Criança e do Adolescente é a participação artística infantil na indústria do entretenimento, moda e publicidade. Enquanto alguns são contrários à autorização da participação de crianças e adolescentes nesse tipo de atividade, com o argumento de que os artistas mirins sofrem prejuízos psicológicos e sociais no ambiente de trabalho, outros entendem que o trabalho artístico é um direito da criança e do adolescente e que pode ser exercido em conformidade com o princípio da proteção integral.

A temática traz à tona aparente confronto entre dois direitos fundamentais: o direito à liberdade de expressão e o direito ao não trabalho antes da idade mínima. Tomando como foco a proteção integral e prioritária de crianças e adolescentes, a discussão deve considerar os interesses desses seres vulneráveis e em desenvolvimento, cujo amadurecimento gradual necessita de oportunidades para expressar seus talentos e individualidades em espaços que se ampliaram muito com as novas mídias digitais.

Assim, o desafio de compatibilizar a proteção frente aos riscos da atividade artística realizada nos meios de comunicação foi impulsionado a novo patamar com a Internet, pois cada criança e adolescente com acesso à rede acabou se transformando em potencial provedor de conteúdo digital. Se, por um lado, ajudou a democratizar a visibilidade de pessoas de diferentes estratos sociais e regiões do país, é certo que os riscos se multiplicaram, já que questões como tornar-se famoso e ganhar dinheiro com a atividade "artística" migraram também para as plataformas digitais. E ficou, ainda, mais difícil identificar a linha divisória entre expressão espontânea e atividade com finalidade lucrativa.

O objetivo deste artigo é apresentar, nesta obra coletiva sobre os 30 anos do Estatuto da Criança e do Adolescente (ECA), os principais elementos da discussão sobre o trabalho infantil artístico e provocar o leitor a pensar – e se mobilizar – pela implementação das proteções necessárias garantidas no ECA e na Constituição Federal (CF) para cada criança e adolescente do país, incluindo os influenciadores digitais mirins.

## 1. Distinção entre trabalho infantil e outras participações artísticas

A obra artística tem a capacidade de despertar, nas emoções e razão humanas, reações culturalmente ricas, que aguçam os instrumentos utilizados pelo indivíduo para apreender o mundo que o rodeia.[1] É por isto que a lei garante a todos, principalmente às crianças e adolescentes – artigos 5º, IX; 208, V e 215 da CF e artigos 54, V; 58 e 71 do ECA – o exercício da liberdade de expressão artística e o acesso às fontes de cultura. No mesmo sentido, o currículo obrigatório da educação básica inclui o ensino da arte, conforme determina a Lei de Diretrizes e Bases da Educação (Lei 9.394/1996), em seu art. 26, § 2º. As disciplinas escolares de música, educação artística e teatro, bem como as escolas de dança, teatro, instrumentos e canto, incluindo os grupos culturais formados em igrejas, entidades filantrópicas, condomínios e clubes recreativos, são exemplos de situações nas quais adultos, crianças e adolescentes têm a oportunidade de vivenciar a arte.

Todavia, a arte integra segmentos econômicos: o trabalho artístico também faz parte do mercado de trabalho e quem o desenvolve com-

[1] Coli, J. O que é arte. 15 ed. São Paulo: Brasiliense, 2006. p. 111.

pra ou vende trabalho.[2] Neste contexto, a participação infanto-juvenil se dá como elemento integrante de um produto da indústria do entretenimento, publicitário ou da moda: é o trabalho infantil artístico, que pode ser verificado tanto na mídia eletrônica e digital (Internet, televisão, cinema, rádio etc.) quanto analógica (jornais, outdoors, catálogos etc.). Esse fenômeno pode ser definido como toda prestação de serviço apropriada economicamente por outrem, remunerada ou não, realizada antes da idade mínima (que no Brasil é 16 anos) e envolvendo a manifestação artística. Ele abrange atividades como a representação, canto, dança e dublagem, mas também a atuação em fotos e vídeos publicitários, bem como desfiles de moda e a apresentação de programas televisivos.[3]

Note-se que não importa se houve contrapartida econômica por tal participação: mesmo que se dê em troca de roupas (comum em desfiles e fotos para catálogos) ou simplesmente pela oportunidade de exposição da imagem, visando ao reconhecimento do trabalho e novos contratos, estará caracterizado o trabalho artístico infanto-juvenil. Isto ocorre porque o objetivo econômico pode não ser do artista, mas de quem utiliza desse trabalho para auferir lucro.[4] Também não se deve confundir emprego (espécie) com trabalho (gênero), pois artistas contratados tanto na categoria de empregados (celetistas) como na de prestadores de serviço autônomos são sujeitos de relações de trabalho.

Tal situação difere da participação em atividades artísticas com fins eminentemente pedagógicos ou recreativos, como as organizadas por escolas de música, canto, teatro e de dança – incluindo festivais ou concursos, por exemplo. Estas atividades, embora possam ser avaliadas como espetáculos ou representações artísticas, não se caracterizam como trabalho. Assim, mesmo que seja uma apresentação aberta ao público em geral ou transmitida pela televisão ou Internet, não se estará diante de

[2] Santos, T.C. Fazer arte não é trabalho infantil: consequências psicológicas e cognitivas do trabalho precoce. Cartas de Psicanálise, ano 3, n.3, 2008, p.84-87.

[3] Cavalcante, S. R. A infância nos bastidores: repercussões, riscos e desafios do trabalho infantil artístico. *In:* Nocchi, A. S. P.; Fava M. N.; Correa, L. B. (Orgs.) Criança e Trabalho: da exploração à educação. São Paulo: LTr, 2015. p. 126-139.

[4] *Ibid.*

artistas mirins: são apenas crianças em uma experiência artística, sem o caráter profissional.[5]

Distinguir o trabalho infantil artístico das participações artísticas diversas de trabalho, a princípio, é fácil: basta imaginar situação idêntica substituindo-se o artista mirim por adulto na mesma atividade, e verificar se haveria ou não a configuração de trabalho.[6] Entretanto, há algumas situações tênues: na participação de adolescentes em um concurso de bandas, que envolva viagens e ensaios, embora os organizadores possam auferir lucro com a transmissão do evento, por exemplo, é cabível considerar tal atividade diversa de trabalho infantil artístico, porque os participantes são amadores e presume-se que quem quiser pode desistir e sair a qualquer momento do concurso, sem punições ou prejuízos além da própria desistência. Porém, quando o grupo vencedor é convidado a gravar discos ou fazer apresentações, com ou sem a formalização de um contrato, fica configurado o trabalho infantil artístico a partir dali, porque o caráter profissional começa a se fazer presente, com responsabilidades e obrigações.

O mesmo raciocínio se pode aplicar aos concursos promovidos por emissoras de TV envolvendo canto ou habilidades culinárias de crianças e adolescentes. Embora sejam situações aparentemente limítrofes entre trabalho ou não trabalho, quando se pensa no adulto participando de programas semelhantes, a maioria das pessoas vai concluir que a presença no concurso caracteriza um jogo/brincadeira e não uma atividade laboral. Contudo, que fique clara a diferença entre estes concursos e aqueles programas chamados de *reality shows,* nos quais os escolhidos para participar da atração são remunerados para serem filmados em situação de confinamento ou aventura, pois neste caso fica caracterizado o *status* de trabalho desde o seu início e para todos os participantes, e não apenas para o vitorioso no final do concurso (repita-se o exemplo do ganhador de concurso

[5] Feliciano, G. G.; Oliva, J. R. D.; Cavalcante, S. R. Trabalho Infantil Artístico: compreensão pouca, proteção nada integral. Revista Consultor Jurídico, 21 março de 2017. Disponível em: https://www.conjur.com.br/dl/trabalho-infantil-artistico-compreensao.pdf. Acesso em: 29 jun. 2021.

[6] *Ibid.*

de talentos musicais que assina, ao final, contratos com gravadora e marcas patrocinadoras, bem como inicia agenda de shows).

## 2. A exigência de alvará judicial

A distinção é importante não só para delimitar qual ramo do Poder Judiciário e do Ministério Público (estadual/comum ou do trabalho) deverá agir em caso de abusos, mas também para caracterizar a obrigatoriedade do alvará judicial caso a caso, ou se o Juízo competente poderá organizar a atividade por portaria. Afinal, a proibição do trabalho antes dos 16 anos excepciona apenas o aprendiz, a partir dos 14 anos – ver artigo 7º XXXIII da CF; artigo 60 do ECA; e artigo 403 da Consolidação das Leis do Trabalho – CLT. Dessa forma, para que venha a ocorrer o trabalho infantil artístico, o Estado exige autorização judicial individual, que deve restringir a atividade para proteger os interesses do artista mirim – condição estabelecida pela Convenção nº 138 da Organização Internacional do Trabalho (OIT), em seu art. 8º, itens 1 e 2. Já a participação artística diversa de trabalho pode ser autorizada por meio de portaria ou alvará do Juizado da Infância e da Juventude, com fulcro no ECA (art. 149, inc. II e §§ 1º e 2º).

Isso ocorre porque, diferentemente da convenção internacional, o ECA determina que a autoridade judiciária disciplinará por meio de portaria, ou autorizará mediante alvará, a participação de crianças e adolescentes em espetáculos públicos e seus ensaios. Portanto, no caso de atividade diferente de trabalho, o juízo decide se exigirá ou não o alvará na sua jurisdição, bem como se os pedidos podem ser coletivos ou deverão ser individuais. Por exemplo, o juiz titular da Vara da Infância e Juventude de Campina Grande (PB) publicou a Portaria nº 004/2019, estabelecendo como se daria a participação e presença de crianças e adolescentes na Festa de São João naquele ano. Determinou que estivesse presente o responsável ou, caso contrário, que a empresa organizadora mantivesse, durante a realização do evento e para apresentar à fiscalização, a autorização assinada pelos pais ou responsável, além de cópia dos documentos da criança e dos pais.[7]

[7] BRASIL. Tribunal de Justiça do Estado da Paraíba. Portaria nº 004/2019 da Vara da Infância e da Juventude da comarca de Campina Grande. Dispõe sobre a hospedagem, entrada de crianças e adolescentes no Parque do Povo, casas de espetáculos, bailes, shows,

Cabe destacar que, como o ECA especifica "espetáculos públicos e seus ensaios", temos que toda vez que a participação artística infanto-juvenil ocorrer em evento configurável como "espetáculo público", um alvará ou portaria judicial deve estabelecer as condições para que a atividade se dê em segurança para crianças e adolescentes. Vale observar, contudo, que a necessidade de autorização judicial não significa que se trata de trabalho infantil a participação de crianças e adolescentes nesses musicais organizados por escolas, nem enquanto dançarinos nas festas juninas do Nordeste ou desfiles de Carnaval.

Neste ponto já se pode lançar a seguinte questão, a ser respondida nos tópicos finais deste texto: não seria um espetáculo público o que se assiste 24h por dia, 7 dias por semana, nos canais com milhares de seguidores das plataformas digitais? E quando é uma criança ou adolescente que se apresenta no vídeo, precisa ter um alvará judicial, independentemente de o canal ser ou não monetizado?

Outra discussão travada no âmbito dos alvarás judiciais diz respeito à qual seria o juízo competente para decidir sobre estas autorizações de participação artística infanto-juvenil: Justiça Estadual ou Justiça do Trabalho? A discussão chegou em 2015 à corte máxima do país, no julgamento da Ação Direta de Inconstitucionalidade (ADIn) n.º 5326/DF proposta pela Associação Brasileira de Emissoras de Rádio e Televisão – ABERT frente à recomendações conjuntas assinadas pelas Corregedorias das Justiças e Ministérios Públicos estaduais e do trabalho, de São Paulo (2ª e 15ª Regiões) e do Mato Grosso, que declararam (e operacionalizaram) a competência da Justiça do Trabalho para decidir sobre os pedidos de autorização para a participação de crianças e adolescentes em atividades artísticas. Tal julgamento deve logo voltar ao plenário do Supremo Tribunal Federal, cujo pedido liminar já foi julgado favorável, assim como a manifestação da Procuradoria Geral da República pela procedência da ADIn, ou seja, entendimento de que os atos administrativos atacados são

boates, promoções dançantes abertas ao público e congêneres e suas participações nos eventos do "Maior São João do Mundo". Disponível em: https://www.tjpb.jus.br/aviso/portaria-no-0042019-da-vara-da-infancia-e-da-juventude-da-comarca-de-campina-grande_Acesso em: 29 jun. 2021.

inconstitucionais e que é a Justiça estadual quem deve apreciar os pedidos de autorização do trabalho infantil artístico.

Registre-se, de todo modo, que o argumento central que fundamentou as manifestações dos ministros, procurador e pareceres – com exceção da Ministra Rosa Weber, que deu a honra a esta autora de citá-la em alguns trechos do seu voto divergente[8] – ao decidir pela competência da Justiça comum estadual para avaliar os pedidos de autorização, apresenta um engano em sua origem. Tal confusão decorre provavelmente da inobservância de que a participação da criança ou adolescente na produção artística se inicia em momento anterior ao pedido de alvará judicial, durante o período de ensaios; este registro pode ser verificado nos próprios autos do pedido de autorização, pois a empresa costuma juntar o contrato firmado com os responsáveis do artista mirim, intitulado "Termo de autorização e ajuste de condições para participação no espetáculo". Este contrato, que prevê a remuneração e jornada no período de ensaios que antecede a estreia da obra artística, comprova que frequentemente a relação de trabalho já existe no momento do pedido de alvará. Portanto, segundo os próprios argumentos dos juristas que defendem a competência da Justiça Estadual – porque o pedido seria anterior ao contrato de trabalho –, a competência para decidir as condições desta relação de trabalho já iniciada é da Justiça do Trabalho.[9]

Vale enfatizar que, para além da questão da emissão dos alvarás, todas as demais questões decorrentes da relação de trabalho infantil artístico devem ser encaminhadas para a Vara do Trabalho. Neste sentido se manifestou, em abril de 2019, o Tribunal Superior do Trabalho, ao determinar

[8] BRASIL. Superior Tribunal de Justiça. ADI 5326 MC / DF – Distrito Federal. Medida cautelar na ação direta de inconstitucionalidade. Relator Min. Marco Aurélio. Julgamento: 27/09/2018, Publicação: 20/03/2020
Órgão julgador: Tribunal Pleno. Disponível em: https://jurisprudencia.stf.jus.br/pages/search/sjur420781/false. Acesso em: 30 jun. 2021.

[9] Cavalcante, Sandra Regina. Entre o sonho e a realidade: descobertas e desafios da participação infantojuvenil no segmento artístico. Revista do Departamento de Direito do Trabalho e da Seguridade Social – FD/USP, v. 7, p. 107-123, 2016; Feliciano, GG et al. Feliciano Gg; Oliva, Jrd; Cavalcante, SR. Trabalho Infantil Artístico: compreensão pouca, proteção nada integral. Revista Consultor Jurídico, 21 mar. 2017. Disponível em: https://www.conjur.com.br/dl/trabalho-infantil-artistico-compreensao.pdf. Acesso em: 29 jun. 2021.

que voltasse para o juiz do trabalho a Ação Civil Pública movida pelo Ministério Público do Trabalho da 2ª Região (São Paulo) que pede a proibição de shows noturnos de cantor funkeiro de 12 anos. Nas palavras do ministro relator Alexandre Agra Belmonte:

> [...] é interessante observar que mesmo os fundamentos expendidos pelo próprio Supremo Tribunal Federal na decisão da ADI 5326 ressalvam a competência da Justiça do Trabalho para o julgamento de controvérsias de índole trabalhista ocasionadas em momento posterior à autorização para a participação de crianças e adolescentes em eventos artísticos. Extrai-se de suas razões que o Juiz da Infância e da Juventude deve examinar a potencialidade danosa de tais exposições ao desenvolvimento do menor para decidir pela pertinência, ou não, da expedição do alvará. Porém, "executadas as participações, poderão, aí sim, gerar controvérsias de índole trabalhista a serem solucionadas no âmbito da Justiça especializada".[10]

## 3. Legislação aplicável ao trabalho infantil artístico no Brasil

Não há, na lei brasileira, dispositivos que determinem as condições necessárias para que o trabalho artístico infanto-juvenil aconteça. A Lei nº 6.533/78, que com o Decreto nº 82.385/78 regulamenta as profissões de artista e de técnico em espetáculo de diversões, não faz qualquer menção à participação de crianças e adolescentes. O ECA por sua vez, não faz referência à atividade artística quando trata do trabalho do adolescente. Mas ao delimitar a competência do Juiz da Infância e da Juventude, inclui a emissão de alvarás entre suas funções:

> Art. 149. Compete à autoridade judiciária disciplinar, através de portaria, ou autorizar, mediante alvará:
> [...]
> II – a participação de criança e adolescente em:
> a) espetáculos públicos e seus ensaios;

[10] BRASIL. Tribunal Superior do Trabalho. Recurso de Revista RR 882-56.2015.5.02.0033. Relator: Alexandre de Souza Agra Belmonte. DJ: 03 abr. 2019. JusBrasil, 2019. Disponível em: https://tst.jusbrasil.com.br/jurisprudencia/695023139/recurso-de-revista-rr-8825620155020033 . Acesso em: 30 jun. 2021.

b) certames de beleza.

§ 1º Para os fins do disposto neste artigo, a autoridade judiciária levará em conta, dentre outros fatores:

a) os princípios desta Lei;

b) as peculiaridades locais;

c) a existência de instalações adequadas;

d) o tipo de freqüência habitual ao local;

e) a adequação do ambiente a eventual participação ou freqüência de crianças e adolescentes;

f) a natureza do espetáculo.

Embora este dispositivo seja citado na quase totalidade dos pedidos (e alvarás) para a participação de crianças e adolescentes em empreendimentos da área artística, não fica claro que ele se refere a algo diverso do contexto amador ou pedagógico (shows ou audições públicas organizadas por escolas, concursos culturais, etc.).[11]

A CLT, por sua vez, dispõe que alvará judicial a adolescentes com idade entre 14 e 18 anos (art. 402) poderá autorizar o trabalho prestado em teatros de revista, cinemas, cabarés e estabelecimentos análogos, bem como em empresas circenses e similares (art. 405, § 3º), desde que a representação tenha fim educativo e a peça não seja prejudicial à sua formação moral (art. 406, I). A lei também prevê que o juiz deve certificar-se de que a atividade artística seja essencial à subsistência do adolescente e de seus familiares e que não prejudique sua formação moral (art. 406, II). Há anos, contudo, se discute a flagrante inconstitucionalidade desses artigos e, segundo o Ministério Público do Trabalho, os dispositivos 405 e 406 da CLT não foram recepcionados pela carta de 1988.[12]

[11] SANTOS, Eliane Araque. O trabalho artístico em face da proteção integral da criança e do adolescente. Revista do Tribunal Regional do Trabalho da 18 Região, ano 10, vol. 1. Goiás: 2007, p. 108-116. Disponível em: http://www.trt18.jus.br/portal/arquivos/2019/06/revista2007.pdf . Acesso em: 30 jun. 2021; CAVALCANTE, Sandra Regina. *Ibid.*

[12] MARQUES, Rafael Dias. Trabalho infantil artístico: possibilidades e limites. Revista do Tribunal Superior do Trabalho, v. 79, n. 1. São Paulo: Lex Magister, 2013; p. 204-226. Disponível em: https://juslaboris.tst.jus.br/bitstream/handle/20.500.12178/38664/018_marques.pdf?sequence=1&isAllowed=y . Acesso em: 30 jun. 2021.

Cabe enfatizar que a constituição brasileira proíbe todo trabalho realizado antes dos 16 anos de idade – exceto na condição de aprendiz, a partir de 14 anos –, e o trabalho noturno, perigoso e insalubre antes dos 18 anos:

> Art. 7º. São direitos dos trabalhadores urbanos e rurais, além de outros que visem à melhoria de sua condição social:
> (....)
> XXXIII) proibição de trabalho noturno, perigoso e insalubre a menores de 18 anos e de qualquer trabalho a menores de 16 anos, salvo na condição de aprendiz, a partir de 14 anos.

Então, caso o arcabouço legal brasileiro se esgotasse nas normas acima, muitos concluiriam pela ilegalidade das autorizações para o trabalho infantil artístico antes dos 16 anos, porque contrárias à Constituição Federal. Contudo, o país ratificou a Convenção n.º 138 da OIT, incorporada ao ordenamento jurídico brasileiro por força do Decreto nº 4134/2002 – para alguns com status constitucional, porque versa sobre Direitos Humanos, conforme detalhado por Rafael Dias Marques.[13] Seu Artigo 8º trata da idade mínima para admissão a emprego ou trabalho, autorizando expressamente a participação de criança e adolescente no trabalho infantil artístico, mesmo abaixo da idade mínima:

> 1. A autoridade competente, após consulta com as organizações de empregadores e de trabalhadores concernentes, se as houver, poderá, mediante licenças concedidas em casos individuais, permitir exceções para a proibição de emprego ou trabalho provida no artigo 2º desta Convenção, para finalidades como a participação em representações artísticas.

Medeiros Neto, X.T. e Marques, R.D. Manual de atuação do Ministério Público na prevenção e erradicação do trabalho infantil. Brasília: Conselho Nacional do Ministério Público, 2013. Disponível em: https://www.mprs.mp.br/media/areas/infancia/arquivos/manual_erradicacao_trab_infantil.pdf. Acesso em: 30 jun. 2021.

[13] Marques, Rafael Dias. *Ibid.*

> 2. Licenças dessa natureza limitarão o número de horas de duração do emprego ou trabalho e estabelecerão as condições em que é permitido[14]

Além de autorização excepcional e específica para tal participação, esta norma impõe que sejam feitas restrições quanto às condições de trabalho e duração da atividade. Contudo, não há, seja nesta norma internacional ou na lei brasileira, dispositivos de proteção à saúde e segurança infanto-juvenil frente aos riscos do segmento artístico, ficando a critério subjetivo de cada juiz definir, em dada situação, os limites que irá impor àquela autorização. De todo modo, vale observar que o juiz deve aplicar as normas de proteção previstas no ordenamento jurídico cabíveis à situação.

Os alvarás judiciais que autorizam a atuação de crianças e adolescentes enquanto artistas, têm como fundamento, portanto, no artigo 149, II do ECA e no artigo 8º da Convenção nº 138 da OIT. De qualquer modo, a proteção prioritária e integral da criança e do adolescente em toda e qualquer situação já está expressa na lei brasileira, que impõe tal obrigação ao Estado, sociedade e família (art. 227 da CF e art. 5º do ECA). Além da previsão na CLT (art. 403) e no ECA (art. 67, III), a proibição do trabalho que prejudique a saúde, segurança e moral do adolescente integra a Convenção nº 182 da OIT, ratificada pelo Brasil, sobre as piores formas de trabalho infantil (art. 3º, d). Ao regulamentar alguns termos dessa norma (Decreto 6481/2008), o país criou sua própria relação das piores formas de trabalho infantil, a Lista TIP. Essa listagem inclui 93 atividades que, além de serem proibidas antes dos 18 anos, devem ser eliminadas com medidas imediatas e eficazes, conforme compromisso firmado ao ratificar a convenção.

Atente-se para o fato de que na Lista TIP há situações observáveis no trabalho infantil artístico, como atividades em altura superior a 2 metros – caso da publicidade gravada com atriz mirim suspensa por cabo de aço;[15] atividades ao ar livre, como as "externas" gravadas em novelas e

[14] ORGANIZAÇÃO INTERNACIONAL DO TRABALHO. Convenção nº 138 sobre a idade mínima para admissão. 1973. Disponível em: https://www.ilo.org/brasilia/convencoes/WCMS_235872/lang--pt/index.htm . Acesso em: 30 jun. 2021.

[15] CAVALCANTE, Sandra Regina. Trabalho artístico na infância: estudo qualitativo em saúde do trabalhador. 2012. Dissertação (mestrado em Saúde Pública). São Paulo: FSP/USP.

peças publicitárias; e o trabalho em espaço confinado, como aquele realizado em alguns estúdios de dublagem.

Apesar da vedação constitucional, o entendimento majoritário é o de que cabe autorizar o trabalho infantil artístico, desde que os alvarás judiciais sejam individuais e imponham restrições que protejam os interesses da criança ou adolescente. Diante da ausência de regulamentação que forneça um patamar mínimo para essas limitações, critérios subjetivos acabam prevalecendo. Ademais, nem sempre os magistrados aplicam todo o sistema protetivo presente na Constituição, ECA e Convenções da OIT, ao autorizar ou proibir tais atividades.

## 4. Os influenciadores digitais mirins

Nos últimos anos, a temática do trabalho infantil artístico passou a exigir atenção redobrada, já que a Internet possibilitou o surgimento de uma carreira que apresenta exponencial crescimento de interessados e de riscos: são os influenciadores digitais mirins (*youtubers* e outros de perfil similar). Em síntese, a elaboração e a veiculação de vídeos, fotos e mensagens em canais na Internet costumam começar como uma brincadeira. Em alguns casos, contudo, de forma muito rápida esses materiais passam a ser acessados por um grande número de crianças ou adolescentes, para além do círculo mais próximo de contatos do novo *youtuber* (familiares, amigos, colegas de escola). É nesse momento que nascem, portanto, as "celebridades digitais mirins" – perfil ao qual, hoje em dia, se encontra associada uma série de vulnerabilidades.[16]

A crítica que se fez a este tipo de atividade, em um primeiro momento, estava vinculada aos riscos de um eventual excesso de exposição pública da criança ou adolescente – não se dava, nessa época, a configuração de trabalho. Muitas empresas logo entenderam, porém, que aí se abria uma oportunidade de fortalecer seus negócios, passando a enviar produtos a

Disponível em: http://www.teses.usp.br/teses/disponiveis/6/6134/tde-25052012-141746/. Acesso em: 30 jun. 2021. p. 122.

[16] Cavalcante, Sandra Regina. O trabalho infantil artístico nos meios de comunicação – Módulo 3 / Brasil. Ministério da Mulher, da Família e dos Direitos Humanos; Conselho Nacional dos Direitos da Criança e do Adolescente. Brasília: ANDI Comunicação e Direitos, 2020. p. 25.

esses "formadores de opinião" mirins, com o objetivo de que fossem mostrados em seus vídeos.[17] Ou seja, com o tempo, essa atividade tende a pesar na rotina da criança ou adolescente, pois lhe demanda uma agenda de compromissos, um dever de periodicidade nas publicações, uma obrigação de divulgar os produtos recebidos, entre outras responsabilidades.[18]

Entre as atribuições que ocupam o cotidiano dos influenciadores mirins e seus responsáveis, estão: conversa com empresas interessadas em presenteá-los com "mimos" para conseguir *merchandising*; convites para parques temáticos; "presença VIP" e "encontrinhos" com fãs para tirar fotos e distribuir autógrafos, geralmente em shoppings das capitais; e horas de salão de beleza e produção para surgir com a melhor aparência possível dentro e fora do vídeo. Além disso, alguns chegam a escrever livros, enquanto outros tornam-se modelos em campanhas de publicidade e até personagens de jogos eletrônicos.[19]

Quando a rotina da criança ou adolescente atinge esse patamar, a experiência de expressar-se de forma criativa e livre nos canais da Internet fica em segundo plano, pois se está diante agora de um negócio que pode se tornar extremamente lucrativo, conforme se apresentará logo a seguir. Nesse contexto, além do influenciador digital mirim e seus pais ou

[17] Souza, Júlia Barbon Mateus Luiz de. Crianças ficam famosas com vídeos no YouTube e precisam lidar com fãs. 2015. Disponível em: https://www1.folha.uol.com.br/tec/2015/08/1663202-criancas-ficam-famosas-com-videos-no-youtube-e-precisam-lidar-com-fas.shtml . Acesso em: 30 jun. 2021.
Dantas, Thaís; Godoy, Renato. YouTubers mirins: mera expressão artística ou trabalho infantil?. In: CGI.br. Pesquisa sobre o uso da internet por crianças e adolescentes no Brasil: TIC Kids online Brasil 2015. São Paulo: CGI.br, 2016; p 95-103. Disponível em: https://cetic.br/media/docs/publicacoes/2/TIC_Kids_2015_LIVRO_ELETRONICO.pdf. Acesso em: 30 jun. 2021.

[18] Gerasimczuk, Livia Cattaruzzi; Karageorgiadis, Ekaterine . Publicidade dirigida à criança na rede: ilegalidades nos canais de youtubers mirins. *In:* CGI.br, Pesquisa sobre o uso da Internet por crianças e adolescentes no Brasil: TIC Kids Online Brasil 2016/ Núcleo de Informação e Coordenação do Ponto BR. São Paulo: Comitê Gestor da Internet no Brasil, 2017; p. 39 – 46. Disponível em: https://cetic.br/media/docs/publicacoes/2/TIC_KIDS_ONLINE_2016_LivroEletronico.pdf. Acesso em: 30 jun. 2021.

[19] SAYURI, Juliana. Pequenas crianças, grandes negócios. Revista Trip n. 276. 25 jul 2018. Disponível em: https://revistatrip.uol.com.br/trip/mini-influenciadores-digitais-como-tanto-protagonismo-afeta-o-desenvolvimento-da-crianca. Acesso em: 30 jun. 2021.

responsáveis, quase sempre estão envolvidos agenciadores de celebridades, agências de publicidade, um número expressivo de empresas anunciantes e as próprias plataformas de Internet.

São dois os principais mecanismos de monetização presentes nesses canais das redes sociais. Vejamos como funciona o modelo para um *youtuber* mirim:

- A monetização é realizada por fabricantes de produtos e fornecedores de serviços para os quais os influenciadores fazem propagandas, que consistem em divulgação do produto ou serviço ao longo de seus vídeos. Vale notar que há situações nas quais essa remuneração é indireta, como nos casos de "unboxing" de brinquedos, jogos, roupas e outros produtos, nos quais o *youtuber* desempacota o item recebido do fabricante e relata porque é tão divertido possuir um deles.
- O Google (proprietário do *YouTube*) remunera em decorrência da audiência e inserção de anúncios publicitários antes, durante e/ou após a exibição dos vídeos. Neste caso, dicas de brincadeiras, ideias de desafios ou a rotina da criança ou adolescente são apresentadas no vídeo e o pagamento é calculado considerando o número de visualizações da publicidade pelo público. O YouTube remunera quem possui a partir de mil inscritos no canal e mais de 4 mil horas de exibição pública [sic] nos últimos 12 meses, conforme explica a própria plataforma.[20]

Tendo como público prioritário outras crianças e adolescentes, os influenciadores digitais mirins moldam hábitos, comportamentos, tendências e, quase sempre, conforme mostram os números, são movidos pela perspectiva do mercado e do consumo. Na verdade, esses *youtubers* têm sido utilizados como verdadeiros promotores de vendas, influenciando outras crianças por meio de publicidade disfarçada de programação.[21] Estamos diante, pois, de empresas que usam técnicas de mar-

[20] YOUTUBE. Como ganhar dinheiro no YouTube. Disponível em: https://support.google.com/youtube/answer/72857?hl=pt-BR_Acesso em: 30 jun. 2021.

[21] Gerasimczuk, Livia Cattaruzzi; Karageorgiadis, Ekaterine. *Ibid.*

keting em desrespeito à hipervulnerabilidade tanto da criança *youtuber* como da espectadora.

A lei brasileira proíbe que crianças e adolescentes anunciem produtos. A publicidade voltada ao público infantil é considerada abusiva, mas também a utilização de personagens ou apresentadores infantis torna a publicidade abusiva, conforme evidencia a Resolução no 163, de 2014, do Conselho Nacional dos Direitos da Criança e do Adolescente (Conanda), em seu art. 2º, V. Já o Marco Legal da Primeira Infância (Lei n.º 13.257/16) dispõe que as políticas públicas para esse segmento devem priorizar a proteção contra toda forma de pressão consumista, assim como adotar medidas que evitem a exposição precoce à comunicação mercadológica (art. 5º).

Além dos instrumentos legais mencionados, o próprio código do Conselho Nacional de Autorregulamentação Publicitária (CONAR) condena a prática do *merchandising* ou publicidade indireta que utilize crianças e orienta que não se empregue crianças e adolescentes como modelos para apelo direto, recomendação ou sugestão de consumo ou uso de produto ou serviço (art. 37). Mas provavelmente é no Código de Defesa do Consumidor que está a proibição mais clara e eficaz quanto à publicidade voltada ao público infantil: além de ser considerada abusiva, a promoção deste tipo de publicidade é crime, conforme artigos 37, § 2º; 39, IV; 67 e 68 do CDC.

Ao lado do evidente desrespeito às normas nacionais, a publicidade veiculada nos canais de *youtubers* infantis apresenta outro problema: as únicas exceções previstas à idade mínima de 16 anos para o trabalho no Brasil, como já exposto no presente módulo, são a aprendizagem a partir dos 14 anos e as atividades artísticas com autorização judicial. Ou seja, os canais que exibem publicidade realizada pelo artista mirim também precisam de alvará.

A diferenciação mais complexa fica para canais com outro tipo de monetização – ou seja, quando não ocorrem atividades de *unboxing* nem a criança faz pessoalmente publicidade. Nesses casos, a plataforma remunera o influenciador com base no número de inscritos e na quantidade de visualizações alcançadas por seus vídeos, e a administração do canal é realizada, com frequência, por um parente próximo da criança ou adolescente. Observe-se que é possível, mesmo nesta situação, identificar a existência de trabalho infantil artístico, pois podem ocorrer casos em que o *youtuber* mirim se encontra em situação comparável à de um apresentador, trabalhando sob a direção de parentes para o canal de sua família.

Assim, para virar artista mirim não basta que a criança crie um canal no *YouTube* e grave alguns vídeos, se comportando como apresentadora de programa. Nesses casos, não se trata de trabalho nem de arte, e o sistema de Justiça Estadual (juiz e promotor) será o competente para agir de forma a garantir a necessária proteção.

Já quando se chega ao volume de seguidores que justifica e interessa o *merchandising* e o patrocínio da criança ou adolescente, que passa a ser remunerada seja pela plataforma, seja pelos anunciantes, aí sim há trabalho infantil artístico – situação que também deve ser acompanhada pelo Ministério Público e pela Justiça, só que do Trabalho. Embora por hora a concessão de alvarás de autorização para esse tipo de atividade, conforme já visto, esteja nas mãos da Justiça Estadual, a responsabilidade de fiscalizar condições de trabalho e situações de indenização por doença ou acidente do trabalho caberá à Justiça do Trabalho para dirimir dúvidas, conforme Súmula 392 do TST.[22]

De todo modo, é importante destacar que a atividade do influenciador digital mirim, embora não envolva os mesmos riscos mecânicos, físicos, químicos ou biológicos próprios do trabalho infantil de baixa renda, traduz igualmente riscos sensíveis à sua integridade, à sua moralidade, à sua formação e à sua própria autopercepção. Em um esforço de classificação dos riscos específicos a que se submetem esses trabalhadores mirins, foram identificados riscos de interação familiar, riscos de interação escolar, riscos associados à rotina e, em especial, os riscos da superexposição permanente: a vida do *youtuber* mirim torna-se permanentemente um show, a ser exibido, desejado e consumido.[23]

## Considerações finais

O patamar de proteção, construído nos últimos trinta anos no país, impõe a compatibilização do direito à liberdade de expressão com a proteção da imagem, saúde e demais direitos das crianças e adolescentes, incluindo

[22] Cavalcante, Sandra Regina. O trabalho infantil artístico nos meios de comunicação. *Id.* p. 28.

[23] Feliciano, Guilherme Guimarães et. al. *Id.* p. 149.

o não trabalho antes da idade mínima. Apesar da vedação constitucional, o entendimento majoritário é o de que cabe autorizar o trabalho infantil artístico, desde que por meio de alvarás judiciais individuais contendo restrições que protejam os interesses da criança e do adolescente. Não há regulamentação definindo quais seriam essas limitações, mas a prática de solicitar autorização se consolidou junto à boa parte da mídia tradicional. Contudo, isso ainda não corre no âmbito da Internet, que envolve os influenciadores digitais.

Como se não bastasse a previsão constitucional que obriga Estado, sociedade e família a garantir a saúde e segurança de toda criança e adolescente e lhes conferir proteção prioritária e integral, há leis que submetem a exceção do trabalho infantil antes dos 16 anos a uma autorização judicial. Todos estão comprometidos e são, portanto, responsáveis – principalmente o segmento empresarial, que aufere lucro sobre aquela participação artística infantil. Isso envolve, por certo, a empresa que oferece aparentemente de graça o espaço digital para divulgação de conteúdo, mas que na verdade atua alugando local para venda de produtos e serviços, com eficiente e intensa coleta de dados pessoais e formatação de comportamentos.

Não podem prosperar as justificativas que têm sido usadas, pelos grandes conglomerados tecnológicos detentores das plataformas digitais, ao buscar se eximir de qualquer obrigação utilizando o argumento de que não são "produtores de conteúdo". Nesse sentido, não prospera a alegação de que a responsabilidade seria apenas dos pais pela exposição e eventuais prejuízos aos filhos, porque teriam sido avisados pelas redes sociais sobre possíveis riscos.

Importantes conquistas no segmento artístico tradicional se deram a partir da mobilização do sistema de Justiça. Iniciativas da sociedade civil pelo mundo afora, como França e Inglaterra, e do próprio governo, como nos EUA, pressionam as empresas de tecnologia proprietárias destas plataformas digitais para que cumpram as leis de proteção dos dados e da privacidade de suas crianças; veio da França, a propósito, a notícia de criação da lei que regulamenta o trabalho do *youtuber* mirim, a ser realizado com as mesmas restrições impostas ao artista mirim.[24]

[24] PINTO, Ana Estela de Sousa. França aprova lei que regula trabalho de youtuber mirim. Folha de S. Paulo. São Paulo, 6 de outubro de 2020. Disponível em: https://www1.folha.

Por aqui, ainda se carece de regulamentação dos parâmetros mínimos segundo os quais o trabalho do artista mirim deve ocorrer, mas tal lacuna não pode ser motivo de inação dos operadores no território digital. Afinal, a necessidade de alvará judicial para excepcionar a idade mínima para o trabalho no caso de participação artística, bem como a proibição de publicidades disfarçadas de programação ou voltadas à criança, já estão expressas nas normas brasileiras há muito tempo.

Os artistas mirins que cresceram nos últimos anos, correram riscos e eventualmente sofreram abusos, apesar do ECA e CF se balizarem no cuidado integral e prioritário para esta parte da população, bem como responsabilizarem todos, inclusive empresas e famílias, devendo o Estado exigir de ambos a prevenção em situações de risco e impor punição caso observe violações. É, pois, urgente que ações coordenadas e interinstitucionais sejam tomadas, envolvendo políticas públicas, regulamentação, ações educativas etc., para que nos próximos trinta anos deixemos um ambiente protegido para os talentos precoces que surgirem neste país e, quem sabe, servir de inspiração para o mundo.

## Referências

BRASIL. Superior Tribunal de Justiça. ADI 5326 MC / DF – Distrito Federal. Medida cautelar na ação direta de inconstitucionalidade. Relator Min. Marco Aurélio. Julgamento: 27/09/2018, Publicação: 20/03/2020. Órgão julgador: Tribunal Pleno. Disponível em: https://jurisprudencia.stf.jus.br/pages/search/sjur420781/false. Acesso em: 30 jun. 2021.

—. Tribunal de Justiça do Estado da Paraíba. Portaria nº 004/2019 da Vara da Infância e da Juventude da comarca de Campina Grande. Dispõe sobre a hospedagem, entrada de crianças e adolescentes no Parque do Povo, casas de espetáculos, bailes, shows, boates, promoções dançantes abertas ao público e congêneres e suas participações nos eventos do "Maior São João do Mundo". Disponível em: https://www.tjpb.jus.br/aviso/portaria-no-0042019-da-vara-da-infancia-e-da-juventude-da-comarca-de-campina-grande_Acesso em: 29 jun. 2021.

—. Tribunal Superior do Trabalho. Recurso de Revista RR 882-56.2015.5.02.0033. Relator: Alexandre de Souza Agra Belmonte. DJ: 03 abr. 2019. JusBrasil, 2019.

uol.com.br/mercado/2020/10/franca-aprova-lei-que-regula-trabalho-de-youtuber-mirim.shtml Acesso em: 30 jun. 2021.

Disponível em: https://tst.jusbrasil.com.br/jurisprudencia/695023139/recurso-de-revista-rr-8825620155020033 . Acesso em: 30 jun. 2021.

CAVALCANTE, S. R. A infância nos bastidores: repercussões, riscos e desafios do trabalho infantil artístico. *In:* NOCCHI, A. S. P.; FAVA M. N.; CORREA, L. B. (Orgs.) Criança e Trabalho: da exploração à educação. São Paulo: LTr, 2015. p. 126-139.

CAVALCANTE, Sandra Regina. Entre o sonho e a realidade: descobertas e desafios da participação infantojuvenil no segmento artístico. Revista do Departamento de Direito do Trabalho e da Seguridade Social – FD/USP, v. 7, p. 107-123, 2016.

—. O trabalho infantil artístico nos meios de comunicação – Módulo 3 / Brasil. Ministério da Mulher, da Família e dos Direitos Humanos; Conselho Nacional dos Direitos da Criança e do Adolescente. Brasília: ANDI Comunicação e Direitos, 2020.

—. Trabalho artístico na infância: estudo qualitativo em saúde do trabalhador. 2012. Dissertação (mestrado em Saúde Pública). São Paulo: FSP/USP. Disponível em: http://www.teses.usp.br/teses/disponiveis/6/6134/tde-25052012-141746/. Acesso em: 30 jun. 2021.

—. Trabalho Infantil Artístico: compreensão pouca, proteção nada integral. Revista Consultor Jurídico, 21 mar. 2017. https://www.conjur.com.br/dl/trabalho-infantil-artistico-compreensao.pdf. Acesso em: 29 jun. 2021.

COLI, J. O que é arte. 15 ed. São Paulo: Brasiliense, 2006.

DANTAS, Thaís; GODOY, Renato. YouTubers mirins: mera expressão artística ou trabalho infantil?. In: CGI.br. Pesquisa sobre o uso da internet por crianças e adolescentes no Brasil: TIC Kids online Brasil 2015. São Paulo: CGI.br, 2016; p 95-103. Disponível em: https://cetic.br/media/docs/publicacoes/2/TIC_Kids_2015_LIVRO_ELETRONICO.pdf. Acesso em: 30 jun. 2021.

FELICIANO, G. G.; OLIVA, J. R. D.; CAVALCANTE, S. R. Trabalho Infantil Artístico: compreensão pouca, proteção nada integral. Revista Consultor Jurídico, 21 março de 2017. Disponível em: https://www.conjur.com.br/dl/trabalho-infantil-artistico-compreensao.pdf. Acesso em: 29 jun. 2021.

GERASIMCZUK, Livia Cattaruzzi; KARAGEORGIADIS, Ekaterine. Publicidade dirigida à criança na rede: ilegalidades nos canais de youtubers mirins. *In:* CGI.br, Pesquisa sobre o uso da Internet por crianças e adolescentes no Brasil: TIC Kids Online Brasil 2016/ Núcleo de Informação e Coordenação do Ponto BR. São Paulo: Comitê Gestor da Internet no Brasil, 2017; p. 39 – 46. Disponível em: https://cetic.br/media/docs/publicacoes/2/TIC_KIDS_ONLINE_2016_LivroEletronico.pdf. Acesso em: 30 jun. 2021.

MARQUES, Rafael Dias. Trabalho infantil artístico: possibilidades e limites. Revista do Tribunal Superior do Trabalho, v. 79, n. 1. São Paulo: Lex Magister, 2013; p. 204-226. Disponível em: https://juslaboris.tst.jus.br/bitstream/handle/20.500.12178/38664/018_marques.pdf?sequence=1&isAllowed=y . Acesso em: 30 jun. 2021.

MEDEIROS NETO, X.T. e MARQUES, R.D. Manual de atuação do Ministério Público na prevenção e erradicação do trabalho infantil. Brasília: Conselho Nacional do Ministério Público, 2013. Disponível em: https://www.mprs.mp.br/media/areas/infancia/arquivos/manual_erradicacao_trab_infantil.pdf . Acesso em: 30 jun. 2021.

ORGANIZAÇÃO INTERNACIONAL DO TRABALHO. Convenção nº 138 sobre a idade mínima para admissão. 1973. Disponível em: https://www.ilo.org/brasilia/convencoes/WCMS_235872/lang--pt/index.htm . Acesso em: 30 jun. 2021.

PINTO, Ana Estela de Sousa. França aprova lei que regula trabalho de youtuber mirim. Folha de S. Paulo. São Paulo, 6 de outubro de 2020. Disponível em: https://www1.folha.uol.com.br/mercado/2020/10/franca-aprova-lei-que-regula-trabalho-de-youtuber-mirim.shtml Acesso em: 30 jun. 2021.

SANTOS, Eliane Araque. O trabalho artístico em face da proteção integral da criança e do adolescente. Revista do Tribunal Regional do Trabalho da 18 Região, ano 10, vol. 1. Goiás: 2007, p. 108-116. Disponível em: http://www.trt18.jus.br/portal/arquivos/2019/06/revista2007.pdf . Acesso em: 30 jun. 2021.

SANTOS, T.C. Fazer arte não é trabalho infantil: consequências psicológicas e cognitivas do trabalho precoce. Cartas de Psicanálise, ano 3, n.3, 2008, p.84-87.

SAYURI, Juliana. Pequenas crianças, grandes negócios. Revista Trip n. 276. 25 jul 2018. Disponível em: https://revistatrip.uol.com.br/trip/mini-influenciadores-digitais-como-tanto-protagonismo-afeta-o-desenvolvimento-da-crianca. Acesso em: 30 jun. 2021.

SOUZA, Júlia Barbon Mateus Luiz de. Crianças ficam famosas com vídeos no YouTube e precisam lidar com fãs. 2015. Disponível em: https://www1.folha.uol.com.br/tec/2015/08/1663202-criancas-ficam-famosas-com-videos-no-youtube-e-precisam-lidar-com-fas.shtml . Acesso em: 30 jun. 2021.

YOUTUBE. Como ganhar dinheiro no YouTube. Disponível em: https://support.google.com/youtube/answer/72857?hl=pt-BR Acesso em: 30 jun. 2021.

# 8.
# A PROTEÇÃO DA INFÂNCIA FRENTE À SEXUALIZAÇÃO PRECOCE INCITADA PELA PUBLICIDADE: NOTAS LIGEIRAS SOBRE A NECESSÁRIA TUTELA DE CADA DESPERTAR DA AURORA

MARINA BERTINATTO
MARCOS CATALAN

## 1. A imperiosa proteção da infância: concisos apontamentos a título de introito

Com raízes que alcançam a Declaração Universal dos Direitos da Criança,[1] o melhor interesse ou o interesse superior da criança perpassa a Constituição Federal de 1988[2] e a Convenção sobre os Direitos da Criança, aprovada um ano mais tarde, tendo por foco os direitos da inocência[3] e alimentam, com sua energia aporética, muitas das regras espalhadas por entre as páginas albergadas sob a égide do Estatuto da Criança e do

[1] ONU. Declaração Universal dos Direitos da Criança. Nova Iorque: ONU, 1959.
[2] BRASIL. Constituição da República Federativa do Brasil de 1988. "Art. 227. É dever da família, da sociedade e do Estado assegurar à criança, ao adolescente e ao jovem, com absoluta prioridade, o direito à vida, à saúde, à alimentação, à educação, ao lazer, à profissionalização, à cultura, à dignidade, ao respeito, à liberdade e à convivência familiar e comunitária, além de colocá-los a salvo de toda forma de negligência, discriminação, exploração, violência, crueldade e opressão."
[3] ONU. Convenção sobre os Direitos da Criança. Nova Iorque: ONU, 1989.

Adolescente. Ante sua inconteste natureza principiológica, induz à percepção dos pequeninos como um *devir*, logo, como seres em desenvolvimento[4] e, a partir daí, ao império de sua inegociável proteção prioritária e prevalente,[5] mesmo quando o delinear de referida primazia, em concreto, não possa ser considerado uma tarefa comezinha.[6]

A proteção da infância e a ampla e efetiva tutela dos que atravessam essa fase peculiar da vida, impõem-se normativamente no Brasil. Na busca por tal desiderato, sua vulnerabilidade sequer precisa ser comprovada. Diga-se, de forma ousada, é verdade, que o *melhor interesse* da criança emerge como baliza basal na garantia de vidas dignas e de uma sociedade equilibrada, afiançando e instrumentalizando a tutela daqueles que mais clamam por proteção. Isso garantirá – ao menos, em abstrato – que inco-

[4] Costa, Antônio Carlos Gomes da. Natureza e implantação do novo direito da criança e do adolescente. *In*: Pereira, Tânia da Silva (Coord.). *Estatuto da Criança e do Adolescente*: Lei 8.069/90: estudos sócio-jurídicos. Rio de Janeiro: Renovar, 1992.

[5] Monteiro, Agnaldo Bahia. Notas interpretativas ao Código de Menores. Rio de Janeiro: Forense, 1980. p. 12.

[6] García Rubio, María Paz. ¿Qué es y para qué sirve el interés del menor? Actualidad Jurídica Iberoamericana, Valencia, n. 13, p. 14-49, ago. 2020. p. 20. A autora salienta que o *Comité de los Derechos del Niño de Naciones Unidas*, em 2013, buscou atribuir alguna concretude normativa a referida ideia ao discorrer que: "*(a) Un derecho sustantivo: el derecho del niño a que su interés superior sea una consideración primordial que se evalúe y tenga en cuenta al sopesar distintos intereses para tomar una decisión sobre una cuestión debatida, y la garantía de que ese derecho se pondrá en práctica siempre que se tenga que adoptar una decisión que afecte a un niño, a un grupo de niños concreto o genérico o a los niños en general. [...]. (b) Un principio jurídico interpretativo fundamental: si una disposición jurídica admite más de una interpretación, se elegirá la interpretación que satisfaga de manera más efectiva el interés superior del niño. Los derechos consagrados en la Convención y sus Protocolos facultativos establecen el marco interpretativo. (c) Una norma de procedimiento: siempre que se tenga que tomar una decisión que afecte a un niño en concreto, a un grupo de niños concreto o a los niños en general, el proceso de adopción de decisiones deberá incluir una estimación de las posibles repercusiones (positivas o negativas) de la decisión en el niño o los niños interesados. La evaluación y determinación del interés superior del niño requieren garantías procesales. Además, la justificación de las decisiones debe dejar patente que se ha tenido en cuenta explícitamente ese derecho*".

mensuráveis *Auroras*,[7] renovadamente, experimentem vidas desenhadas com tons róseos,[8] vivenciando, plenamente, cada alvorecer.

No mais, deixando-se conduzir por metodologia com viés semântico-pragmático,[9] estas ligeiríssimas notas têm como premissa o fato de que, a despeito de a significação social da infância ter sido moldada por séculos de experiência humana, mais recentemente, a inocência pueril vem sendo colonizada[10] pelo mercado,[11] o que faz com que as crianças, seres outrora percebidos como adultos – exceto por conta de suas dimensões, em regra, reduzidas –, tenham seu desenvolvimento ameaçado. E isso demanda, de forma normativamente inconteste, ampla e efetiva proteção.[12]

[7] Aurora, deusa romana que tem em *Eos* seu equivalente grego e em *Ushas* seu correlato hindu.

[8] Vasconcellos, Paulo Sérgio de. Mitos gregos. São Paulo: Objetivo, 1998. p. 57. Ao tratar da morte de Heitor, anota o autor que "quando, no dia seguinte, a Aurora de dedos cor de rosa despontou, a multidão se reuniu em torno dela e prestou as últimas homenagens àquele homem que tinha conseguido conter o avanço do inimigo por tantos anos". *V*, ainda: Vv. Aa. Dicionário etimológico da mitologia grega. Trad. Matheus Trevizam et al. [s/c.]: [s/e.] 2013. p. 91.

[9] Almeida Neto, Antônio Lopes de; Cardoso, Fernando da Silva. Por uma semântica-pragmática dos estudos qualitativos no Direito. *In:* Congresso da Abrasd, X, 2019, Recife. *Anais*... Recife: UNICAP/UFPE, 2019. p. 1398. "É um fazer semântico-pragmático para apreender sentidos, cria-los ou reinventá-los a partir do que o campo de pesquisa, os(as) atores(atrizes) sociais e os documentos (expressões de sensibilidade) possam apresentar em suas condições e circunstâncias".

[10] Barber, Benjamin. Consumido: como o mercado corrompe crianças, infantiliza adultos e engole cidadãos. Trad. Bruno Casotti. Rio de Janeiro: Record, 2009.

[11] Trindade, Gustavo Manoel Neubarth. Economia de plataforma: ponderações conceituais distintivas em relação à economia compartilhada e à economia colaborativa e uma abordagem de análise econômica do direito dos ganhos de eficiência econômica por meio da redução severa dos custos de transação. Revista Jurídica Luso-Brasileira, Lisboa, a. 6, n. 4, p. 1977-2013, 2020. p. 1982. Com o autor, leia-se a partir daqui, no signo *Mercado*, Sistema de Mercado.

[12] Heywood, Colin. Uma história da infância: da Idade Média à época contemporânea no Ocidente. Porto Alegre: Artmed, 2004. p. 10.

## 2. Revistar o passado, decodificar o presente

Entremeio a inumeráveis memórias de um tempo vivido por outros em territórios esboçados em velhos mapas contendo as colunas de Hércules ao lado de contornos imperfeitos, quase grosseiros, da geografia eurocêntrica ocidental,[13] inexistem registros de estátuas de crianças, sequer de signos que permitam distinguir o infante[14] do jovem. A civilização helênica e, provavelmente, também a helenística, conviveram com palavras ambíguas usadas para identificar aquele que não é velho.[15] Ainda na Antiguidade, a civilização romana construiu moldes que só seriam reencontrados na arte ocidental da Renascença,[16] aspectos que desautorizam afirmar ter havido qualquer preocupação teórica com os pequenos. Aliás, é bem pouco provável que qualquer teorização da infância tenha ocorrido no mundo antigo e, mesmo que eventualmente tenha sido pensada de modo altruísta, é oportuno lembrar que a criança era vista como um pertence, um bem.[17]

A Baixa Idade Média muito acrescentou para a imagem de pureza hodiernamente associada à criança. A iconografia epocal permite identificar que "a alma do eleito possuía a mesma inocência invejável da criança batizada"[18] – isso, em uma estação na qual, paradoxalmente, a criança não era vista como um ser independente, individual e carecedor de especial proteção. Ao largo do Medievo associou-se a imagem da criança à

[13] A perspectiva eleita se deve a influência do pensamento europeu na formação das sociedades ocidentais, ambiente em que esta pesquisa se desenrola, a despeito da ciência da existência de elevado número de etnias não europeias espalhadas pelo continente Americano, etnias que não podem ser consideradas menos importantes que a intencionalmente seccionada como lastro para reflexão.

[14] Não se deve prender o signo aos filhos de reis portugueses ou espanhóis, ainda crianças, não destinados ao trono do qual talvez o Infante D. Henrique seja o mais conhecido. Trata-se da palavra em sua etimologia latina: aquele que tem pouca idade, novo, criança.

[15] Postman, Neil. O desaparecimento da infância. Trad. Suzana Menescal de Alencar Carvalho e José Laurenio de Melo. Rio de Janeiro: Graphia, 1999. p. 19-20.

[16] Postman, Neil. *Id.* p. 22.

[17] Veyne, Paul. O império romano. *In*: Veyne, Paul (Org.). História da vida privada: do Império Romano ao ano mil. Trad. Hildergard Feist. São Paulo: Companhia das Letras, 2009, v. 1. p. 21.

[18] Ariès, Philippe. História social da criança e da família. 2. ed. Trad. Dora Flaksman. Rio de Janeiro: Guanabara, 1986. p. 22.

candidez, à ingenuidade e à graça. Em Roma, na *Basilica di Santa Maria in Trastevere*, a imagem da Virgem - ou Jovem[19] - do século XV é apresentada sob a forma de uma criança enrolada aos braços de Cristo. Em Luxemburgo, o túmulo de um rapaz de 19 anos do século XVI traz uma criança erguida aos céus por dois anjos – também crianças. Em Viena, um marfim bizantino do fim do século X apresenta a alma de Maria representada por uma criança.[20] E foram muitas as reproduções artísticas medievais a idealizarem santidades cristãs como crianças. Há extremo cuidado em representar figuras clericais como símbolos de pureza. Em verdade, beira a inocência não perceber a intencionalidade que molda tais manifestações artísticas: ao apresentar como ícone de graça perfeita aqueles que, aos poucos, poderiam ser adaptados consoante o arbítrio da Igreja – por séculos, o maior e mais poderoso reino europeu –, se amplia a possibilidade de adequação, harmonização e difusão de seu pensamento, bem como, a projeção de suas ações futuras.

O Iluminismo presenciou a gradual ascensão da burguesia e, ainda, a decadência da pintura sacra impulsionada pelo recrudescimento da potência clerical.[21] Uma vez no poder, estimulou a necessidade de se retratar a verdade, o verossímil, aspectos deveras desprezados pela potência anterior. Isto posto, o realismo trouxe consigo a morfologia infantil por meio da multiplicação de cenas representativas da realidade social subjacente.[22] A criança não mais é vista como ser angelical e carente de proteção, mas alguém que é um adulto em potencial; e, claro, a classe dominante, ansiosa pela lucratividade, viu no petiz um ser passível de empenho, de trabalho e, assim, a criança foi tida, durante um período de tempo, como indivíduo que, apesar de ter a força de trabalho limitada, ainda a tinha à disposição de uma sociedade burguesa.

[19] Há discussões dentro do Cristianismo em relação ao dogma do "nascimento virginal" de Jesus, por conta das inúmeras traduções pelas quais os termos passaram ao longo dos anos. A palavra original, *Almah*, tem o significado de *donzela*, em hebraico, por isso não se pode confirmar que Maria, mãe de Jesus, era virgem.

[20] ARIÈS, Philippe. *Id.* p. 21-22.

[21] CHALMEL, Loic. Imagens de crianças e crianças nas imagens: representações da infância na iconografia pedagógica nos séculos XVII e XVIII. *Educ. Soc.*, Campinas, v. 25, n. 86, 2004. p. 60.

[22] *Ibid.*

A Modernidade trouxe mais que esperança, fez renascer o interesse e a curiosidade pelo novo. A queda de Constantinopla levou à descoberta de novas tecnologias, técnicas e percepções desenvolvidas na luminosidade das experiências e das emoções humanas, o que – é difícil negá-lo – repercutiu na percepção social da infância, por exemplo, na diligência em relação à educação outrora reservada aos clérigos.[23] O desejo de ver a prole dentro das escolas cresceu, naturalizou-se.

O prestígio de grandes estudiosos[24] identificado na repercussão do fato de que o Imperador do Sacro Império Romano-Germânico, Carlos V, teria se abaixado para apanhar o pincel de Ticiano – sinônimo de intimidade, sem precedentes, com um monarca – ou da encomenda das *Stanze* do Vaticano e da *Capela Sistina*, nas quais Rafael Sanzio e Michelangelo Buonarotti puderam *dar vida* a incontestes ideias de humanismo.

> O amor parental vai ser ligado à família burguesa. Nesse momento se acentuou a divisão de papéis entre os gêneros, e a mulher se tornou responsável por cuidar do lar, do marido e dos filhos. Assim, surge maior preocupação e cuidado com as crianças, o que vai se fortalecer a partir dos séculos XVIII e XIX e possibilitar uma nova representação social da infância.[25]

Na transição do século XX para o século XXI, a criança passou a contar com maior e melhor atenção de um Estado que deve ser presente, estando atento à necessidade concreta de agir para remover quaisquer obstáculos de modo a garantir "que o ambiente familiar seja o espaço profícuo para a objetivação plena e inarredável do desenvolvimento" profícuo dos pequeninos.[26]

[23] *Id.* p. 231.

[24] Porque sim, artistas inteiravam-se das leis matemáticas de perspectiva linear, sistemas astronômicos, químicas das tintas a óleo e fundição de bronze e cera para apresentarem obras que, no mínimo, beirassem a perfeição, ou, pelo menos, superassem a beleza clássica das artes greco-romanas.

[25] Flores, Alice Lacerda Pio *et al.* Erotização e infância: as duas faces da publicidade. Revista Anagrama, São Paulo, a. 4, n. 3, p. 1-13, mar./maio 2011. p. 3.

[26] Fachin, Luiz Edson. Famílias: entre o público e o privado. *In:* Congresso Brasileiro de Direito de Família, VIII, 2011, Belo Horizonte. *Anais*... Porto Alegre: IBDFAM/Magister, 2011. p. 164.

Obviamente, a compreensão do que é ser criança transborda referida travessia, não podendo ser contida em tão sintético relato sociotemporal, mormente diante da necessidade de valoração das características inatas à cada fase da vida humana, dentre elas, do desenvolvimento infantil havido na sobreposição dos cuidados com o lento e constante incremento da inteligência à inafastável necessidade de vivência afetiva.[27]

### 3. Brevíssimas linhas: ligeiro bosquejo de um *ser* em construção

O processo de desenvolvimento da personalidade acontece durante o período da infância no qual as descobertas e as vivências são fontes primárias de base estrutural para a construção da individualidade e da personagem em sua maior singularidade. O realismo,[28] o animismo[29] e o artificialismo são pontos chave na percepção do infantil,[30] especialmente porque estruturas cognitivas e afetivas se diferenciam bastante na infância quando comparadas à vida adulta. Cada etapa do desenvolvimento infantil deve ser respeitada: sua grandiosidade se encontra nessa transposição essencial que, quando não acontece, causa a perda do material fecundante de cada personalidade.

A criança é um ser, uma pessoa que possui inteligência e apresenta características que têm como base o *egocentrismo*,[31] característica que

[27] Piaget, Jean; Inhelder, Bärbel. A psicologia da criança. Trad. Octavio Cajado. São Paulo: Difel, 1968. O processo de desenvolvimento da personalidade acontece durante o período da infância, em que as descobertas e as vivências são fontes primárias de base estrutural para a construção da individualidade e da personagem em sua maior singularidade.

[28] Piaget, Jean. A representação do mundo na criança. Trad. Álvaro Cabral. São Paulo: Ideias e Letras, 2005. p. 3. Característica infantil em que a criança não é capaz de diferenciar o mundo exterior de seu mundo interior. Assim, a criança confunde palavras com pensamentos, verbalizando tudo que pensa, por exemplo.

[29] *Id*. p. 3. Nessa característica, a criança considera "vivo" todo corpo, como astros e plantas.

[30] Piaget, Jean; Inhelder, Bärbel. *Id*.

[31] Piaget, Jean. A formação do símbolo na criança: imitação, jogo e sonho, imagem e representação. Trad. Álvaro Cabral. Rio de Janeiro: Zahar, 1971. p. 75. O termo egocentrismo é utilizado pelo psicólogo e epistemólogo suíço Jean Piaget: para ele, no egocentrismo, a criança não é capaz de perceber a subjetividade em sua totalidade simbólica, o que leva à fonte de pensamento. Dessa forma, a única realidade possível e presente para a criança é o mix daquilo que ela realiza no mundo exterior, uma mistura de todos os elementos que ela vê – sejam eles reais ou não – impossibilitada de interpretação da subjetividade.

faz que ela vivencie constante confusão entre significantes e significados. Crianças são incapazes de distinguir o que é real da fantasia, de um mundo que existe apenas entremeio a ideias, com a clareza e eficiência de um ser cuja personalidade está cristalizada. A cognição, a moralidade e a afetividade são significadas e experimentadas como uma única instância pelos pequenos, formando um emaranhado que torna qualquer informação fonte de verdade.

O desenvolvimento afetivo é tão importante para a formação completa da personalidade do ser humano quanto o desenvolvimento intelectual anteriormente explorado. A experimentação dos afetos permite aflorar os sentimentos e basear as experiências que são vividas não somente durante o período da infância, mas durante toda vida do indivíduo. Não é possível negar a interação entre a afetividade e a inteligência,[32] já que a afetividade é justamente a "energia"[33] que provoca as ações comandadas pela inteligência.

Crianças não são pequenos adultos e jamais poderão ser comparadas a eles como uma maquete é comparada ao prédio que ela representa. Elas são seres que ainda não desenvolveram todas as suas habilidades, tampouco as ferramentas necessárias para bem sobreviverem a tudo aquilo que exige a vida em sociedade. Há um precipício cognitivo e afetivo sepa-

Nas palavras de Piaget, "o egocentrismo infantil é essencialmente um fenômeno de indiferenciação: confusão do ponto de vista próprio com o deu outrem, ou da ação das coisas e das pessoas a própria atividade".

[32] Piaget, Jean. Inteligencia y afectividad. Trad. María Sol Dorín. Buenos Aires: Aique, 2001. p. 17.

[33] Piaget, Jean. La relación del afecto con la inteligencia en el desarrollo mental del niño. *In*: Delahanty, Guillermo; Perrés, Juan (Eds.). *Piaget y el psicoanálisis*. Universidad Autónoma Metropolitana: Xochimilco, 1994. p. 17. A afetividade é manifestada no período da infância em cinco estágios: (i) dispositivos hereditários, em que há instintos que tendem a medos do escuro ou posição corporal, por exemplo; (ii) afetos perceptivos, com prazer conectado à percepção de diferentes superfícies e sensações; (iii) afetos intencionais, pelo sentimento de felicidade ou pela fadiga provocada pelo grande esforço empregado em uma tarefa; (iv) afetos intuitivos e interindividuais, como a simpatia ou a obediência; e (v) afetos normativos, que representam juízo de valor. O sexto estágio acontece durante o período de adolescência e é manifestado pelos sentimentos idealizados e a formação da personalidade conectados, por meio do idealismo e rebeldia característicos da fase de transição.

rando as crianças dos adultos e impedindo que seus mundos, sua objetividade e sua subjetividade se confundam. É imprescindível que as crianças tenham experiências, relacionamentos, equilíbrio para que atinjam a maturidade e ingressem no mundo adulto plenamente desenvolvidas.

De outra banda: as crianças não pensam menos que os adultos, mas, sim, de forma diferente. Elas precisam percorrer um longo caminho para atingirem a maturidade adulta, e esse percurso é o de evolução, no qual adquirem estruturas intelectuais e afetivas de maior complexidade. Dentro disso, não é a temporalidade que confirma quando a criança deixou de ser criança e tornou-se adulta, é o desenvolvimento da afetividade e da inteligência.

Influências externas, assim, são deveras importantes no desenvolvimento do petiz, especialmente por conta de suas características egocêntricas. As influências corretas, que são estímulos para que o menor consiga evoluir de acordo com suas capacidades atuais, induzem ao desenvolvimento saudável, enquanto influências incorretas, com relação a experiências e estímulos inadequados para tal idade, concretizam um impedimento no progresso pueril em busca do amadurecimento ideal. O espaço ocupado no sistema das relações humanas é modificado conforme a preponderância das circunstâncias concretas do meio da criança durante seu desenvolvimento[34] psíquico e material.

O infantil e o adulto devem ser separados e distinguidos pela importância que a infância gere no ser humano. Sem o devido desenvolvimento da afetividade e da inteligência, o ser não é psicologicamente apto a adentrar no universo adulto: ele não possui as ferramentas necessárias que lhe dão aporte e suporte para enfrentar as dificuldades do universo maduro.

## 4. O uso humano de pequenos seres humanos: traços nem sempre percebidos

A correlação criada ao longo do Medievo entre criança e pureza, identificada nas primeiras páginas deste texto, evidencia porque se usa a imagem dos pequenos para induzir o desejo de consumo: *players* no mercado, inteligentemente, utilizam essa conexão, publicizando a criança em seus

[34] VIGOTSKI, Lev; LURIA, Alexander; LEONTIEV, Alexei. Linguagem, desenvolvimento e aprendizagem. 11. ed. Trad. Maria da Pena Villalobos. São Paulo: Ícone, 2010. p. 59

produtos para que a bondade e a virtude infantis acompanhem aquilo que busca comercializar: utiliza-se a graça e a inocência, objetificando a vida humana. O capitalismo encontrou o recurso perfeito para alcançar seu principal objetivo: o lucro.

A espetacularização da vida tornou-se hábito,[35] a falta de humanismo, parece ser praxe. Gradativamente, a humanidade, de titularidade também das crianças, é transformada, pelo fomento a pantagruélico apetite consumista. Criou-se a ideia de felicidade em um produto ao associá-lo a imagem da criança, ser que sequer é apto a compreender de forma minimamente razoável o que isso significa, ainda que muitas vezes reproduza os comportamentos desejados pelo mercado. E a depender da lente utilizada para pensar esse tema, impossível não identificar que a publicidade dissimulada em tais cenários, manipula o consumidor, por meio de artifícios que minam a liberdade humana, mormente em sua dimensão positiva.

Fato inconteste, crianças foram[36] – e talvez sigam sendo[37] – exploradas com o escopo de fomentar lucros na comercialização de produtos e serviços a elas dirigidos,[38] ou não.[39] Especialmente as meninas têm sua

[35] Catalan, Marcos; Froener, Carla. A reprodução humana assistida na Sociedade de Consumo. Indaiatuba: Foco, 2020.

[36] BRASIL. Ministério Público do Estado de São Paulo. *MPSP* e Google do Brasil assinam termo para adequar propaganda infantil digital. 2019. Disponível em: http://www.mpsp.mp.br/portal/page/portal/noticias/noticia?id_noticia=21914651&id_grupo=118. Acesso em: 2 jul. 2021.

[37] Procon multa Vigor em mais de 1 milhão por publicidade infantil. *Acontecendo aqui.* 2020. Disponível em: https://acontecendoaqui.com.br/propaganda/procon-multa-vigor--em-mais-de-r-1-milhao-por-publicidade-infantil. Acesso em: 2 jul. 2021.

[38] Pitol, Yasmine Uequed. A publicidade infantil na sociedade de consumo: uma análise empírica da publicidade e de sua (in)conformidade com o direito brasileiro. 2017. 160 f. Dissertação (Mestrado) – Universidade Lasalle, Canoas, 2017. Cf. ainda Corrêa, Laura Guimarães; Salgado, Tiago Barcelos Pereira; Castro, Rebeca Heringer Lisboa de. É impossível comer um só? Publicidade, embalagem e conteúdo dos salgadinhos Elma chips. Signos do Consumo, São Paulo, v. 6, n. 1, p. 56-70, jul. 2014.

[39] Melito, Leandro. McDonalds tem multa de R$ 6 milhões por publicidade infantil abusiva. Agência Brasil, 2018. Disponível em: https://agenciabrasil.ebc.com.br/economia/noticia/2018-10/mcdonalds-tem-multa-de-r-6-milhoes-por-publicidade-infantil-abusiva. Acesso em: 2 jul. 2021.

imagem distorcida,[40] precocemente sexualizada,[41] sem qualquer pudor aparente.[42]

Pede-se especial atenção à descrição abaixo:

> A imagem em questão foi exibida em um *outdoor*, e traz a foto de uma menina com cerca de cinco anos sentada em uma espécie de divã. Ela veste as roupas da marca: saia, blusa, colete e lenço, todos em tons de rosa e branco, usa meias brancas à altura dos joelhos e um sapato rosa. A criança segura nas mãos um doce, tem o rosto sujo de açúcar e creme e olha diretamente para a câmera com um meio-sorriso nos lábios. Ao lado, as palavras "Use e se Lambuze". Motivos florais enfeitam o fundo e a marca aparece no canto inferior direito, fechando a imagem" De início, pode-se perceber a manipulação de alguns recursos expressivos que auxiliam na construção da imagem, que transforma em "mocinha" uma menina ainda tão jovem: o ângulo de tomada apresenta um leve *contra-plongée* colocando a menina em uma posição superior, o que lhe confere um ar mais sóbrio; na escolha da objetiva vemos uma proximidade maior e mais nítida sem profundidade de campo, destacando e enfatizando a expressão facial da criança. Utilizando-se de cores leves e traços suaves, a imagem ganha um aspecto de simplicidade. Os tons femininos mostram um ambiente mais direcionado às meninas, com a presença de uma iluminação difusa sem referência, apresentada de forma generalizada e uma textura mais lisa.[43]

[40] MONTES, Aline Magalhães. A sexualização de meninas no universo da publicidade infantil. Revista Eletrônica da Faculdade de Direito da Universidade Federal de Pelotas, Pelotas, v. 3, n. 1, p. 178-190, jan./jun. 2017. p. 186.

[41] FLORES, Alice Lacerda Pio *et al. Id.* p. 5-6.

[42] SAYURI, Karina. A polêmica couro fino. ALJAVA, 2013. Disponível em: https://aljavablog.wordpress.com/2013/10/17/a-polemica-couro-fino/. Acesso em 02 jul. 2021.

[43] FLORES, Alice Lacerda Pio *et al. Id.* p. 5-6. "Porém esta aura de delicadeza pode nos remeter a outro pensamento: a vivacidade das cores foi retirada, e o cenário ganhou um aspecto sério, quase adulto. A propaganda se desenvolve em uma mensagem que induz a uma sensualidade e maturidade não condizentes com o universo infantil. É violenta por instaurar um modelo de infância que desestabiliza a formação da criança, tanto educacional quanto sexual. A imagem mostra uma criança exposta em pose adulta com alto teor de sensualidade, o que acaba destruindo sua inocência".

Sapatos de salto alto, maquiagem, roupas íntimas e a quase-nudez ostensiva são apenas algumas dentre as situações que podem ser pinçadas em um universo de desumanização e modulação[44] da figura infantil. A criança é usada pelo Capital como um artifício a ser moldado de acordo com seus objetivos consumeristas. E, por certo, esse processo de *adultificação* provoca consequências: o aumento da probabilidade de desenvolvimento de distúrbios ligados à autoimagem física, baixa autoestima, preocupação excessiva com a aparência física, distúrbios alimentares – como a bulimia e a anorexia – ligados diretamente à busca pela perfeição estética imposta pela sociedade, início precoce da vida sexual, fenômeno ladeado de falhas ou mesmo da ausência de educação sexual e, não raramente, da gravidez na infância ou adolescência, ou ainda, a contração de doenças sexualmente transmissíveis.

Tudo isso desfigura a inocência infantil.[45] A sexualização precoce incitada pelo fenômeno publicitário afeta o desenvolvimento saudável da sexualidade e das inteligências, quando não fomenta o abuso sexual,[46]

[44] Halim, May Ling *et al.* Pink frilly dresses and the avoidance of all things "girly": children's appearance rigidity and cognitive theories of gender development. *Developmental Psychology*, Washington, v. 50, n. 4, p. 1091-1101, 2014. p. 1098. "*Girls generally were reported to exhibit more gender appearance rigidity than were boys across both studies. This contrast might be due to gender differences in the construction of the meaning of gender identity. For girls, being a girl might mean looking like a girl. For boys, we speculate that being a boy might largely mean something else, such as acting like a boy. Children's stereotypes about girls are largely defined by appearance, whereas children's stereotypes about boys are more often defined by behavior and activities [...]. It is also possible that boys do not have to be obsessed with appearances because their wardrobe choices are more constrained, as boys' clothing already usually excludes feminine options. Boys might have less choice in what they wear and thus find other avenues for the expression of their gender identities*".

[45] Masquetti, Maria Helena. Parecer psicológico sobre outdoor da grife Lilica Ripilica – empresa Marisol S.A. São Paulo, 5 maio 2018. Disponível em: https://criancaeconsumo.org.br/wp-content/uploads/2014/06/08_parecer_marisol.pdf. Acesso em: 30 abr. 2021.

[46] Hatzenberger, Roberta; Habigzang, Luísa; Koller, Sílvia. Análise das percepções que meninas vítimas de violência sexual têm sobre si, os outros e o futuro: tríade cognitiva. *In*: Habigzang, Luísa; Koller, Sílvia. Violência contra crianças e adolescentes: teoria, pesquisa e prática. Porto Alegre: Artmed, 2012. p. 69. No senso comum, o termo "abuso sexual" é compreendido como apenas a violência física e sexual; no entanto, é necessário iluminar esse conceito: o abuso sexual é todo tipo de "encontros sexuais e comportamentais que abrangem aliciamento sexual, linguagem ou gestos sexualmente sugestivos, uso de pornografia, voyerismo, exibicionismo".

que faz com os pequenos que sofreram com ele tenham maior risco de desenvolver problemas interpessoais e psicológicos em todos os aspectos da vida, como a baixa autoestima e até desordens psíquicas severas, depressão combinada com sentimentos de vergonha e culpa, ansiedade social, distúrbios de conduta, abusos de substâncias, distúrbios alimentares, transtorno do pânico, transtorno de estresse pós-traumático e transtorno dissociativo, bem como déficit de atenção e distúrbios de aprendizado. Além de todas essas resultâncias nocivas, dificuldades de relacionamento, comportamentos suicidas e criminosos ao lado de comportamentos sexuais indiscriminados são exemplos menos frequentes, mas igualmente possíveis.[47]

A publicidade – incluída, aqui, é fato, aquela que é realizada de forma indireta, identificada no uso economicamente desinteressado dos bens adquiridos, em espaços públicos ou ambientes privados com acesso público – também produz efeitos perceptíveis, influenciando performances e estereótipos de gênero[48] que retroalimentam as questões aqui expostas.

> On the other hand, if appearance rigidity is more long-term and stable, then it might lead children, and especially girls, to focus too much on their physical appearance, especially if they are continually praised by others for looking pretty. Appearance rigidity might then feed into defining one's self and one's self-worth in terms of how one looks. In turn, one's self-esteem might

[47] *Id.* p. 70-71.

[48] Halim, May Ling *et al.* Pink frilly dresses and the avoidance of all things "girly": children's appearance rigidity and cognitive theories of gender development. *Developmental Psychology*, Washington, v. 50, n. 4, p. 1091-1101, 2014. p. 1092. "*Cognitive theories of gender development emphasize three key features [...]. First, children are viewed as active, internally motivated agents who construct the meaning of gender categories [...]. Once children understand that they belong to a gender category, they embark on an investigation as "gender detectives," attending to information about their own gender and about differences between girls and boys [...]. Second, children's emerging understanding of gender concepts motivates them to master gender categories by behaving in gender-appropriate ways [...]. Third, there exists a developmental trajectory of gender typing. Once children recognize an important categorical distinction such as gender, they might exhibit phase-like shifts in the rigidity of category-relevant beliefs and behaviors, moving from a beginning awareness, to rigidity, to flexibility [...], a trajectory supported by research on children's endorsement of gender stereotypes [...]*".

> become contingent on self-perceived attractiveness, which can contribute to psychological distress [...]. A hyper-focus on one's physical appearance might also feed into girls' self-objectification, which has also been associated with poor psychological adjustment and math performance.[49]

Ocorre que a formação da autoestima[50] – processo que se desvela no período de desenvolvimento da inteligência anteriormente explorado – desenvolve-se em um recorte fenomênico-temporal extremamente importante no que toca às interações com outros círculos sociais, logo, fundamental na determinação do grau de autoaceitação.

> A dominação de crianças e adolescentes, a ridicularização, a humilhação, a rejeição, a punição severa ou o abuso sexual tendem a resultar em baixa autoestima. Sob tais condições, há menor contato com o afeto e o sucesso, podendo ocasionar submissão e passividade (podendo mudar para o oposto de agressividade e dominação.[51]

A violência – uma vez mais – denunciada neste estudo ligeiro é, de forma sublime e subentendida, instigada e, portanto, validada. Para exemplificar a lesividade dessa cadeia de eventos, o índice de gravidez entre meninas de 10 a 14 anos não diminui, no Brasil há dez anos,[52] triste relato ligado, de algum modo, a práticas que se utilizam da inocência para fomentar desejos de consumo sem preocupação aparente com as

[49] *Id.* p. 1100.

[50] ASSIS, Simone Gonçalves de *et al.* Violência na adolescência e formação da autoestima. *In*: HABIGZANG, Luísa; KOLLER, Sílvia. Violência contra crianças e adolescentes: teoria, pesquisa e prática. Porto Alegre: Artmed, 2012. p. 81. A autoestima é uma autoavaliação do indivíduo sobre si mesmo, em que reflete sobre a extensão de sua capacidade e aceitação sobre si próprio; "[...] é o conceito de si mesmo, com a existência de dois componentes básicos: o valor por si e a competência nas atividades."

[51] *Id.* p. 82.

[52] SCHREIBER, Mariana. 'Sinto saudade de ser criança': em uma década, gravidez de meninas de 10 a 14 anos não diminui no Brasil. *BBCNews*, São Paulo, 24 ago. 2017. Disponível em: <https://www.bbc.com/portuguese/brasil-40969456#:~:text=Com%20a%20ajuda%20da%20dem%C3%B3gra fa,2%20beb%C3%AAs%20nos%20mesmos%20anos.>. Acesso em: 21 abr. 2021.

consequências catastróficas irreversíveis para o ser mais inocente e puro, privando-o de seu próprio desenvolvimento saudável – muitas vezes, por pura avareza.

E, tudo isso, a despeito da normatividade que envolve o melhor interesse da criança.

## 5. A efemeridade de uma conclusão

Após demonstrar-se a importância de proteção da infância e, ainda, que referida tutela tem inconteste lastro no direito brasileiro resta esperar que as muitas *Auroras*, mormente, aquelas em sua mais tenra infância, possam experimentar a plenitude de cada amanhecer, percebendo-o, renovadamente, em suaves tons de rosa.[53] Que seus cachos dourados possam resplandecer em espaços coloridos com tons púrpura esboçando cada nascer do sol e suas lágrimas somente fluam diante de perdas legítimas.[54]

[53] VASCONCELLLOS, Paulo Sérgio de. Mitos gregos. São Paulo: Objetivo, 1998. p. 12.

[54] BULFINCH, Thomas. O livro de ouro da mitologia: histórias de deuses e heróis. Trad. David Jardim Júnior, 26.ª ed. Rio de Janeiro: Ediouro, 2002. p. 54, 68, 250. "Mêmnon, filho de Aurora e Titono, era rei da Etiópia, vivendo no Extremo Oriente, no litoral do Oceano. Mêmnon foi, com seus guerreiros, ajudar os parentes de seu pai, na Guerra de Tróia. O rei Príamo recebeu-o com grandes honrarias e escutou, com admiração, a narrativa das maravilhas da costa do Oceano. Desde o dia seguinte ao de sua chegada, Mêmnon, muito impaciente para lutar, levou suas tropas ao campo de batalha. Antíloquo, o bravo filho de Nestor, caiu morto por ele, e os gregos foram postos em fuga, até que Aquiles apareceu e restabeleceu a ordem em suas fileiras. Travou-se uma luta prolongada e de resultado duvidoso, entre ele e o filho de Aurora. Finalmente, a vitória pendeu para Aquiles, Mêmnon caiu e os troianos fugiram desanimados. Aurora que de seu lugar no céu olhava com apreensão os perigos que o filho corria, quando o viu cair mandou seus irmãos, os Ventos, transportarem seu corpo para as margens do Rio Esepo, na Paflagônia. À noite, Aurora, em companhia das Horas e das Plêiades, foi chorar o filho. À noite, compadecendo-se dela, cobriu o céu de nuvens; toda a natureza chorou o filho de Aurora. Os etíopes ergueram seu túmulo à margem do rio, no bosque das Ninfas, e Júpiter permitiu que as fagulhas e cinzas de sua pira funerária se transformassem em aves, que se dividiram em dois bandos, sobrevoando a fogueira até caírem nas chamas. Todos os anos, no aniversário da morte de Mêmnon, elas voltam, celebrando os funerais da mesma maneira. Aurora ficou inconsolável com a perda do filho. Até hoje, continua a derramar lágrimas, que podem ser vistas pela manhã bem cedo, sob a forma de gotas de água espalhadas na vegetação".

No mais, nunca é demais lembrar, quiçá, ressignificar algumas das importantes lições legadas à humanidade por uma outra *Aurora*, uma *Aurora* de cujas páginas é possível pinçar passagens apontando que

> [foi] sobre o bem e o mal que até hoje refletimos mais pobremente: esse foi sempre um tema demasiado perigoso. A consciência, a boa reputação, o inferno, e às vezes mesmo a polícia, não permitiam nem permitem imparcialidade; é que, perante a moral, como perante qualquer autoridade, não é permitido refletir e, menos ainda, falar: nesse ponto se deve – obedecer! Desde que o mundo existe, nunca uma autoridade quis ser tomada por objeto de crítica; e chegar ao ponto de criticar a moral, a moral enquanto problema, ter a moral por problemática: como? Isso não foi – isso não é – imoral? A moral, contudo, não dispõe somente de toda espécie de meios de intimidação para manter à distância as investigações e os instrumentos de tortura: sua segurança se baseia ainda mais numa certa arte de sedução que possui – ela sabe "entusiasmar". Ela consegue muitas vezes com um simples olhar paralisar a vontade crítica e até atraí-la para seu lado, havendo casos em que a lança mesmo contra si própria: de modo que, como o escorpião, crava o aguilhão em seu próprio corpo. De fato, há muito tempo que a moral conhece toda espécie de loucuras na arte de persuadir: ainda hoje, não há orador que não se dirija a ela para lhe pedir ajuda. É que a moral, desde sempre, desde que se fala e se persuade sobre a terra, se afirmou como a maior mestra da sedução, [...] a verdadeira Circe dos filósofos.[55]

## Referências

ALMEIDA NETO, Antônio Lopes de; CARDOSO, Fernando da Silva. Por uma semântica-pragmática dos estudos qualitativos no Direito. *In:* CONGRESSO DA ABRASD, X, 2019, Recife. *Anais*... Recife: UNICAP/UFPE, 2019.

ARIÈS, Philippe. História social da criança e da família. 2. ed. Trad. Dora Flaksman. Rio de Janeiro: Guanabara, 1986.

ASSIS, Simone Gonçalves de *et al.* Violência na adolescência e formação da autoestima. *In*: HABIGZANG, Luísa; KOLLER, Sílvia. Violência contra crianças e adolescentes: teoria, pesquisa e prática. Porto Alegre: Artmed, 2012.

[55] Nietzsche, Friedrich. *Aurora*. Trad. Antônio Carlos Braga. São Paulo: Ediouro, 2007. [s.p.].

BARBER, Benjamin. Consumido: como o mercado corrompe crianças, infantiliza adultos e engole cidadãos. Trad. Bruno Casotti. Rio de Janeiro: Record, 2009.

BRASIL. Ministério Público do Estado de São Paulo. *MPSP e* Google do Brasil assinam termo para adequar propaganda infantil digital. 2019. Disponível em: http://www.mpsp.mp.br/portal/page/portal/noticias/noticia?id_noticia=21914651&id_grupo=118. Acesso em: 2 jul. 2021.

BULFINCH, Thomas. O livro de ouro da mitologia: histórias de deuses e heróis. Trad. David Jardim Júnior, 26. ed. Rio de Janeiro: Ediouro, 2002.

CATALAN, Marcos; FROENER, Carla. A reprodução humana assistida na Sociedade de Consumo. Indaiatuba: Foco, 2020.

CHALMEL, Loic. Imagens de crianças e crianças nas imagens: representações da infância na iconografia pedagógica nos séculos XVII e XVIII. Educ. Soc., Campinas, v. 25, n. 86, p. 57-54, 2004.

CORRÊA, Laura Guimarães; SALGADO, Tiago Barcelos Pereira; CASTRO, Rebeca Heringer Lisboa de. É impossível comer um só? Publicidade, embalagem e conteúdo dos salgadinhos Elma chips. Signos do Consumo, São Paulo, v. 6, n. 1, p. 56-70, jul. 2014.

COSTA, Antônio Carlos Gomes da. Natureza e implantação do novo direito da criança e do adolescente. *In*: PEREIRA, Tânia da Silva (Coord.). Estatuto da Criança e do Adolescente: Lei 8.069/90: estudos sócio-jurídicos. Rio de Janeiro: Renovar, 1992.

FACHIN, Luiz Edson. Famílias: entre o público e o privado. *In*: CONGRESSO BRASILEIRO DE DIREITO DE FAMÍLIA, VIII, 2011, Belo Horizonte. *Anais*... Porto Alegre: IBDFAM/Magister, 2011.

FLORES, Alice Lacerda Pio *et al*. Erotização e infância: as duas faces da publicidade. Revista Anagrama, São Paulo, a. 4, n. 3, p. 1-13, mar./maio 2011.

GARCÍA RUBIO, María Paz. ¿Qué es y para qué sirve el interés del menor? Actualidad Jurídica *Iberoamericana*, Valencia, n. 13, p. 14-49, agosto 2020.

HALIM, May Ling *et al*. Pink frilly dresses and the avoidance of all things "girly": children's appearance rigidity and cognitive theories of gender development. Developmental Psychology, Washington, v. 50, n. 4, p. 1091-1101, 2014.

HATZENBERGER, Roberta; HABIGZANG, Luísa; KOLLER, Sílvia. Análise das percepções que meninas vítimas de violência sexual têm sobre si, os outros e o futuro: tríade cognitiva. *In:* HABIGZANG, Luísa; KOLLER, Sílvia. Violência contra crianças e adolescentes: teoria, pesquisa e prática. Porto Alegre: Artmed, 2012.

HEYWOOD, Colin. Uma história da infância: da Idade Média à época contemporânea no Ocidente. Porto Alegre: Artmed, 2004.

MASQUETTI, Maria Helena. Parecer psicológico sobre outdoor da grife Lilica Ripilica – empresa Marisol S.A. São Paulo, 5 maio 2018. Disponível em: https://criancaeconsumo.org.br/wp-content/uploads/2014/06/08_parecer_marisol.pdf. Acesso em: 30 abr. 2021.

MELITO, Leandro. McDonalds tem multa de R$ 6 milhões por publicidade infantil abusiva. Agência Brasil, 2018. Disponível em: https://agenciabrasil.ebc.com.br/economia/noticia/2018-10/mcdonalds-tem-multa-de-r-6-milhoes-por-publicidade-infantil-abusiva. Acesso em: 2 jul. 2021.

MONTEIRO, Agnaldo Bahia. Notas interpretativas ao Código de Menores. Rio de Janeiro: Forense, 1980.

MONTES, Aline Magalhães. A sexualização de meninas no universo da publicidade infantil. Revista Eletrônica da Faculdade de Direito da Universidade Federal de Pelotas, Pelotas, v. 3, n. 1, p. 178-190, jan./jun. 2017.

NIETZSCHE, Friedrich. Aurora. Trad. Antônio Carlos Braga. São Paulo: Ediouro, 2007.

ONU. Convenção sobre os Direitos da Criança. Nova Iorque: ONU, 1989.

ONU. Declaração Universal dos Direitos da Criança. Nova Iorque: ONU, 1959.

PIAGET, Jean; INHELDER, Bärbel. A psicologia da criança. Trad. Octavio Cajado. São Paulo: Difel, 1968.

PIAGET, Jean. A formação do símbolo na criança: imitação, jogo e sonho, imagem e representação. Trad. Álvaro Cabral. Rio de Janeiro: Zahar, 1971.

PIAGET, Jean. A representação do mundo na criança. Trad. Álvaro Cabral. São Paulo: Ideias e Letras, 2005.

PIAGET, Jean. Inteligencia y afectividad. Trad. María Sol Dorín. Buenos Aires: Aique, 2001.

PIAGET, Jean. La relación del afecto con la inteligencia en el desarrollo mental del niño. *In*: DELAHANTY, Guillermo; PERRÉS, Juan (Eds.). Piaget y el psicoanálisis. Universidad Autónoma Metropolitana: Xochimilco, 1994.

PITOL, Yasmine Uequed. A publicidade infantil na sociedade de consumo: uma análise empírica da publicidade e de sua (in)conformidade com o direito brasileiro. 2017. 160 f. Dissertação (Mestrado) – Universidade Lasalle, Canoas, 2017.

POSTMAN, Neil. O desaparecimento da infância. Trad. Suzana Menescal de Alencar Carvalho e José Laurenio de Melo. Rio de Janeiro: Graphia, 1999.

PROCON multa Vigor em mais de 1 milhão por publicidade infantil. Acontecendo aqui. 2020. Disponível em: https://acontecendoaqui.com.br/propaganda/procon-multa-vigor-em-mais-de-r-1-milhao-por-publicidade-infantil. Acesso em: 2 jul. 2021.

SAYURI, Karina. A polêmica couro fino. ALJAVA, 2013. Disponível em: https://aljavablog.wordpress.com/2013/10/17/a-polemica-couro-fino/. Acesso em: 2 jul. 2021.

SCHREIBER, Mariana. 'Sinto saudade de ser criança': em uma década, gravidez de meninas de 10 a 14 anos não diminui no Brasil. *BBCNews*, São Paulo, 24 ago. 2017. Disponível em: <https://www.bbc.com/portuguese/brasil-40969456#:~:text=Com%20a%20ajuda%20da%20dem%C3%B3gra fa,2%20beb%C3%AAs%20nos%20mesmos%20anos.>. Acesso em: 21 abr. 2021.

TRINDADE, Gustavo Manoel Neubarth. Economia de plataforma: ponderações conceituais distintivas em relação à economia compartilhada e à economia colaborativa e uma abordagem de análise econômica do direito dos ganhos de eficiência econômica por meio da redução severa dos custos de transação. Revista Jurídica Luso-Brasileira, Lisboa, a. 6, n. 4, p. 1977-2013, 2020.

VASCONCELLLOS, Paulo Sérgio de. Mitos gregos. São Paulo: Objetivo, 1998.

VEYNE, Paul. O império romano. *In*: VEYNE, Paul (Org.). História da vida privada: do Império Romano ao ano mil. Trad. Hildergard Feist. São Paulo: Companhia das Letras, 2009, v. 1.

VIGOTSKII, Lev; LURIA, Alexander; LEONTIEV, Alexei. Linguagem, desenvolvimento e aprendizagem. 11. ed. Trad. Maria da Pena Villalobos. São Paulo: Ícone, 2010.

Vv. Aa. Dicionário etimológico da mitologia grega. Trad. Matheus Trevizam et al. [s/c.]: [s/e.] 2013.

# 9.
# AS MEDIDAS DE PREVENÇÃO NO ESTATUTO DA CRIANÇA E DO ADOLESCENTE EM UM MUNDO CONECTADO À INTERNET

EDUARDO TOMASEVICIUS FILHO

## Introdução

Em 13 de julho de 1990, o Brasil passou a ter uma nova lei voltada à proteção da criança e do adolescente, denominada Estatuto da Criança e do Adolescente, ou ECA, como é conhecido por todos. Trata-se de um marco importante do direito brasileiro, porque foi editado em um período em que havia renovada esperança de uma sociedade melhor, por conta da nova década que se iniciava com a vigência da nova Constituição Federal – a qual, aliás, cuida da questão da criança e do adolescente em artigo próprio – e eleições diretas para a presidência da república. Embora, do ponto de vista econômico, a situação do país continuasse ruim devido à elevadíssima inflação e pelos escândalos políticos que eclodiam naqueles anos, este foi um período legislativo interessante, não apenas em razão do ECA e da promulgação do Código de Defesa do Consumidor em 11 de setembro de 1990, mas também porque se ratificou a Convenção dos Direitos da Criança em 21 de novembro de 1990.

Um dos traços característicos do ECA é a afirmação expressa de que crianças e adolescentes são sujeitos de direitos e estão na fase de livre desenvolvimento enquanto pessoas, devendo assegurar-se-lhes a prioridade em termos de atendimento e políticas públicas, bem como a proteção integral mediante a garantia de direitos fundamentais, entre os quais a vida, a saúde, o respeito, a liberdade, a convivência familiar e comunitária, a educação e profissionalização. Muito se fez ao longo de trinta anos, e houve melhorias na vida deles, decorrentes da observância de suas normas, representando um avanço em diversos pontos, especialmente no tocante à saúde e à convivência familiar, influenciando, inclusive, na construção dos novos fundamentos do direito de família.

Além dos direitos fundamentais, há um capítulo específico sobre medidas de prevenção a serem tomadas em benefício de crianças e adolescentes, disciplinadas nos arts. 70 a 85 do ECA. São regras construídas a partir da observação de como era a infância no Brasil ao final da década de 1980, estatuindo-se como necessárias para a sua proteção contra os riscos decorrentes da vida em sociedade.

Porém, trinta anos se passaram. E a infância da década de 1990 pouco se assemelha com a infância da década de 2020, na qual crianças e adolescentes passam várias horas do dia conectadas à Internet.

Este artigo tem por objetivo analisar as regras vigentes no ECA voltadas à proteção contra riscos e danos à criança e do adolescente e refletir em que medida estas regras ainda cumprem sua função de prevenção.[1] Para tanto, a exposição está dividida em três partes. A primeira delas corresponde às regras postas em 1990; a segunda delas trata do impacto da Internet na vida das crianças e adolescentes; e a terceira é dedicada à análise da Lei Geral de Proteção de Dados (Lei nº 13.709/2018) em seu capítulo sobre tratamento de dados de crianças e adolescentes.

## 1. As regras sobre prevenção estatuídas em 1990

O direito da criança e do adolescente é uma disciplina que está por fazer um século de existência. Embora houvesse leis específicas voltadas à infância, foi a partir da década de 1920 que estatutos sobre essa questão começaram a ser promulgados no Brasil, entre os quais o "Código Mello Mattos", elaborado por este juiz da comarca do Rio de Janeiro que tinha atuação destacada na defesa dos direitos da criança e do adolescente. Em

[1] Por uma questão de recorte temático, as regras sobre autorização para viajar não serão abordadas neste texto, embora façam parte do título III da parte geral do ECA sobre proteção da criança e do adolescente.

1979, promulgou-se o Código de Menores (Lei nº 6.697), que pode ser considerado uma "lei de transição" entre o que estava vigente e o que viria a ser o atual direito positivo sobre a matéria, com a promulgação do ECA em 1990.

Na Parte Geral do ECA, o Título III é denominado "Prevenção". Dividido em dois capítulos, o primeiro deles traz disposições gerais e o segundo deles, as regras de prevenção especial, das quais decorrem inclusive o princípio da prevenção especial. Tais regras não são uma inovação decorrente do ECA, porque regulamentação destinada à proteção dos menores estava prevista desde a década de 1920, tendo sido apenas reestruturada e simplificada no Código de Menores de 1979, sob a denominação de "medidas de vigilância", divididas em disposições gerais e específicas. Com efeito, a intenção do legislador com esse tipo de medidas é evidente: não se podem tolerar situações que coloquem em risco a vida e a integridade física ou psíquica da criança e do adolescente, devendo-se tomar providências imediatas para a cessação do perigo.

Ao longo de trinta anos, essa parte do ECA sofreu apenas uma alteração em 2014 com a promulgação da "Lei Menino Bernardo" (Lei nº 13.015),[2] para incluírem-se, no capítulo relativo às disposições gerais, regras destinadas ao combate à violência contra crianças e adolescentes em termos de castigos físicos e tratamentos cruéis e degradantes. No mais, o texto de 1990 permanece intacto, e, de certa forma, com redação similar a do Código de Menores de 1979.

A partir da leitura das medidas de proteção estatuídas no ECA, tem-se um "desenho" de como era a infância no Brasil. Com efeito, essa infância era aquela cujas brincadeiras ocorriam em ambientes abertos, como a rua, e que sofria os impactos da indústria cultural e do entretenimento,

[2] A Lei nº 13.015 recebe o nome de "Lei Menino Bernardo" em homenagem a Bernardo Boldrini, morto com onze anos de idade, tendo sido acusados pelo crime o pai e a madrasta. Condenados em 2019 a trinta e três anos de prisão, a decisão foi anulada em dezembro de 2021, ordenando-se novo júri. Cf. SENADO FEDERAL. Lei Menino Bernardo amplia a rede de proteção a crianças e adolescentes. Brasília, 11 de novembro de 2014. Disponível em: https://www12.senado.leg.br/noticias/materias/2014/11/11/lei-menino-bernardo-amplia-rede-de-protecao-a-criancas-e-adolescentes; TRIBUNAL DE JUSTIÇA DO ESTADO DO RIO GRANDE DO SUL. Caso Bernardo. Disponível em: https://www.tjrs.jus.br/novo/caso-bernardo/ . Acesso em: 21 ago. 2021.

especialmente pela televisão a partir da década de 1970, quando estes eletrodomésticos se tornaram acessíveis a maior parcela da população.

A primeira preocupação do legislador em 1990 voltou-se ao acesso à diversão e cultura, mediante regulação de informações e acesso a locais de diversões e espetáculos públicos, e também em relação ao conteúdo transmitido pelos meios de comunicação através de classificação indicativa obrigatória, sob pena de multa, pelo fato de que a televisão passou a contribuir, ainda que parcialmente, para o lazer e diversão de crianças e adolescentes, fazendo-os permanecer por mais tempo dentro de casa. Nesse sentido, o próprio art. 76 do ECA reconheceu o papel da televisão para o entretenimento infantil, ao dispor que "as emissoras de rádio e televisão somente exibirão, no horário recomendado para o público infanto-juvenil, programas com finalidades educativas, artísticas, culturais e informativas". Entretanto, programas de televisão têm elevados custos de produção, e a forma pela qual eram mantidos no ar era por conta dos anúncios agressivos de brinquedos e roupas infantis, explorando-se a vulnerabilidade da criança enquanto consumidora. Por esse motivo, e também pela autorregulação publicitária, desapareceram-se os anúncios voltados ao público infantil. A reboque, toda essa programação infantil dos períodos da manhã e da tarde foi paulatinamente substituída por programas de variedades voltados a todas as idades.

Outra preocupação estava no acesso a casas de jogos, por saber-se do potencial efeito nocivo dessas práticas, embora a atenção se voltasse para mesas de bilhar em botequins, porque se considerava indesejável que crianças e adolescentes permanecessem no convívio com pessoas embriagadas nos balcões desses estabelecimentos em conversas pouco educativas, consumindo bebidas alcoólicas, jogando partidas de sinuca com adultos, desinteressando-se dos estudos. Tampouco, não se queria mais que crianças e adolescentes permanecessem, jogando por bastante tempo nas antigas máquinas de fliperama existentes em casas específicas, que atraíam criminosos que praticavam assaltos no entorno para comprar mais fichas a fim de sustentarem esse vício no jogo.

Pretendia-se ainda impedir o acesso à pornografia por meio de revistas voltadas ao público adulto, que traziam mulheres nuas e fotos de cenas de sexo nas capas e em seu interior, as quais ficavam expostas em bancas de jornais. Além disso, era imperioso o combate à prostituição infantil.

Assim, pelo art. 81 do ECA, também se tornaram proibidas para criança e adolescente a venda de armas, munições e explosivos, bebidas alcoólicas, produtos que causam dependência física ou psíquica, fogos de artificio e de estampido, revistas pornográficas e bilhetes lotéricos e equivalentes, e continuava vedado o acesso de crianças e adolescentes em hotéis e motéis desacompanhadas de seus pais ou responsável.

Com o passar dos anos, tornou-se vedado o acesso formal a armamentos a pessoas de qualquer idade, exceto nos casos previstos no Estatuto do Desarmamento (Lei nº 10.826/2003). Baniu-se a publicidade de tabaco em meios de comunicação independente de qualquer idade por disposição da Lei nº 9.294/96. Devido às bem-sucedidas campanhas de combate ao tabagismo no Brasil, veem-se menos adolescentes fumando cigarros tradicionais, embora, lamentavelmente, esteja crescendo o uso de cigarros eletrônicos, e conseguiu-se acabar com o uso de cola de sapateiro como entorpecente. Quanto a revistas pornográficas, estas passaram a ser comercializadas em invólucro opaco, para que a criança não tivesse mais acesso a seu conteúdo. De qualquer modo, essa proibição era inócua, pois nada impedia que um adulto a comprasse e a entregasse à criança ou adolescente, até por conta da precariedade dos materiais de educação sexual existentes à época. O mesmo ocorria – e ainda ocorre – com bebidas alcoólicas, que não podem ser anunciadas em qualquer horário igualmente por força da Lei nº 9.294/96. Porém, o consumo é incentivado de forma ilícita por certos pais, e tolerado por outros, para que os filhos não se sintam "deslocados" no grupo de amigos. Jogos ainda permanecem com acesso limitado no Brasil devido à proibição de sua exploração lícita por particulares, sendo apenas permitidos loterias estatais e sorteios de títulos de capitalização. Mesas de bilhar já não despertam tanto a curiosidade como antigamente. Fogos de artifício vêm se tornando cada vez mais restritos não apenas pelos riscos de acidentes que oferecem a qualquer pessoa, mas pelo ruído excessivo, que assusta pessoas e animais.

Por outro lado, residências estão cada vez mais fechadas e isoladas por conta da violência. Manter uma criança dentro de casa tornou-se difícil para os pais, além de ser ruim para ela. Brincadeiras na rua diminuíram. No máximo, ocorrem em parques, aos quais nem todos têm acesso, e com acompanhamento dos adultos. Cada vez mais se vive em apartamentos nas grandes cidades, e o lazer dá-se nas áreas comuns do condomínio.

É fato que, para muitas famílias, nem sequer há a opção de manter crianças dentro de suas casas pela precariedade das habitações, razão pela qual ainda ficam largadas na rua, expostas a perigos de acidentes e alvos de subtração, violência, oferecimento de entorpecentes e induzimento à criminalidade. Embora a televisão tenha sido uma espécie de "babá eletrônica" para os pais durante muitos anos, esta foi perdendo a capacidade de entreter crianças e adolescentes o tempo todo.

Os videogames, que começaram a desenvolver-se com o crescimento da informática, contribuíram para que as crianças e adolescentes se interessassem em permanecer dentro de casa por muitas horas, viciando-se até mais do que os antigos jogos que havia. Mas foi mesmo a partir da abertura comercial da Internet em 1995 que o hábito de crianças e adolescentes se transformou de vez, porque passaram a navegar por horas nos computadores, sobretudo, usando os telefones celulares, que se transformaram em computadores portáteis com potentes câmeras fotográficas e filmadoras. A Internet, que seria a "solução dos sonhos" para as antigas preocupações dos pais, por fazerem crianças e adolescentes gostarem de permanecer em casa, tornou-se um engodo: mal sabiam os pais e responsáveis dos riscos que crianças e adolescentes correm ao conectarem-se à Internet. Ao longo dos últimos vinte anos, paradoxalmente, surgem dúvidas sobre o que é a situação menos crítica, porque crianças e adolescentes conectados por horas na Internet podem correr mais riscos em comparação com o ambiente da rua.

## 2. O impacto da Internet ante as regras de proteção de crianças e adolescentes

Devido a essas mudanças na forma de viver a infância e a adolescência que ocorreram nos últimos anos, os presentes desejados por elas em datas comemorativas passaram a ser os videogames, computadores, tablets e, sobretudo, smartphones. Estes equipamentos eletrônicos têm sido franqueados aos filhos desde os primeiros anos de vida como forma de entretenimento para aliviarem os pais do dever de cuidado e da obrigação de dar atenção. Crianças e adolescentes tornam-se sedentárias, e algumas delas passam a ter hábitos noturnos inimagináveis décadas atrás.

Os videogames estão atualmente conectados à Internet, ou são jogados diretamente pela Internet. Hoje em dia até se considera esse tipo de jogo um esporte – falando-se até mesmo em "e-sport", com campeonatos internacionais que concedem prêmios milionários. Quiçá no futuro venha a tornar-se modalidade olímpica. A indústria dos "games"[3] proporciona jogos cada vez mais reais, e o tema de muitos deles é o uso de armas e munições em "caçadas" a inimigos. Assim, se o acesso a armas e munições se tornou proibido no mundo real, este ocorre de forma virtual sem maiores restrições e questionamentos, justamente em um período de formação da personalidade da pessoa.

O conceito de classificação indicativa na televisão deixou de fazer sentido. Estudos já demonstram que a televisão vem, definitivamente, perdendo espaço para a Internet, pelo fato de que os anunciantes precisam repartir os valores destinados a anúncios em mídias tradicionais e mídias online, o que levará, a médio e longo prazos, na substituição da televisão pelas plataformas digitais.[4] Desse modo, crianças e adolescentes podem acessar conteúdos pela Internet em qualquer dia, hora e lugar, quantas vezes desejar, e quase sempre sem a supervisão dos pais ou responsável, sendo muito difícil ou quase impossível a aplicação da multa dos arts. 251 a 255 do ECA, a ponto de o Supremo Tribunal Federal, na ADI nº 2.404/DF ter julgado inconstitucional a expressão "em horário diverso do autorizado" contida no art. 254 desta lei. O controle judicial da atividade laboral de crianças e adolescentes em programas se subverteu, pela possibilidade de crianças ou adolescentes terem seus próprios programas, tornando-se conhecidos como "Youtubers mirins", contando muitas vezes com a ajuda de seus pais, recebendo enorme quantia de dinheiro com o compartilhamento do dinheiro pago a título de propaganda, além dos patrocínios disfarçados.

Com a quantidade de informações em circulação na sociedade, a ingenuidade de outrora, que se desejava proteger e preservar, foi considera-

[3] ACCENTURE. Gaming : the next super platform. 27 de abril de 2021. Disponível em: https://www.accenture.com/us-en/insights/software-platforms/gaming-the-next-super-platform . Acesso em: 21 ago. 2021.

[4] CÉSAR, Daniel. Em crise no Ibope, SBT é 'rei da Netflix'. Entenda. Portal UOL. Televisão. São Paulo, 20 de janeiro de 2022. Disponível em: https://natelinha.uol.com.br/televisao/2022/01/20/em-crise-no-ibope-sbt-e-rei-da-netflix-entenda-175531.php. Acesso em: 21 ago. 2021.

velmente reduzida. Se o temor do legislador era que crianças e adolescentes tivessem acesso a fotos de sexo entre adultos, a Internet permitiu com que tivessem livre acesso à pornografia, a ponto de ter desaparecido todo o mercado de revistas impressas, fazendo com que aquelas fotos se tornassem "recatadas" em comparação com os sites disponíveis atualmente, acessados sem qualquer controle. Lamentavelmente, a Internet também fez com que se potencializasse o crime de pedofilia. Esta conduta ilícita, inicialmente, passava despercebida dos pais ou responsável, porque não podiam imaginar os riscos relativos à dignidade sexual que as crianças corriam por estarem diante de um computador. Elas se tornaram alvos fáceis de criminosos, e passaram a ser vítimas no mundo real, sendo retratadas e filmadas, para terem suas imagens circulando de forma ilícita nos submundos da rede.

O ECA, em sua redação original, previa dois tipos penais (ECA, arts. 240 e 241), punindo quem produzisse ou dirigisse representação teatral, televisiva ou película cinematográfica, utilizando-se de criança ou adolescente em cena de sexo explícito ou pornográfica, ou fotografasse ou publicasse cena de sexo explícito ou pornográfica envolvendo criança ou adolescente, com penas de um a quatro anos. Contudo, em 2003, foi necessária uma primeira ampla reforma do ECA para que houvesse o aperfeiçoamento dos tipos penais do arts. 240 e 241, abrangendo a prática de crimes pela Internet, com aumento da pena do art. 240 para dois a seis anos. Em 2008, nova reforma do ECA foi realizada, estatuindo-se novos tipos penais com penas ainda mais elevadas, de até oito anos, buscando a criminalização não apenas de quem produz o material, mas de quem o adquire de qualquer forma ou o armazena, além de tornar punível o assédio sexual por meio da Internet. Foi preciso que fossem criadas delegacias especializadas nesses crimes, excluindo-se, em caráter excepcional, a tipicidade de quem se infiltra entre criminosos, pois, nesse caso, tem a função de combater esse crime mediante acesso a esse material ilícito.

Entretanto, os problemas causados pela Internet não pararam. Quando se imaginou que eram os adultos os causadores dos danos e dos ilícitos penais, a telefonia celular fez com que adolescentes se tornassem protagonistas de fotografias e de cenas de sexo explícito praticadas entre si. Além disso, surgiu a prática do "sexting", incluindo a venda de fotos próprias nuas para colegas da mesma idade por poucos reais, sem que estejam percebendo os riscos que correm por conta da facilidade de reprodução e transmissibilidade desses registros pela Internet, dando inclusive margem à prática de chantagem ou "revenge porn", que, evidente, causa grandes transtornos à pessoa. Sendo a vedação da exibição de sua imagem e anúncio de seu nome nos meios de comunicação a única forma pela qual o legislador se preocupava com a privacidade da criança e do adolescente em 1990 (ECA, art. 17 e 143, parágrafo único), tem-se que a atual renúncia aos direitos da personalidade por adolescentes, aliás, absoluta ou relativamente incapazes, por decisão própria, é realmente preocupante. Na elaboração do Código Civil, jamais se cogitaria que menores de dezoito anos pretendessem ter esse tipo de autonomia em relação a si mesmos.

Já não bastasse a prática nefasta e inaceitável do "bullying" no ambiente escolar, razão pela qual até se promulgou a Lei nº 13.185, de 6 de novembro de 2015, cuja eficácia é limitada por falta de sanções e responsabilizações precisas dos pais ou responsável no texto legal, a Internet fez surgir o "cyberbullying". Ataques, ofensas, xingamentos e humilhações ocorrem pelas redes sociais e aplicativos de mensagens, e já se sabe, infelizmente, que adolescentes se suicidaram por conta disso.[5]

Os próprios adolescentes na Internet conseguem acesso ao submundo do crime sem sair de casa, conectando-se com criminosos de qualquer parte, mediante compras de produtos ilícitos, assim como alguns já praticam crimes digitais (cybercrimes), agindo como hackers, violando dispositivos informáticos, em infração ao disposto na Lei Carolina Dieckmann (Lei nº 12.727/2012), além de estelionatos, crimes de ódio e intolerância, isso quando não figuram eles mesmos como líderes e partícipes de organizações criminosas.

[5] PORTELA, Graça. Cyberbullying e casos de suicídio aumentam entre jovens. Agência Fiocruz de Notícias. 24 de fevereiro de 2014. Disponível em: https://agencia.fiocruz.br/cyberbullying-e-casos-de-suic%C3%ADdio-aumentam-entre-jovens. Acesso em: 21 ago. 2021.; DELBONI, Carolina. Suicídio é a segunda causa de morte entre adolescentes. O Estado de S. Paulo. São Paulo, 13 de setembro de 2021. Disponível em: https://emais.estadao.com.br/blogs/kids/suicidio-e-segunda-causa-de-morte-entre-adolescentes/. Acesso em: 21 ago. 2021.

Por tudo isso, fala-se até mesmo em "abandono digital", em analogia às práticas de abandono material e intelectual, pelo incentivo dos pais para que usem o telefone celular como formas de divertimento e entretenimento, expondo-os, todavia, a todos estes riscos.

Assim, há de se pensar em que medida as próprias regras relativas à suspensão ou perda do poder familiar por infração ao dever de cuidado no Código Civil e no ECA se tornam insuficientes e deficientes, pois a consequência é a diferença de tratamento para o mesmo fato: a criança ou adolescente abandonados na rua têm proteção jurídica, enquanto a criança ou adolescente abandonados em casa dificilmente estão sujeitos ao mesmo efeito jurídico, por ser difícil a justificativa da interrupção da convivência familiar por causa do uso excessivo da Internet.

Em síntese, enquanto o ECA evoluiu nos direitos fundamentais, as regras protetivas do Título III, concebidas em 1990, tornaram-se anacrônicas. O mais curioso de tudo isso, é que se menciona no ECA a palavra Internet apenas seis vezes. A primeira referência está na divulgação da lista de credenciamento de organismos nacionais e estrangeiros encarregados de intermediar pedidos de habilitação à adoção internacional na Internet (ECA, art. 52, § 2º); e quatro vezes na Seção V-A (Arts. 190-A a 190-E), que trata da infiltração de agentes de polícia para a investigação de crimes contra a dignidade sexual de criança e de adolescente, e uma sexta referência às "salas de bate-papo na Internet" (ECA, art. 244-B), que não existem mais. Muito pouco para um mundo em que as crianças e adolescentes permanecem o tempo todo na Internet sendo expostas a todo tipo de risco.

### 3. O tratamento de dados pessoais de crianças e adolescentes

Além de estarem expostas diariamente a riscos por permanecem muitas horas na Internet, crianças e adolescentes sofrem os efeitos do tratamento de dados pessoais, realizado pelos seus dados coletados.

Com o aumento da capacidade de armazenamento e processamento de dados, assim como pelo uso disseminado de computadores e de telefones celulares conectados à rede, a quantidade de dados pessoais coletados, armazenados e analisados cresceu em níveis inimagináveis. Sendo ainda possível o uso de softwares com algoritmos dotados de inteligência artificial, essa prática é profundamente invasiva à privacidade da pessoa, podendo até mesmo induzir seus comportamentos, preferências e escolhas, tolhendo lentamente suas liberdades, o que é um risco enorme para uma sociedade livre e democrática.

Devido à necessidade de defesa da pessoa humana ante os efeitos da atividade de tratamento de dados pessoais, a União Europeia já havia editado Diretiva sobre tratamento de dados pessoais em 1995. No Brasil, o Marco Civil da Internet de 2014 estabelece a proteção dos direitos da personalidade, entre os quais a privacidade, além de regular a retirada de conteúdos ofensivos na rede. Em 2016, a Diretiva europeia de 1995 foi substituída pelo Regulamento Europeu de Proteção de Dados, mais conhecido por GDPR, o qual serviu de inspiração ao legislador brasileiro para a elaboração da Lei Geral de Proteção de Dados – LGPD (Lei nº 13.709, de 14 de agosto de 2018), cuja entrada em vigor de sua maior parte se deu em 18 de setembro de 2020.

Em linhas gerais, como forma de permitir que a pessoa possa proteger-se dos efeitos da atividade de tratamento de dados pessoais, a LGPD estrutura-se a partir do direito à autodeterminação informativa, de modo que é lícito o tratamento de dados pessoais somente com o consentimento da pessoa. Assegura-se essa mesma autodeterminação com a transparência dessa atividade pelo direito de saber o que é feito com seus dados pessoais, através do pedido de retificação ou de exclusão do dado pessoal que tenha sido tratado de forma irregular ou ilícita. No mesmo sentido, requer-se autorização específica para que o agente de tratamento possa compartilhar dados pessoais com terceiros, uma vez que o consentimento foi manifestado para aquele agente específico, e não para outros agentes desconhecidos, o que tornaria inócuo todo o regime jurídico protetivo estabelecido na LGPD. Estabeleceram-se limites quanto à forma pela qual se procede ao tratamento de dados pessoais, por meio de diversos princípios decorrentes da boa-fé, entre os quais os princípios da finalidade, adequação e necessidade, para que o agente de tratamento de dados pessoais seja obrigado a realizar essa atividade com propósito específico lícito, usando dados pessoais na mínima quantidade e pelo menor tempo possível, vedando-se abusos no sentido de que tais dados possam, eventualmente, ser usados com finalidade diversa, ainda que sob a aparência de licitude.

A partir do histórico de navegação na Internet e, sobretudo, pelo uso de redes sociais, é muito grande a quantidade de dados pessoais de crianças e adolescentes que já foi objeto de tratamento até os dias atuais. Os riscos a que estão expostos por conta do tratamento de dados pessoais decorrem da navegação pela Internet, a criação de perfis em redes sociais, o "shareting", que é a "postagem" de fotos em excessiva quantidade em seus próprios perfis ou de seus genitores, o uso de plataformas de streaming de música e vídeo, jogar games online e uso de aplicativos de telefones celulares. Ao contrário dos adultos, crianças e adolescentes já nasceram em uma era em que a vida cotidiana é baseada no acesso à Internet. Caso se faça tratamento de dados pessoais desde a primeira infância, não há como mensurar no que pode resultar a capacidade de manipulação que tamanha quantidade de informações sobre um ser humano relativo a seu período de desenvolvimento durante a infância e adolescência.

Preocupado com essa questão, o legislador brasileiro disciplinou o tratamento de dados pessoais de crianças e adolescentes no art. 14 da LGPD. Dessa forma, ao lado das regras gerais sobre tratamento de dados pessoais, existem regras complementares para maior efetividade da proteção desejada. Interessante destacar que se buscou a construção da interface do direito à proteção de dados pessoais com o direito da criança e do adolescente, pelo fato de que o princípio do melhor interesse da criança deve ser observado, ao lado dos princípios da boa-fé, finalidade, adequação e necessidade previstos na LGPD. Ao contrário da regra geral, em que se busca a harmonização entre o interesse do agente de tratamento de dados em sua coleta, armazenamento e análise para fins econômicos para melhor conhecimento dos hábitos, preferências e comportamentos das pessoas, esta situação deve ser limitada em face de criança e adolescente, uma vez que os benefícios dessa atividade precisam ser revertidos no interesse delas enquanto titulares de dados, e não no interesse de quem tem interesse nessas informações. Exemplo disso é o disposto no art. 14, § 4º, da LGPD, de acordo com o qual "[o]s controladores [de dados pessoais] não deverão condicionar a participação dos titulares de que trata o § 1º deste artigo em jogos, aplicações de internet ou outras atividades ao fornecimento de informações pessoais além das estritamente necessárias à atividade" de tratamento de dados pessoais, por já se pressupor legalmente que essa situação não atende ao melhor interesse da criança. Ademais, implicaria um consentimento absolutamente viciado, obtido com lesão, já que jogos e aplicações de Internet despertam enorme interesse e desse fato pretender aproveitar-se da inexperiência delas.

O legislador considerou que a principal forma de proteção a ser conferida às crianças e adolescentes, seria por meio da manifestação do consentimento de um dos pais ou responsável acerca do tratamento de dados pessoais, que será realizado pelo acesso a jogo, página, plataforma e aplicativo de Internet. Todavia, esta manifestação expressa prevista para crianças é diferente para adolescentes. Em se tratando de crianças, o art. 14, § 1º da LGPD requer consentimento específico para que se realize essa atividade, enquanto nada se dispõe sobre adolescentes. Pressupõe-se, pois, que adolescentes podem manifestar o consentimento sem a assistência de adulto. Entretanto, a Convenção dos Direitos da Criança não distingue criança e adolescente. Como essa distinção pode ser prejudicial a adolescentes, questiona-se o Brasil quanto a uma possível violação desse tratado internacional por conta da falta de proteção que se confere a pessoas entre doze e dezoito anos de idade. Considerando a forma como é coletado o consentimento de adultos nos "termos e condições" e pedido de leitura da "política de privacidade de dados", é fato que ninguém faz a menor ideia dos riscos a que estão submetidos, sendo inócuo imaginar que adultos tenham a capacidade mínima de avaliar os perigos a que crianças e adolescentes estão expostos na Internet.

A despeito do disposto no art. 14, § 6º, da LGPD, de acordo com o qual "as informações sobre o tratamento de dados referidas neste artigo deverão ser fornecidas de maneira simples, clara e acessível, consideradas as características físico-motoras, perceptivas, sensoriais, intelectuais e mentais do usuário, com uso de recursos audiovisuais quando adequado, de forma a proporcionar a informação necessária aos pais ou ao responsável legal e adequada ao entendimento da criança", o que parece ser louvável, tem-se, por outro lado, a própria situação atual da infância e adolescência, na qual não tem sido possível a presença dos pais ou responsável legal ao lado da criança e adolescente para manifestar o consentimento quanto ao tratamento de dados que se pretende realizar. Sendo incentivado o uso dessas tecnologias justamente pelos pais como forma de manter crianças e adolescentes distraídos e entretidos, esse tipo de regra levaria a sua infração de forma generalizada, o que não é conveniente em um contexto de regulação de condutas humanas. Por isso, a última parte do art. 14, § 3º da LGPD, parece ser inócua ao requerer o consentimento dos pais ou responsável legal para o compartilhamento com terceiros, ante a quase invencível dificuldade de avaliação dos riscos decorrentes em caso de autorização para tanto.

Outro problema está em saber de que maneira os agentes de tratamento de dados pessoais instalariam mecanismos para assegurar que o consentimento foi manifestado por um dos pais ou responsável legal, nos termos do art. 14, § 5º, da LGPD. Ainda que se imponham todos os esforços razoáveis nesse sentido, será muito grande a chance de burla desse sistema pelos pais pelo mesmo motivo de que não querem ter esse encargo. Com efeito, esta é uma situação complexa e uma regra de difícil aplicação, por conta da pressão para que não seja levada a sério, devido aos grandes interesses econômicos envolvidos em termos de produtos e serviços para crianças e adolescentes. A inobservância dessa regra pode gerar os efeitos negativos a longo prazo, quando atingirem a vida adulta e continuarem hipervulneráveis pela enorme quantidade de dados pessoais que foram objeto de tratamento ao longo dos primeiros dezoito anos de vida.

Seja como for, existe a possibilidade de realização de tratamento de dados pessoais de crianças e adolescentes mediante a observância do principio da prestação de contas ("accountability"), nos termos do art. 14, § 2º da LGPD, além do art. 1º do ECA, o qual estabelece o princípio da proteção integral, posto que o art. 14 da LGPD, embora, de maneira infeliz, não faça referência expressa ao ECA, menciona que tratamento de dados pessoais deve ser realizado de acordo com a "legislação pertinente".

## Considerações finais

Enquanto as regras sobre os direitos fundamentais da criança e do adolescente, dispostos em capítulos na primeira parte do texto legal, foram uma inovação trazida pelo ECA, as regras sobre prevenção, por outro lado, já existiam na legislação anterior, ainda que em redação diversa. Estas regras, redigidas em 1990 e que não sofreram alterações substanciais, foram concebidas para uma infância que não existe mais. Com a violência existente nas ruas, crianças e adolescentes permanecem mais tempo em casa, inicialmente diante da televisão, depois com videogames e, por fim, conectadas à Internet.

Com efeito, a Internet subverteu as regras sobre prevenção, porque as situações atuais jamais podiam ser imaginadas pelo legislador em 1990, uma vez que não se imaginava a existência da rede, a substituição paulatina da televisão pelas plataformas de *streaming*, nem o aumento do acesso à pornografia, tampouco a pedofilia e a possibilidade de crimes virtuais praticados contra crianças e adolescentes, assim como aqueles praticados pelos próprios adolescentes. No fundo, boa parte da inocência das crianças e adolescentes esvaneceu-se com o passar dos anos e o ECA mal menciona a Internet, exceto no combate à pedofilia.

Há a questão do tratamento de dados pessoais de crianças e adolescentes, agravado pelas mudanças culturais e pelo elevado tempo em que permanecem conectadas à Internet sozinhas ou expostas pelos próprios pais ou responsável. As consequências ainda nem sequer podem ser mensuradas, pelo fato de informações relevantes estarem sendo extraídas dos dados coletados e serem usadas contra a própria pessoa no futuro, mantendo-as hipervulneráveis durante a vida adulta. Seria prudente que houvesse proibição de tratamento de dados de crianças e adolescentes na LGPD, em vez de deixar aos pais ou responsável a avaliação sobre os riscos oferecidos para manifestar o consentimento perante o agente de tratamento de dados, uma vez que a maioria deles não tem capacidade suficiente para avaliação desses riscos à privacidade, intimidade, honra e imagem.

Por isso, dever-se-iam reformar essas regras de prevenção do ECA, de modo a atualizá-las à realidade atual, levando em consideração os riscos advindos do uso da Internet, não apenas em termos de proteção de dados e direito à privacidade, mas para que o desenvolvimento delas seja saudável. Não se trata de uma exclusividade do ECA, pois nem mesmo a Convenção dos Direitos da Criança tem disposições voltadas à nova infância, que já nasceu conectada à Internet.

## Referências

ACCENTURE. Gaming: the next super platform. 27 de abril de 2021. Disponível em: https://www.accenture.com/us-en/insights/software-platforms/gaming-the-next-super-platform . Acesso em: 21 ago. 2021.

CÉSAR, Daniel. Em crise no Ibope, SBT é 'rei da Netflix'. Entenda. Portal UOL. Televisão. São Paulo, 20 de janeiro de 2022. Disponível em: https://natelinha.uol.com.br/televisao/2022/01/20/em-crise-no-ibope-sbt-e-rei-da-netflix-entenda-175531.php. Acesso em: 21 ago. 2021.

DELBONI, Carolina. Suicídio é a segunda causa de morte entre adolescentes. O Estado de S. Paulo. São Paulo, 13 de setembro de 2021. Disponível em: https://emais.estadao.com.br/blogs/kids/suicidio-e-segunda-causa-de-morte-entre-adolescentes/. Acesso em: 21 ago. 2021.

PORTELA, Graça. Cyberbullying e casos de suicídio aumentam entre jovens. Agência Fiocruz de Notícias. 24 de fevereiro de 2014. Disponível em: https://agencia.fiocruz.br/cyberbullying-e-casos-de-suic%C3%ADdio-aumentam-entre-jovens. Acesso em: 21 ago. 2021.

SENADO FEDERAL. Lei Menino Bernardo amplia a rede de proteção a crianças e adolescentes. Brasília, 11 de novembro de 2014. Disponível em: https://www12.senado.leg.br/noticias/materias/2014/11/11/lei-menino-bernardo-amplia-rede-de-protecao-a-criancas-e-adolescentes. Acesso em: 21 ago. 2021 TRIBUNAL DE JUSTIÇA DO ESTADO DO RIO GRANDE DO SUL. Caso Bernardo. Disponível em: https://www.tjrs.jus.br/novo/caso-bernardo/ . Acesso em: 21 ago. 2021.

# 10.
# LIBERDADE E AUTONOMIA NUM MODELO DE IMPUTABILIDADE PENAL

ANA RITA ALFAIATE

Ricardo Reis, um dos mais aclamados heterónimos de Fernando Pessoa, explicou, com a clarividência a que só a poesia acede, que, para se Ser grande, é preciso Ser-se inteiro, sem nada exagerar, mas também sem nada excluir; Ser inteiro em cada coisa, todo até no mínimo que se faça. Ricardo Reis abraçava o Ser humano, fornecendo-lhe a receita para que fosse a melhor versão de si próprio. Foi assim no poema. Parece dever ser assim na vida em geral e no direito em particular. O direito, sobretudo aquele que responsabiliza e pede que se prossiga cumprindo as normas, só pode estar a falar com Seres inteiros, que são grandes, não pela idade, mas pela sua capacidade de se reconhecerem até no mínimo que fazem, como espelho da sua própria personalidade. É essa, parece-nos, uma inultrapassável premissa da responsabilidade penal, que trilha caminho se (e só se) a liberdade e a autonomia puderem dizer-se presentes. Figueiredo Dias sintetiza isso mesmo ao afirmar a culpa como "ter que responder pelas qualidades pessoais – juridicamente censuráveis – que se exprimem no concreto ilícito típico e o fundamentam".[1]

[1] DIAS, Jorge de Figueiredo. Direito Penal, Parte Geral, Tomo I, 3. ed. Gestlegal, 2019. p. 621.

Uma vez que um discurso que olha a culpa jurídico penal tem de ter ultrapassado o obstáculo da inimputabilidade, a liberdade e a autonomia que enformam os Seres inteiros são aquilo em que o juízo de imputabilidade há-de assentar.

No Brasil, quer o artigo 27.º do Código Penal, quer o artigo 104.º do Estatuto da Criança e do Adolescente, fixam a imputabilidade penal nos dezoito anos, afirmando que são penalmente inimputáveis as pessoas abaixo daquela idade. Fazem, assim, coincidir a maioridade civil com a imputabilidade penal. O Estatuto da Criança e do Adolescente não ignora, porém, que os actos infraccionais podem ser cometidos por menores de dezoito anos e deste Estatuto resulta uma divisão entre crianças e adolescentes que obedece também ao estrito critério da idade: até aos doze anos incompletos, fala-se em criança, e daí em diante e até aos dezoito, em adolescente – ora, às crianças são aplicáveis apenas medidas de protecção, mas existem medidas socioeducativas que estão previstas e são aplicáveis aos adolescentes com "capacidade de cumpri-la(s)" (art. 112.º/1 do ECA). As referidas medidas socioeducativas vão desde a simples admoestação ao internamento até três anos, cumpridos no máximo até aos vinte e um anos do agente, momento a partir do qual findam obrigatoriamente.[2] O sistema não é, por isso, muito diferente do que existe em Portugal.

Na realidade, em Portugal, se o facto for praticado por alguém com menos de doze anos, o sistema apenas responde com a aplicação de medidas de protecção, considerando que a criança até esta idade deverá ser sempre, independentemente das circunstâncias, tratada como uma criança em perigo. Se o facto for praticado por alguém entre os doze e os dezasseis anos, então é possível aplicar ao jovem uma medida tutelar educativa que, no limite, pode chegar, depois dos catorze anos, ao internamento em regime fechado.

Por efeito destas medidas de responsabilização, tem sido possível dizer que é a partir dos doze anos que verdadeiramente se distinguem,

[2] Pormenorizadamente sobre estas medidas, entre outros, SARAIVA, João Batista Costa. Adolescente em conflito com a lei. Da indiferença à protecção integral – uma abordagem sobre a responsabilidade penal juvenil. 4. ed. revista e atualizada. Porto Alegre: Livraria do Advogado, 2013. p. 133 e ss.

em Portugal, agentes e vítimas. Aos primeiros, podem aplicar-se as medidas tutelares, enquanto para as segundas continua a estar reservada a aplicação de medidas de protecção, o que, *grosso modo,* não deixa de coincidir com a solução que se nos apresenta no Estatuto da Criança e do Adolescente. Não são raros, certamente, tanto num país, como no outro, os casos em que o agente é credor também de uma intervenção no plano de um Sistema de Promoção e Protecção, assim como se imporá frequentemente um investimento alargado à sua família se o objectivo for dotar o seu meio natural de vida de condições hostis à delinquência, em que a infracção não seja normalizada e, pelo contrário, se desencadeiam respostas que, acolhendo o jovem, lhe oferecem ferramentas para prosseguir a sua vida conforme ao direito (serão muito úteis planos de formação profissional, de educação parental, de desabituação de álcool e/ou estupefacientes, de controlo da agressividade e de mediação conjugal e familiar, de recuperação habitacional e de apoio social, etc). Trata-se de um trabalho multifacetado e desejavelmente multidisciplinar que se espera possa convergir na educação definitiva do jovem para dever ser jurídico penalmente vinculado.

Em Portugal, esta articulação entre sistema tutelar educativo e de promoção e protecção tem recebido os decisivos impulsos do legislador quando define a necessária apensação processual, mas também quando cria, de modo muito claro, pontes entre um processo e outro, negando-se a aceitar que todos os casos podem ser tratados da mesma e única forma. É disso exemplo o acompanhamento pós internamento, em que os serviços de reinserção social acompanham o regresso do menor à liberdade, avaliam as condições de integração do jovem no seu meio natural de vida, e propõem fundamentadamente, sendo caso disso, junto da Comissão de Proteção de crianças e jovens territorialmente competente, a instauração de processo de promoção e protecção.

Sucede que, em Portugal, a partir dos dezasseis anos, e salvo se padecer de uma anomalia psíquica, o agente é considerado imputável. Por isso, passa a ser possível aplicar-lhe o direito penal dos adultos. Encontramos consagrado, no artigo 19.º do Código Penal português, um critério de imputabilidade penal dependente, na sua essência, dos efeitos do decurso do tempo para o agente. Quer-se com isto dizer que o critério em causa desconsidera outros elementos, externos ao tempo que passa, para efeito da determinação da imputabilidade penal.

Conquanto a discussão em torno da inimputabilidade penal das crianças e jovens, em função da sua idade, venha seguindo no sentido de uma adesão deste conceito a um outro – o de menoridade, como expressão da falta de maturidade necessária e suficiente para a responsabilidade penal,[3] a verdade é que o legislador português não tem cedido às pressões para a subida da idade da imputabilidade penal. Compreendida, afinal, também como uma opção de política criminal por um espaço livre de direito penal, uma caracterização, pela negativa, do agente do facto punível, que Figueiredo Dias resume num "princípio de humanidade", pela estigmatização inerente ao processo penal, pela impossibilidade de compreensão da pena pelo agente e pela inidoneidade daquela para promover a ressocialização do agente especialmente vulnerável em função da sua idade,[4] o legislador português tem mantido a ideia segundo a qual nem todos os menores de idade, pelas suas especificidades, deverão ser considerados inimputáveis para o direito penal. Compreendemos e acolhemos este raciocínio, embora assentando a nossa opinião em pilares diversos.

Parece que o legislador português opta pela não equiparação entre a imputabilidade penal e a maioridade civil por antever a capacidade para a culpa em alguns jovens com menos de dezoito anos. No nosso caso, a mera equiparação da maioridade civil e da imputabilidade penal, que, na prática, reclamaria uma alteração do artigo 19.º do Código Penal português bastante simples, sendo suficiente que ali se estabelecesse a idade de dezoito anos em vez da de dezasseis, não nos satisfaz por não nos parecerem coincidentes as fundações dogmáticas em que assentam as noções de menoridade e de inimputabilidade penal.

A mera escolha de uma determinada idade em concreto não pode, nestes casos, considerar-se fruto da pura aleatoriedade ou lógica político-criminal do legislador *tout court*. Bem antes disso, uma plêiade de considerações a propósito de quem é a pessoa em cada fase da vida terá contribuído para estabelecer que, em regra, os menores de dezoito anos carecem de

[3] COSTA, José de Faria. Direito Penal. Lisboa: Imprensa Nacional, 2017. p. 388.

[4] DIAS, Jorge de Figueiredo. *Id.* p. 696.

representação legal. Semelhante caminho terá sido percorrido para que a possibilidade da prática de factos com culpa se tenha associado aos maiores de dezasseis ou de dezoito anos, seguindo, nesta última hipótese, aqueles que entendem que bastaria esta alteração para que se solucionassem as incoerências que permanecem, em Portugal, a propósito da inimputabilidade penal em razão da idade e de que será representativa a provocação, por exemplo, de Maria João Leote, quando frequentemente questiona se em caso de doença de um preso com menos de dezoito anos deverá ser chamado um pediatra ao Estabelecimento Prisional.

Mas se isto é assim, então há que perceber o que é essencial para que se formule cada um daqueles juízos. Com semelhante evidência, parece hoje consensual que uma determinada marca etária não equivale a uma mesma aquisição de competências e de maturidade para todos os indivíduos. Mais oportuno será, em vez disso, aferir do limiar mínimo de capacidade necessária para que não seja injusta, por um lado, a afirmação da maioridade, nem, por outro, da imputabilidade penal. Daqui decorre, desde logo, não nos parecer sequer essencial a estrita equivalência dos termos e momentos, não sendo, desse modo, impossível a afirmação da imputabilidade penal para alguns menores, nem, pelas mesmas razões, da inimputabilidade penal em razão da prematuridade da capacidade para a culpa relativamente a alguém maior.

Distanciando-nos do que pode justificar um juízo de inimputabilidade por anomalia psíquica, o que está aqui em causa mais não é que o efeito, na esfera de competências do agente, da passagem do tempo. Naturalmente, ao direito são essenciais critérios de objectividade, razão pela qual as balizas de responsabilização por idade são sempre defensáveis. A questão que se coloca em evidência é se serão suficientes. E aí, por mais voltas que possamos dar, sempre se nos afigura como resposta que não.

Os desenvolvimentos mais recentes no plano das neurociências, da sociologia e da psicologia do desenvolvimento oferecem hoje ao jurista a oportunidade de uma interpretação mais complexa do conceito de inimputabilidade penal em razão da idade, sobressaindo, nessa interpretação, mais que a mera associação a uma ideia de menoridade, aquilo que, do ponto de vista cognitivo, ético, social e até mesmo biológico, permite reconhecer a diferença entre quem tem e quem não tem ainda a capacidade necessária para a prática do facto com culpa jurídico penalmente relevante.

É do estrito ponto de vista da afirmação da liberdade do agente, essencial ao juízo de imputabilidade, que há, pois, necessidade de ver alcançado um padrão de desenvolvimento. Padrão esse de desenvolvimento que, muito embora esteja dependente da passagem do tempo, não é alcançado por todos os indivíduos, sempre, na mesma idade.

Ainda beliscando os méritos de uma alteração do critério da imputabilidade penal que não se satisfaça com a mera subida desta para os dezoito anos, por equiparação com a maioridade civil, é possível questionar se aquelas especificidades não reclamarão apenas uma forma distinta de execução da sanção. Ou seja, se, mais do que avaliar a necessidade de uma mudança de paradigma quanto à imputabilidade penal dependente da passagem do tempo, não interessará apenas encontrar formas diferenciadas de executar a resposta penal, seja através da separação de estabelecimentos de cumprimento da sanção consoante estejamos perante jovens ou adultos, seja pela atenuação da pena atendendo à juventude do agente. Entendemos que não, tanto mais que estas são, aliás, soluções que, do ponto de vista da consagração legal, já se encontram, por exemplo, no ordenamento jurídico português, no Regime Penal Especial dos Jovens Adultos. Por outro lado, também não parecem suficientes as alterações produzidas recentemente no Código de Processo Penal português[5] e que, transpondo para o ordenamento jurídico interno a Diretiva (UE) 2016/800, do Parlamento Europeu e do Conselho, de 11 de maio de 2016, relativa a garantias processuais para os menores suspeitos ou arguidos em processo penal, entre outras coisas, compromete os titulares das responsabilidades parentais no êxito da intervenção penal junto de menores. O que questionamos é se a própria legitimidade da intervenção penal não estará em crise.

Assim, qual, especificamente, aquele que nos parece ser o melhor critério para determinar se alguém jovem deve ou não entrar em contacto com a discursividade penal? Ou, dito de outra maneira, qual o melhor

[5] Pela Lei 33/2019, de 22 de Maio.

critério para determinar se alguém tem ou não capacidade para praticar um facto com culpa jurídico-penalmente relevante?

Se antecipámos já que não nos satisfaz o critério objectivo/formal da idade para dizer se alguém é ou não susceptível de um juízo de censura penal, o que pode ser defendido como melhor solução, quer em Portugal, quer no Brasil, quer, no fundo, em geral? Há, no nosso modo de ver as coisas, vantagens inegáveis na segurança que esse critério objectivo traz para a aplicação do direito, razão pela qual não defendemos que o mesmo seja abandonado. Nada, porém, parece obstar a que se lhe associe um outro, subjectivo, ligado especificamente aos efeitos da passagem do tempo na maturidade do agente do facto, no alcance do patamar mínimo do desenvolvimento complexo de que parte a liberdade do agente que age com culpa.

Maria Fernanda Palma deixa claro que "se concebermos o desenvolvimento da pessoa nas suas diversas dimensões neuro-biológica, intelectual, ética e social – deveremos concluir que a responsabilidade penal por culpa pressupõe um certo estádio de desenvolvimento nessas diversas dimensões".[6] O mesmo é dizer, acrescente-se, que só depois de atingido esse patamar se poderá afirmar que o agente agiu com culpa. Ora, é na procura por esse limite mínimo de amadurecimento do agente que as novas descobertas das neurociências, da sociologia e da psicologia do desenvolvimento nos confrontam muito mais com fases da vida, com intervalos mais ou menos alargados de tempo em que é expectável que sejam adquiridas determinadas competências, do que com uma idade em concreto.

Se, no plano do desenvolvimento cognitivo, os dezasseis anos surgem como a idade a partir da qual, tendencialmente, a pessoa reúne já um grau de desenvolvimento suficiente da sua capacidade de abstracção[7]

[6] Palma, Maria Fernanda, Desenvolvimento da pessoa e imputabilidade no Código Penal Português. Sub Judice, 11, Janeiro/Junho 1996, p. 61.

[7] Chan Mora, Gustavo. Fundamentos psicológico-evolutivos y neurocientíficos para el tratamiento diferenciado de la responsabilidad (y de la culpabilidad) penal de los jóvenes. Revista Digital de la Maestría en Ciencias Penales de la Universidad de Costa Rica, n.º 3, 2011; Piaget, Jean. Seis Estudos de Psicologia. 24. ed. Rio de Janeiro: Forense Universitária, 1999.

essencial para a compreensão das normas penais[8] e para a afirmação da liberdade em que radica a decisão de cometimento do facto contrário ao direito, a verdade é que factores demográficos e sociais ou de contexto podem levar a que duas pessoas com as mesmas capacidades individuais não se encontrem no mesmo patamar de amadurecimento quanto à tomada de decisão da prática de um facto. A avaliação da maturidade psicossocial não pode, pois, desconsiderar a influência que o meio e os pares têm nas decisões do agente, bem assim como a avaliação que este, por si, faz do custo-benefício entre o impulso e o risco de agir contrariando o direito, buscando-se assim apurar da sua capacidade de autocontrole.[9] Aqui chegados, encontramos já, sem grande espanto, a referência a idades mais tardias, como os dezoito e os vinte e um anos, como tempo a partir do qual, sob a perspectiva destas novas condicionantes, é então possível assinalar a diferença entre alguém com e alguém sem capacidade para a culpa jurídico penal. Facto é que, olhada a questão sob este prisma, não deixa de fazer sentido a insistência, nos diferentes RASI portugueses (os Relatórios Anuais de Segurança Interna), em associar a Criminalidade grupal à Deliquência Juvenil. O domínio da vontade e, por aí, a própria liberdade e a autonomia de quem pratica o facto acabam por se agigantar à medida que, pela aquisição de maturidade, o sujeito deixa de agir eminentemente condicionado pelo meio e pelos pares.

Somam-se a estes resultados, aqueles a que se chega por efeito do investimento das neurociências no estudo do cérebro enquanto estrutura complexa. A incompletude na formação de determinadas áreas do cérebro pode comprometer a capacidade para a culpa. Não nos referimos aqui a qualquer anomalia psíquica que, afastando ou diminuindo a capacidade do agente para avaliar a ilicitude do facto ou para se determinar de acordo com essa avaliação, permitirá, nos termos do artigo 20.º do Código Penal português e do artigo 26.º do Código Penal brasileiro, falar também em inimputabilidade penal. Não estamos perante qualquer

[8] Kohlberg, Lawrence. Moral stages and moralization: the cognitive-developmental approach. New York: T. Lickona, 1976.

[9] CauffmAn, E.; Steinberg, L.. (Im)maturity of judgment in adolescence: why adolescents may be less culpable than adults. *Behavioral Scienses and the law*, 18 (6), 2000.

anomalia, mas perante uma prematuridade das áreas-chave no amadurecimento de que depende a liberdade de quem age com culpa.

De entre as áreas mais relevantes neste contexto, sublinho o hipocampo, a amígdala e o córtex pré frontal. [10]

No caso do primeiro, e recuperando o que ficou já assente sobre a importância do meio, sabe-se hoje que um ambiente rico em estímulos contribui para a saúde e renovação das estruturas neuronais e que a

[10] Detidamente sobre este aspecto, Cf. SHOHAMY, Daphna, MYERS, Catherine E., HOPKINS, Ramona O., SAGE, Jake, GLUCK, Mark A. Distinct Hippocampal and Basal Ganglia Contributions to Probabilistic Learning and Reversal. *Journal of Cognitive Neuroscience*, 21:9, Massachusetts Institute of Technology, p. 1821-1833, 2008; LUBY, Joan L., BARCH, Deanna M., BELDEN, Andy, GAFFREY, Michael S., TILLMAN, Rebecca, BABB, Casey, NISHINO, Tomoyuki, SUZUKI, Hideo, BOTTERON, Kelly N. Maternal support in early childhood predicts larger hippocampal volumes at school. *Proceedings of the National Academy of Sciences* of the United States of America, v. 109, n. 8, 2012, p. 2854-2859; ANDERSEN, Susan L., PINE, Daniel S. *The Neurobiology of Childhood.* Berlin – Heildelberg, Springer Verlag, 2014; MACMILLAN, Shauna, SZESZKO, Philip R., MOORE, Gregory J., MADDEN, Rachel, LORCH, Elisa, IVEY Jennifer, BANERJEE, S. Preeya, ROSENBERG, David R. Increased Amygdala: Hippocampal Volume Ratios Associated with Severity of Anxiety in Pediatric Major Depression. *Journal of Child and Adolescent Psychopharmacology*, v. 13, n. 1, Março de 2003, p. 65-73; BLAKEMORE, Sarah-Jayne, OUDEN, Hanneke den, CHOUDHURY, Suparna, FRITH, Chris. Adolescent development of the neural circuitry for thinking about intentions. *Social Cognitive and Affective Neuroscience*, 2 (2), p. 130-139, 2007; BLAKEMORE, Sarah-Jayne, CHOUDHURY, Suparna. Brain development during puberty: state of the science. *Developmental Science*, 9 (1), 2006; TEFFER, Kate, SEMENDEFERI Katerina. Human prefrontal cortex: Evolution, development, and pathology. *In:* Progress in Brain Research (capítulo 9), v. 195, 2009, p. 195-198; BLAKEMORE, Sarah-Jayne, CHOUDHOURY, Suparna. Development of the adolescent brain: implications for executive function and social cognition. *Journal of Child Psychology and Psychiatry*, 47 (3), p. 297 e ss, 2006; SALZMAN, C. Daniel, FUSI, Stefano. Emotion, Cognition, and Mental State Representation in Amygdala and Prefrontal Cortex. *Annual Review of Neuroscience*, 33, p. 173-202, 2010; GIEDD, Jay N., CLASEN, Liv S., LENROOT, Rhoshel, GREENSTEIN, Dede, WALLACE, Gregory L., ORDAZ, Sarah, MOLLOY, Elisabeth A., BLUMENTHAL, Jonathan D., TOSSELL, Julia W., STAYER, Catherine, SAMANGO-SPROUSE, Carole A., SHEN, Dinggang, DAVATZIKOS, Christos, MERKE, Deborah, CHROUSOS, George P. Puberty-related influences on brain development. *Mollecular and Cellular Endocrinology*, v. 254-255, 2006, p. 154-162; SOWELL, Elisabeth R., DELIS, Dean, STILES, Joan, JERNIGAN, Terry L. Improved memory functioning and frontal lobe maturation between childhood and adolescence: a structural MRI Study. *Journal of the International Neuropsychological Society*, 7, p. 312- 322, 2001.

afectividade é essencial ao desenvolvimento do hipocampo. Deste modo, um hipocampo menor poderá gerar uma maior dificuldade quer para a percepção da factualidade, quer para a actuação comportamental de determinada pessoa, comparativamente a outra que, muito embora com a mesma idade, mas com um maior hipocampo, revelará uma percepção e actuação comportamental mais facilitadas. Assim, dois jovens da mesma idade, mas com tipos de afectividade e estimulação diferentes, podem encerrar disparidades bio-orgânicas, observáveis por diagnóstico de imagem.

O mesmo processo ocorre com a amígdala, estrutura cerebral que concentra e processa a agressividade nas suas múltiplas vertentes – a raiva, o medo e a ansiedade – e que é igualmente responsável pela regulação do comportamento sexual e das emoções, em especial as da paixão, do amor, da amizade e do afecto. Usando o conhecimento armazenado, a amígdala determina a resposta emocional que deve dar a cada estímulo que recebe e, com o tempo, cria vários significados emocionais do ambiente. Também aqui, a influência do meio surge como inultrapassável, afirmando-se que ambientes educacionais diferenciados trazem uma diminuição da amígdala cerebral, enquanto a negligência educativa e de afectos desencadeará um maior volume de amígdala. À diferença orgânica não são alheias, depois, diferenças de comportamento, sendo possível dizer que pessoas com maiores volumes de amígdala revelam maior agressividade e menor capacidade de comportamento social normalizado, na medida em que têm mais dificuldades de socialização e de criação de laços mais firmes de amizade.

É natural que estas estruturas se ressintam muito para além da juventude e possam até mesmo determinar a existência de comportamentos distintos em qualquer fase da vida de duas pessoas com a mesma idade. Por isso, facilmente podemos ser levados a concluir que, em termos de justiça relativa, a avaliação da capacidade para a culpa não deveria ter, com base na análise destas estruturas, qualquer limite etário. E ainda, perigosamente, que talvez se possa defender uma recuperação das teses lombrosianas de reconhecimento do criminoso, embora já não de acordo com a sua face, mas antes com a imagem do seu cérebro. Não é disso, naturalmente, que se trata. Numa entrevista de 2017, a neurocientista britânica Sarah-Jayne Blakemore afirmava "Não sabemos quando é que o cérebro se torna adulto. Julgo que será diferente para cada pessoa. Há uma série de regiões do cérebro que param de mudar em idades diferentes. Um dia poderemos ter um neuromarcador para quando o cérebro se torna adulto. Porém, neste momento, ainda não temos."[11] Não me parece, no entanto, que esta ausência de um marcador científico deva obstar a reconhecer os méritos da transdisciplinaridade e a aproveitar o que já se sabe – um estudo norte-americano de 2014, por exemplo, afirmava já que diferenças na estrutura do cérebro de jovens podem coadjuvar na identificação de um maior risco de cometer crimes violentos.[12]

Sucede que, auxiliando a argumentação carreada sobre as diferenças das estruturas cerebrais de indivíduos distintos, sabe-se hoje que o córtex pré-frontal, enquanto estrutura central na tomada de decisões, no controlo das emoções e na capacidade de julgamento, demorando a "amadurecer",[13] pode ver a sua formação completa estender-se para lá dos dezasseis ou até dos dezoito anos,[14] expectavelmente até aos vinte e um anos.[15] Neste caso, não falamos já da influência de estruturas diferentes, mas completas na sua formação, para a tomada de decisões, mas sim de um processo vital de amadurecimento que atinge o ponto óptimo numa determinada idade. Nicholas Mackintosh, do Departamento de Psicologia Experimental da Universidade de Cambridge, dizia que o córtex pré-frontal, associado à tomada de decisão e ao controle de impulsos, é a

[11] Blakemore, Sarah-Jane. É possível mudar o cérebro dos adolescentes. O que é bom e mau. Entrevista concedida a Andrea Cunha Freitas. Portal Crianças a torto e a direitos. 2 de janeiro de 2018. Disponível em: https://criancasatortoeadireitos.wordpress.com/2018/01/02/. Acesso em: 30 ago. 2021.

[12] Cope, L.m., Ermer, E., Gaudet, L.m., Steele, V.r., Eckhardt, A.l., Arbabshirani, M.r., Caldwell, M.f., Calhoun, V.d., Kiehl, K.A., Abnormal brain structure in youth who commit homicide., Neuroimage Clin. 2014; 4: 800–807.

[13] No mesmo sentido, "The notion that brain continues to develop after childhood is relatively new. Post-mortem studies carried out in the 1970s and 1980s demonstrated that the structure of the prefrontal cortex undergoes significant changes during puberty and adolescence", (Blakemore, Sarah-Jayne; Choudhury, Suparna. Brain development during puberty: state of the science. Developmental Science, 9 (1), 2006, p. 12).

[14] Teffer, Kate; Semendeferi Katerina. Human prefrontal cortex: Evolution, development, and pathology. *In*: Progress in Brain Research, (capítulo 9), v. 195, 2009, pp. 195 a 198, especialmente p. 196.

[15] Chan Mora, Gustavo. *Id*. p. 382.

última parte do cérebro que amadurece – e isso só se completa por volta dos 20 anos. E que o amadurecimento tardio do cérebro pode estar associado a comportamentos de risco na adolescência. Ora, a própria adolescência tal como a conhecemos tem sido questionada e não deixa de haver quem hoje afirme que ela se estende até aos 24 anos.[16]

Vistas assim as coisas, facilmente, em nosso entender, se perceberá que nos pareça melhor critério de imputabilidade penal, por efeito da passagem do tempo, um critério misto, que associe às vantagens da objectividade da idade, todas as outras que só a ponderação do desenvolvimento em concreto do agente pode dar.

É essa, aliás, a razão pela qual não nos satisfaz a mera alteração da idade da imputabilidade penal para os dezoito anos, fazendo-a coincidir com a maioridade civil, o que compromete também, como se percebe, a nossa adesão à solução do ordenamento jurídico brasileiro. Tratando-se, no caso da menoridade, de uma ficção jurídica, esta não parece que possa ser a referência no momento da avaliação da capacidade para a culpa do agente em concreto.

Não deixamos, no entanto, de reconhecer que à menoridade se deva, até por razões de harmonia sistemática, associar uma obrigatoriedade de avaliação da maturidade do agente, fazendo soçobrar qualquer hipótese de tratar como imputável, capaz de culpa, livre, no fundo, alguém que, não tendo ainda essa maturidade, é, além de tudo o resto, um menor.

A partir dos dezoito anos, e diluindo-se os argumentos no sentido do não alcance do desenvolvimento essencial à culpa jurídico penal, a avaliação do agente nos diferentes planos cognitivo, ético, social e orgânico deveria acontecer pelo menos até aos vinte e um anos, critério objectivo que, mais consensual no diálogo com as neurociências, não deixa de ser, em ambos os ordenamentos jurídicos, um divisor de águas em matéria de direito das crianças e jovens. Aliás, este parece ser ainda o sentido das Recomendações do Conselho da Europa que, já em 2003, assegurava as vantagens de se estender, atentas as características da pessoa em causa,

[16] Sawyer, Susan M.; Azzopardi, Peter S.; Wickremarathne, Dakshitha; Patton, George C. The age of adolescence.The Lancet Child & Adolescent Health, v.2, issue 3, p. 223-228, 2018. Disponível em: https://www.sciencedirect.com/science/article/abs/pii/S2352464218300221?via%3Dihub . Acesso em: 30 ago. 2021.

um regime próximo do previsto para os menores de idade, pelo menos até aos vinte e um anos, aceitando assim a possibilidade de se estar perante agentes que, muito embora sendo maiores, não são ainda tão maduros nem responsáveis pelas suas acções como os verdadeiros adultos.[17]

O intervalo de avaliação da imputabilidade por efeito do decurso do tempo situar-se-ia, então, entre os dezasseis anos (pois não parece representativa a hipótese de alguém com capacidade para aquela culpa jurídico penalmente relevante antes daquela idade) e os vinte e um anos (pelas razões já expostas). Daí a necessidade de subjectivação da apreciação da imputabilidade em razão da idade, adequando-a, verdadeiramente, a um juízo concretamente vinculado ao facto *daquele* agente, dependente de uma avaliação multidisciplinar da completude da capacidade para ser um sujeito da culpa penal.

Este novo critério, complexo, de aferição da imputabilidade penal, para o qual, mais do que à idade do agente, importaria atender à (in) completude da sua maturidade para a prática do facto punível, acarretaria para a dogmática penal uma nova dimensão da imputabilidade – uma (in)*imputabilidade sob condição*, em que, estando a idade desacompanhada daquele amadurecimento mínimo essencial à culpa (daquela liberdade e autonomia que a enformam) não poderia haver lugar à aplicação do direito penal. Nesse caso, encontrando-se, pela sua juventude, comprometido o juízo que o agente faz da ilicitude do facto, a resposta teria de passar, então, pelo direito tutelar educativo em Portugal e pelo Estatuto da Criança e do Adolescente e pelas suas medidas socioeducativas no Brasil, verificadas que estivessem, bem é de ver, as exigências de aplicação destes, nomeadamente a necessidade de educação para o direito.

Estes "imputáveis" em abstracto, relativamente aos quais, no caso concreto, não se verificasse a imputabilidade, aproximam-se dos menores que, praticando um facto qualificado pela lei como crime, são já hoje abrangidos pelo direito tutelar ou socioeducativo em detrimento do direito penal. Note-se que a pessoa inimputável, nestes termos, para um caso, poderia, ainda assim, ser imputável para outro. Ou seja, a condição a

[17] Recommendation Rec(2003)20 of the Committee of Ministers to member states concerning new ways of dealing with juvenile delinquency and the role of juvenile justice, ponto 11.

que se submeteria a imputabilidade seria avaliada caso a caso, tanto que o seu cumprimento numa situação não se comunicaria às situações futuras, nem este concreto tipo de inimputabilidade se confundiria com a inimputabilidade absoluta (até aos dezasseis anos).

Quer-se com isto dizer que o sistema jurídico passaria a reconhecer dois tipos de inimputabilidade penal em razão da idade: uma inimputabilidade absoluta que atingiria todos os menores de dezasseis anos e uma outra, a (in)*imputabilidade sob condição*, para aqueles que tivessem idade superior a dezasseis anos e inferior a vinte e um. Dentro desta última, distinguiríamos ainda as situações em que a avaliação do requisito subjectivo seria obrigatória (entre os dezasseis e os dezoito anos) daquelas em que essa avaliação só ocorreria a requerimento do MP, do próprio jovem e oficiosamente pelo juiz (daí em diante).

A responsabilização pelo facto sempre ocorreria, devendo apostar-se, mais ainda, nas respostas do sistema tutelar educativo ou socioeducativo, promovendo-os não como um prémio para o jovem que podia ter sido considerado imputável tendo em conta a sua idade, mas sim como o adequado meio de reacção àquele concreto facto praticado por aquele concreto agente. O mesmo é dizer que arredar o direito penal em nada traduz uma intenção de desvalorizar o impacto do facto e a necessidade da intervenção junto de quem o praticou. Este seria sim um trabalho de conciliação das soluções legais existentes com a realidade de cada específica criança ou jovem e que, aliás, desde sempre se espera que seja feito também pelo sistema de protecção que, quando aplicável, poderá ser o mais precioso auxiliar na motivação para uma vida conforme ao direito.

Ainda assim, importa reconhecer que, trazendo para dentro do direito penal uma renovada influência da passagem do tempo, a verdade é que a solução acaba por bulir também com aquele que se afirma como o espaço de censura penal. Fica afastado o critério objectivo que desencadeia uma presunção inilidível de capacidade para a culpa a partir de uma determinada idade. E parece unânime que não se aceita no direito penal actual falar em crime sem que haja culpa. Ora, se a aferição da imputabilidade (e, por causa desta, da possibilidade de culpa) não se dá por recurso a critérios formalistas, mas de acordo com aquele que é o modo de ser do agente para com o direito, é também naquele espaço de censura que se fazem sentir os efeitos da proposta. Mas esta é, no nosso modo de ver as coisas, a fórmula que melhor permitirá adaptar, nestes casos, a resposta do sistema à situação concreta do agente do facto e, por aí, realizar a verdadeira justiça.[18]

*Curia, 31 de Agosto de 2021.*

[18] Para maiores desenvolvimentos sobre o tema, veja-se o nosso Alfaiate, Ana Rita, *O problema da responsabilidade penal dos inimputáveis por menoridade*, Polic., Coimbra, 2014 (dissertação de doutoramento disponível na Faculdade de Direito da Universidade de Coimbra).

# 11.
# CONSELHO MUNICIPAL DE DIREITOS DA CRIANÇA E DO ADOLESCENTE E REDE PROTETIVA COMO INSTRUMENTO DA CIDADANIA PLENA E DE REALIZAÇÃO DOS DIREITOS FUNDAMENTAIS

THIAGO FELIPE S. AVANCI

## Introdução

Embora se trate de um conceito bastante explorado, cidadania é um conceito insaturado, passível de transformação e adaptação de acordo com o momento histórico em que se vive. De outra sorte, as políticas públicas de combate e de erradicação da pobreza constituem ações público-privadas aspergidas por diversos setores do ordenamento jurídico e da sociedade. Em função da observância tão larga e, aparentemente, abstrata, deste conceito de cidadania, este trabalho terá como objetivo principal realizar uma análise indutiva entre o conceito de cidadania plena e sua realização por meio de fixação de uma rede democrática de conselhos temáticos e por meio de uma rede protetiva de direitos da criança e do adolescente, proposta pelo Estatuto da Criança e do Adolescente, o ECA, que completou trinta anos em 2020.

Estabelecidos este objetivo, cumpre estabelecer que este estudo será pautado em uma metodologia analítica dedutiva, de revisão doutrinária e pautado em uma análise de instrumentos legislativos concomitante a dados estatísticos, no que couber. O questionamento fundamental, assim, será pautado na visão de serem ou não os conselhos temáticos instrumento de realização da cidadania plena na construção de políticas públicas na erradicação da pobreza.

A realização deste objetivo geral se dará por meio de um elemento conectivo entre estes dois pontos acima indicados; o conectivo deste trabalho será uma análise dos conselhos municipais como um instrumento de realização desta dita cidadania plena. Entre os objetivos específicos – embora sem esgotar o tema, que é extremamente complexo –, busca-se compreender um pouco melhor o conceito de cidadania em suas diversas dimensões. Bem ainda será estudada a importante conceituação da democracia e sua conexão com a cidadania, dois conceitos fundamentalmente próximos. Outro ponto que se debruçará atenção será a questão que interpenetra no conceito de cidadania e democracia e a sua relação com o estabelecimento de uma rede protetiva analisada pela perspectiva do Conselho Municipal de Direitos da Criança e do Adolescente.

## 1. A democracia participativa e a cidadania plena

Certamente, cidadania e democracia não são sinônimos. Inegável, no entanto, que ambos os institutos guardem profunda proximidade. Sinteticamente, cidadania constitui uma relação jurídica de afetação entre um nacional e um Estado; democracia é uma manifestação de poder, uma forma de governo pelo povo e para o povo. Estes conceitos batidos e singelos, no entanto, não são capazes de dimensionar a profundidade destes dois institutos.

O modelo clássico da democracia é havido na Atenas clássica através de mecanismos de decisão compartilhada da coisa pública, em especial no tocante a determinados assuntos. Participavam adultos, filhos de atenienses; estrangeiros, mulheres e escravos eram excluídos, o que não representa uma visão adequadamente democrática, em seu sentido analítico. Paralelamente, Canaã, em período aproximado da história, formou um modelo de estado teocrático em que os sacerdotes ditavam os rumos do Estado, sem a interferência da população. No entanto, em especial após a fundação em Canaã, na Palestina, é tido que a escravidão quase que havia se reduzido a situações envolvendo maldições entre familiares; mulheres participavam da sociedade e viam protegidos os seus direitos se comparado com Atenas.

Democracia é um modelo de gerência estatal e, simultaneamente, um sistema de prevalência de Direitos. Neste sentido, Ferrajoli preleciona que direitos fundamentais são direitos subjetivos cuja garantia é necessária a satisfazer o valor das pessoas e a realizar-lhes a igualdade.[1] Sustenta, ainda, que a plena igualdade somente seria obtida mercê de uma satisfatória democracia na medida da "garantia concedida aos direitos fundamentais que correspondem a valores e carências vitais da pessoa historicamente e culturalmente determinados"[2] e, por isso, a democracia seria instrumento de valorização do indivíduo – que deixa de ser súdito e passa a ser cidadão – perante o Estado. Desta forma, os direitos fundamentais seriam o reflexo positivado dos direitos naturais, exteriorizando-se enquanto direitos subjetivos previstos nas Constituições dos Estados Democráticos de Direito.

Diferente não é a visão de cidadania. Sinteticamente, como já narrado, cidadania corresponderia apenas à relação entre nacional e Estado. A visão sintética estabelece divisão entre o que são direitos do homem e direitos do cidadão, conforme pode ser analisado a partir da *Déclaration des Droit de l'homme et du Citoyen*, de 1789.[3] Mas analiticamente, mesmo que se enfoque em uma perspectiva meramente jurídica, cidadania representa muito mais.

Dentro das ciências humanas, poucas palavras como a "cidadania" apresentam significado tão amplo quanto e diversificado. Três ciências humanas, pelo menos, deram-lhe significado distinto: a sociologia, a ética e o direito. Segundo a sociologia, parece apropriado pensar em "cidadania" como um sinônimo de agir ou atuar dentro de uma sociedade, de acordo com suas leis sociais que, diferentemente das leis jurídicas, são aquelas criadas pela sociedade, para serem seguidas por todos dentro de um nicho social, e em uma determinada época. Analisando melhor os elementos deste conceito, temos que leis sociais são as leis criadas por

[1] Ferrajoli, Luigi. Los fundamentos de los derechos fundamentales. Trad.: Andrés Perfecto. 4. ed. Madrid: Trotta, 2009. p. 19.

[2] Ferrajoli, Luigi. *Id.* p. 723.

[3] Comparato, Fábio Konder. A Afirmação Histórica dos Direitos Humanos. 4. ed. São Paulo: Saraiva, 2006.

uma determinada sociedade ou nicho (pequeno grupo da sociedade) que determina o padrão para se agir dentro daquela sociedade.

Em outras palavras, a norma social (comum a todos em uma sociedade) tutela desde "o respeito a vida humana" até cordialidades e urbanidades sociais. Esta normativa social não é criada, como se pode supor, por um processo legislativo rígido e específico, como se espera da norma jurídica. A normativa social é muito mais dinâmica. Existe observando os costumes de uma sociedade ou de uma parcela desta (os grupos sociais e os nichos sociais) e atenta ao tempo ou momento vivenciado, além de um espaço geográfico específico. Tem-se que para a sociologia, a cidadania é uma qualidade dotada ao ser humano na medida em que este cumpra a normativa social que dele se espera. É, ao que parece, um instrumento de reconhecimento de estima social, pelo qual se atribui ao indivíduo a qualidade de pertencer a uma sociedade ou dela ser marginalizado.

Nesta toada, a "cidadania", segundo a ética, se manifesta de forma parecida com a sociologia. A ética pode perceber a cidadania como sendo uma qualidade atribuída a um ser que efetivamente intervêm positivamente na realidade. O conceito agora é um pouco mais restrito do que em relação a um conceito social. Ser cidadão, dentro de padrões éticos, é agir moralmente, fazer o bem, intervir na realidade causando efeitos positivos. Aqui não há o cabresto de uma cogência social, relativa existente em uma norma social. Cidadania, em uma perspectiva ética, indica a realização das virtudes sociais que o ser humano possui.

Por fim, exsurge a terceira possível definição de cidadania. Agora, em uma perspectiva jurídica. A cidadania (derivada do latim, *civitas*, "cidade"), é uma particular condição destinada a pessoa a qual, porque juridicamente vinculada a um determinado Estado, se lhe dota determinados direitos políticos que permitem a participação desta, ativa ou passivamente, nas decisões daquele. Percebe-se, assim, que a ideia jurídica de cidadania está intimamente ligada a um ideal democrático-participativo, de um lado, e de reconhecimento e respeito a direitos fundamentais, de outro lado.

Desta forma, percebe-se um duplo papel do cidadão, relacionado a amplitude de seus direitos políticos: em uma perspectiva ativa, o cidadão pode, por meio do voto, escolher o rumo do Estado (quer diretamente quer por meio da escolha de um representante); em uma perspectiva passiva, o cidadão, cumpridos determinados requisitos, pode se candidatar a representar os demais cidadãos em um cargo político. E justamente por dizer respeito aos rumos do Estado, é pressuposto desta dimensão política da cidadania, em perspectiva jurídica, a nacionalidade nata ou naturalizada. Ou seja, é necessário que exista um vínculo jurídico entre uma pessoa e um Estado, o qual se denomina nacionalidade. Mas seria possível que a ideia de cidadania, em uma perspectiva jurídica, se manifestaria somente por esta vertente, tão engessada aos direitos políticos.

D'Avila destaca os elementos democráticos como estruturantes do conceito jurídico de cidadania,[4] dando especial atenção aos instrumentos de democracia participativa, participação ativa em conselhos, além de direitos individuais. Continua, no entanto, afirmando que a cidadania seria considerada também uma acepção de Direito Fundamental, na medida em que é norma jurídica constitucional; é valor essencial à sociedade; é ferramenta de proteção direta da dignidade; constitui legitimação para controle e fiscalização da atuação estatal.[5]

Como já se narrou, também não é um instituto com ideia unívoca e guarda profunda conexão com a cidadania. A democracia manifesta-se em, ao menos, duas camadas: a democracia enquanto como regime decisório-participativo de um governo em um Estado; a democracia enquanto sistema de proteção jurídica dos componentes do Estado. A manifestação que classicamente se remete à democracia é a que espelha um regime de governo (ou regime político). Regime este que permite a participação dos cidadãos no processo de decisão dos rumos do Estado, portanto um regime decisório-participativo. Esta é a acepção de democracia em sentido formal. Sob este enfoque, encontramos aflorado o conceito tradicional de "cidadão" relacionado ao Direito, ou seja, o indivíduo com uma ligação jurídica com seu Estado.

Como dito anteriormente, esta manifestação clássica da democracia deriva originariamente da Grécia clássica, em que as decisões eram

[4] D'Avila Lopes, Ana Maria. A cidadania na Constituição Federal brasileira de 1988: redefinindo a participação política. *In:* Bonavides, Paulo; Lima, Francisco Gérson Marques de; Bedê, Fayga Silveira (coords.). Constituição e democracia. Estudos em homenagem ao Prof. J. J. Gomes Canotilho. São Paulo: Malheiros Editores, 2006. p. 26.

[5] D'Avila Lopes, Ana Maria. *Id.* p. 29.

tomadas por meio de um processo decisório de todos aqueles que tinham direito a voto nas cidades-estado. Em suma, a democracia em sentido formal faz transparecer as ideias de Rousseau, sendo o regime do povo, pelo povo e para o povo. Insta, porém, perceber que as polis eram organizadas em estamentos, o que significa dizer que uma grande parcela dos indivíduos que compunham sua sociedade não eram dotados com direitos. Significa dizer que o Estado não lhes protegia por meio da tutela de direitos e nem lhes permitia participar de sua vida decisória. Bem assim, a mulher, em Atenas, não tinha um papel político relevante e, da mesma forma, os escravos.

A partir deste espaço deixado por uma ineficiência da democracia em sentido puramente formal, deu-se espaço para outra acepção da democracia, ainda em um âmbito jurídico. A democracia em sentido material se caracteriza como sendo um ambiente e como um sistema político-jurídico de um Estado.

Apoiado no pensamento de Kelsen, pode-se perceber que tal não se fundamenta somente no voto do povo, mas também na liberdade de consciência, de culto, de religião e de trabalho. No conceito trazido por Kelsen, a democracia é uma técnica de liberdade. Ao que parece, esta compreensão mais ampla da democracia parece abarcar mais seu ideário, pois um povo sem liberdade de informação e de manifestação, ainda que vote, jamais terá um governo verdadeiramente voltado para o bem-estar da maioria. Conforme ensina Celso Antonio Bandeira de Mello, "a democracia exige, para seu funcionamento, um minimum de cultura política, que é precisamente o que falta nos países apenas formalmente democráticos". E continua afirmando que o povo "é presa fácil das articulações, mobilizações e aliciamento da opinião pública, quando necessária sua adesão ou pronunciamento, graças ao controle que os setores dominantes detêm sobre a mídia, que não é senão um dos seus braços". [6]

[6] Bandeira De Mello, Celso Antônio. A democracia e suas dificuldades contemporâneas. Revista de Informação Legislativa. Brasília, a. 35, n. 137 jan./mar. 1998. Disponível em < https://www2.senado.leg.br/bdsf/bitstream/handle/id/353/r137-24.pdf?sequence=4 > Acesso em: 30 jun. 2021.

Esta manifestação da democracia em sentido material, segundo o que se tem notícia, foi descrita inicialmente em sociedades como a hebraica antiga, ocasião em que embora naquele referido Estado antigo de Israel não houvesse um sistema democrático formal, havia a proteção do Estado estendida a todos os indivíduos que lhe compunham. Portanto, de se concluir que a ausência de estamentos na sociedade hebraica antiga tornou o ambiente propício para o surgimento da democracia em sentido material, já que o Estado procurava tutelar todos de forma relativamente isonomia.

O sistema jurídico brasileiro atual, inaugurado pela Constituição de 1988, prevê as duas manifestações democráticas. O art. 1º, parágrafo único, reproduz o conceito de Rousseau segundo o qual a democracia é o governo do povo, pelo povo e para o povo, já que todo o poder emana do povo (primeiro titular do Poder Constituinte Originário), que o exerce diretamente ou por meio de representantes eleitos diretamente. Por outro lado, os direitos fundamentais na Constituição Federal reproduzem o conceito de democracia sob uma perspectiva material. E, sob este viés, se pode concluir que a "cidadania" em abstração jurídica não está atrelada apenas a um conceito estreito de indivíduo com direitos políticos. Os direitos fundamentais, expressão máxima da democracia em sentido material, são direitos destinadas universalmente a todos, não apenas a uma específica categoria de titulares.

Em suma, pode-se considerar que cidadania, sob uma perspectiva jurídica, consiste em um processo subjetivo de reconhecimento de direitos três camadas distintas, uma cidadania plena: na participação da vida política do Estado (maiormente destinada aos nacionais); na proteção de direitos (destinada a todos); no estabelecimento e reconhecimentos de deveres (destinado a todos). Democracia, por sua volta, consiste em um ambiente político-jurídico próspero para: a participação da vida política do Estado (maiormente destinada aos nacionais); a proteção de direitos fundamentais de todos sujeitos a tutela Estatal.

E neste sentido, os Conselhos municipais tem fundamental papel e importância para a realização deste processo de participação política e de proteção de direitos fundamentais. Passa-se, assim, a analisar o constitucionalismo municipal no e o papel dos conselhos municipais dentro deste modelo de Estado Democrático de Direito

## 2. Dignidade humana como alicerce da democracia e da cidadania

O art. 1º da Constituição Federal, em seu caput e em seus incisos I, II e III, que traçam os fundamentos da República Federativa do Brasil, dialogam com os objetivos nacionais traçados no art. 3º, em especial, como se pretende verificar, no que determina o inciso III do citado art. 3º. Como se viu alguns neste trabalho, existe uma abrangência conceitual no que tange aos conceitos de cidadania e democracia.

O que se pode perceber é que a cidadania plena é uma manifestação jurídica que se constitui como: um dever de cumprimento de direitos; um direito de participação na vida da política-jurídica-social a partir de uma relação traçada entre o cidadão e o Estado que o acolhe; o reconhecimento e proteção de direitos pelo Estado. Trata-se indubitavelmente de um processo intersubjetivo de reconhecimento de direitos e reafirmação da postura do indivíduo na sociedade.

Democracia, como já visitado, traça conceito próximo ao de cidadania. Até porque, é pela democracia, enquanto ambiente para o exercício político-jurídico de participação do povo e de reconhecimento de direitos pelo Estado, que a cidadania plena pode se manifestar a partir de um processo de empoderamento popular. Em que pese ser profundamente debatida a questão do processo de reconhecimento de direitos, para todos os fins, afirma-se que o direito objetivo existe de per si, independentemente de haver implementação ou não de seu correspondente direito subjetivo.

Explicando melhor, o que se chama de reconhecimento de direitos parece revelar um processo de efetividade de direitos. Macabeia, na *Hora da Estrela* de Clarisse Lispector, embora não se visse enquanto pessoa de direitos, o era, embora muitos de seus direitos não fossem eficazmente cumpridos. Parte-se, bem assim, do pressuposto que o direito existe na mesma medida em que existe a própria humanidade. Isto está intimamente ligado ao fundamento da República Federativa do Brasil de nome dignidade humana, como já narrado anteriormente.

Mais um conceito que serve de fundamento para a compreensão da temática. Enquanto que cidadania remete a um conceito de reconhecimento subjetivo de direitos, em uma compreensão de empoderamento popular enquanto partícipe do universo político-jurídico-social; a democracia é ambiente protetivo e participativo que proporciona a cidadania;

a dignidade humana corresponde a uma característica imanente à condição humana que sustenta tanto o ambiente democrático como a cidadania plena.

A importância de se estabelecer a dignidade humana como elemento norteador para o reconhecimento da sujeição de direitos reside no fato de ela –a dignidade – existir independentemente do respeito ao direito subjetivo. Eis que dignidade é *ipso facto* à condição humana. Dado a caracteres comuns entre direitos fundamentais e princípios estruturais de Direito, pode haver utilização indiscriminada da dignidade ora enquadrada na primeira situação, ora na segunda, em que pese a Constituição do Brasil prever a dignidade como fundamento do Estado brasileiro (art. 1º, inciso III da Constituição). Entretanto, nada obsta à compreensão de dignidade como direito fundamental em espécie, desde que não se obnubile o reconhecimento da dignidade humana enquanto "significativo vetor interpretativo, verdadeiro valor-fonte que conforma e inspira todo o ordenamento constitucional vigente em nosso País e que traduz, de modo expressivo, um dos fundamentos em que se assenta, entre nós, a ordem republicana e democrática consagrada pelo sistema de direito constitucional positivo". [7]

Gavara de Cara, citado por D'Avila, bem observa este problema, apontando três teorias predominantes que expliquem a dignidade humana no ordenamento jurídico, com foco especial nos direitos fundamentais: a) teoria originalista ou consensual: em que há um parâmetro primário determinado pelo Poder Constituinte, o qual servirá de base para a elaboração de normas, que constituirão um parâmetro secundário servindo de base para a verificação da violação, no caso concreto, da dignidade; b) teoria contextual: em que há uma visão sistemática de todas as normas que direta ou indiretamente lidem com a dignidade, obtendo-se, com isto, um conceito global; c) teoria que identifica a dignidade humana com os direitos humanos: dignidade equivale à realização dos direitos humanos. No entanto, a vinculação deste conceito a outro (direitos humanos) igualmente de difícil abstração, causa problemas, ainda que haja ideia

[7] BRASIL. Supremo Tribunal Federal. HC 85.988-MC. Relator: Min. Celso de Mello. 2ª Turma. Julgado em 4 de maio de 2010.

predominante de direitos humanos serem inerentes ao ser humano enquanto ser humano.[8]

Para a visão de um ordenamento jurídico pautado na dignidade humana não enquanto valor moral, mas sim enquanto valor jurídico (necessariamente decorrente de uma situação de fato, a autodeterminação), a melhor solução seria a aplicação de teoria originalista, o que não obsta a existência uma carga valorativa própria de outras ciências, alheia, no entanto, ao direito.

Düring, sob uma perspectiva valorativa, também tratou do tema, com profundidade, principalmente no pós-guerra alemão. Sarlet também chegou à conclusão de ser a autodeterminação característica central para um ser humano. Derivado de seu pensamento jurídico próprio difere, no entanto, por atribuir valoração especial ao ser humano, na medida em que "cada ser humano é humano por força de seu espírito, que o distingue da natureza impessoal e que o capacita para, com base em sua própria decisão, tornar-se consciente de si mesmo, de autodeterminar sua conduta, bem como de formatar a sua existência e o meio que o circunda". [9]

A autodeterminação é o que consagra a dignidade humana, pois seu substrato é fático (o livre-arbítrio e a racionalidade) sendo, portanto, escolha mais adequada do que a conexão daquela a um valor moral. E pela autodeterminação cada ser humano irá limitar um em relação ao outro, partindo-se de uma igualdade real. Subtraindo-se a exacerbação do racionalismo humano que Kant dogmatiza (o que é decorrente de seu humanismo filosófico), encontramos a percepção de que a dignidade humana "consiste precisamente na aptidão que ela possui para estatuir leis universais, embora com a condição de simultaneamente estar sujeita a esta legislação".[10] Remete-se, novamente, ao conceito da própria autodeterminação.

[8] Gavara de Cara, Juan Carlos. Derechos fundamentales y desarrollo legislativo. Madrid: Centro de Estudios Constitucionales, 1994. p. 218-266.

[9] Sarlet, Ingo Wolfgang, Dignidade da pessoa humana e Direitos fundamentais na Constituição Federal de 1988, 8. ed., Porto Alegre: Livraria do Advogado, 2010. p. 46.

[10] Kant, Immanuel. Fundamentação da Metafísica dos Costumes. Tradução: Antônio Pinto de Carvalho. Lisboa: Companhia Editora Nacional, 1964. p. 434-436

Chega-se, assim, a conclusão de que a dignidade humana (jurídica), para a ética, se equivaleria a um mínimo ético, um respeito mínimo que é devido ao ser humano em função de seu valor imanente que o colocou em posição especial no mundo. A área é comum entre o direito e a ética, no entanto, o sustentáculo de uma e de outra diferem. O valor jurídico de dignidade humana é uma simples situação de fato que existe em função da autodeterminação (decorrente da racionalidade e do livre arbítrio). Aliás, tanto o Estado como as pessoas jurídicas, como ficção jurídica que são, acabam sendo contemplados, por extensão, com esta sujeição de direitos das pessoas físicas que os compõe, uma vez que são frutos da racionalidade humana e criados, pelo fato mesmo, por normas humanas, além de controlados por seres (humanos) dotados de livre arbítrio e racionalidade.

Assim sendo, ficou evidenciado à luz do pensamento positivo que não cabe ao direito analisar a importância ou destaque do ser humano em uma posição universal ou mundial. Caberá sim observar que o ser humano, por ter racionalidade e livre arbítrio tem a capacidade de autodeterminar sua conduta, por meio de imputação de normas. E, bem assim, esta própria autodeterminação será a pura essência do Direito, consubstanciada no valor fático dignidade humana.

## 3. O papel do município no federalismo brasileiro

A Constituição Brasileira de 1988 estabeleceu uma profunda novidade no pacto federativo. Incluiu o município na qualidade de ente federado, algo não necessariamente torna a compreensão do federalismo brasileiro fácil. A estrutura federalista nasce com a ideia de descentralização; este foi o modelo proposto a partir do nascimento desta forma de estado, a partir da independência das Treze Colônias em 1776/77, no que viria a ser os Estados Unidos da América. A proposta seria de que cada um dos treze estados em guerra pela sua independência se reunissem em torno de um objetivo que lhes era comum, ou seja, assegurar a vitória contra os ingleses.

A compreensão do federalismo, bem assim, apresenta uma estrutura de quase total autonomia dos estados-membros, com o fornecimento do tão somente necessário ao ente federal que amalgama os estados-membros: a União. No modelo federalista tradicional, portanto, percebe-se que a União é uma força nacional necessária tão somente para manter o tônus político-jurídico em torno de uma unidade nacional. O Brasil nunca adotou esta forma de Estado, precipuamente, nunca foi um Estado federal no modelo tradicional.

A Constituição Brasileira de 1988 modificou o pacto federativo anterior. Excluiu os territórios como entes federados e elevou a este status os municípios. Isto modificou bastante a compreensão global dos elementos da Teoria Geral do Estado que caracterizam o federalismo como forma de Estado. Para caracterização de um pacto federativo, são necessários os seguintes elementos: existência de entes autônomos; existência de uma constituição rígida; órgão que represente a vontade desses entes autônomos; órgão guardião da Constituição; indissolubilidade do vínculo. É ainda passível de ser inserido mais um elemento: simetria entre os entes federados. E o Brasil, pela Constituição 1988, consegue, ainda que parcialmente, cumprir os requisitos acima desenhados.

A autonomia dos municípios, à luz disso, pode ser conceituada como uma tríplice capacidade: auto-organização; autogoverno; autoadministração. Capacidade de auto-organização corresponde à capacidade conferida a partir do "Poder Constituinte Derivado Decorrente" ou "Poder Constituído Decorrente". Cada ente federal terá a capacidade de estabelecer sua norma máxima, que deve estar em consonância com a Constituição Federal. A capacidade de autogoverno está associada com a organização interna dos entes federados de acordo com os "três poderes". A capacidade de autoadministração está associada com as competências materiais e legislativas atribuídas a cada ente federado.

De se destacar que estas violações à simetria constitucional, como se pode perceber, não são necessariamente prejudiciais, mas muitas vezes necessárias à realidade político-jurídica-geográfica brasileira. Ainda assim, a Constituição de 1988, ao elevar o município à condição de ente federal, embora pouco tenha modificado suas competências e atribuições diante de outros modelos federalistas passados, empoderou, vocacionou e procurou estimular a importância destes entes que verdadeiramente são os mais próximos da vida da população. E, em especial, a repartição de atribuições políticas, com a própria população, na melhor expressão da democracia participativa como exercício da cidadania plena, é bem exercitada por meio dos Conselhos temáticos, o que se passará a estudar a seguir.

## 4. Os Conselhos Municipais como instrumentos de realização da cidadania plena

Historicamente, os conselhos remontam, na contemporânea a manifestações embrionárias na Comuna de Paris, no final do séc. XIX, bem como dos *Soviets*, na União Soviética, no início do séc. XX. No Brasil, o que hoje são conselhos temáticos tem influência de uma cultura de empoderamento operário surgido a partir de comissões de fábrica, nos idos dos anos 1970 em diante. Embora mesmo antes da Constituição houvessem manifestações de Conselhos, espalhados pelo Brasil, como por exemplo, o Conselho de Cultura em São Paulo,[11] somente com a reabertura política de 1985 e com o assento constitucional da soberania popular da Constituição de 1988 estes órgãos passaram a se fixar como partícipes na vida política e social. São, assim, órgãos que permitem o exercício da democracia participativa, conjuntamente com audiências públicas, orçamento participativo, referendo, plebiscito, ação popular, planos diretores e conferências.

> Ao mesmo tempo em que o orçamento participativo surgiu em Porto Alegre e se estendeu para mais de 170 cidades, surgiram também duas outras formas adicionais de participação no Brasil democrático resultantes do processo constituinte e sua posterior regulamentação. Os conselhos de políticas surgiram como resultado da Lei Orgânica da Saúde (LOS) e da assistência social (LOAS) e, como resultado do capítulo das políticas urbanas do processo constituinte e sua regulamentação em 2001 através do Estatuto da Cidade, começaram a proliferar durante a última década os assim chamados "Planos Diretores Municipais". Estes últimos se tornaram obrigatórios em todas as cidades com mais de 20.000 habitantes.[12]

[11] Teixeira, Ana Claudia. A Formação dos conselhos no Brasil. *In:* Faria, Hamilton, Moreira, Altair; Versolato, Fernanda, (Orgs.) Você quer um bom conselho? Conselhos municipais de cultura e cidadania cultural. São Paulo: Instituto Pólis, 2005. p. 20 e ss.

[12] Avritzer, Leonardo. Instituições participativas e desenho institucional: algumas considerações sobre a variação da participação no Brasil democrático Opin. Publica vol.14 no.1 Campinas, Junho/2008. Disponível em < http://www.scielo.br/scielo.php?script=sci_arttext&pid=S0104-62762008000100002 >. Acesso em: 20 jun. 2021. p. 44.

Conselhos não são órgãos exclusivamente municipais. Estão previstos em toda a estrutura federalista brasileira. Possuem um enquadramento muito particular no direito administrativo: não são personalizados, logo não se enquadram como autarquias ou agências; pertencem à administração pública tanto quanto pertencem à sociedade civil; são normativos e consultivos em suas competências, além de fiscalizadores e administradores; seu objeto de trabalho essencial é políticas públicas em diversos segmentos. Bandeira de Mello define "(...) as agências reguladoras são autarquias sob regime especial, ultimamente criadas com a finalidade de disciplinar e controlar certas atividades." [13]

Neste sentido, Conselhos temáticos de políticas públicas constituem um órgão consultivo-regulatório-fiscalizatório-gestor de políticas públicas, em seus mais variados níveis federados, desprovidos de personalidade jurídica, composto, como regra por representação paritária e rotativa de membros da sociedade civil e do poder público com interesse na matéria objeto daquele conselho. Bispo Júnior e Gerschman afirmam que

> [o]s conselhos instituem uma nova modalidade de relacionamento da sociedade com o Estado. Esses fóruns permitem a aproximação e a inserção da sociedade civil nos núcleos decisórios, constituindo-se como instrumento de democratização do Estado. Os conselhos são, ao mesmo tempo, resultado do processo de democratização do país e pressupostos para a consolidação da democracia.[14]

Há controversas há respeito de alguns elementos de atribuições dos Conselhos. O caráter fiscalizador[15] – poder de polícia – é muito debatido, em função de normalmente existir esta atribuição a órgão público espe-

[13] BANDEIRA DE MELLO, Celso Antônio. Curso de Direito Administrativo. São Paulo: Malheiros, 2013. p. 174-175.

[14] BISPO JUNIOR, José Patrício; GERSCHMAN, Sílvia. Potencial participativo e função deliberativa: um debate sobre a ampliação da democracia por meio dos conselhos de saúde. Ciênc. saúde coletiva [online]. 2013, vol.18, n.1, p.7-16. Disponível em < http://www.scielo.br/scielo.php?pid=S1413-81232013000100002&script=sci_abstract&tlng=pt >. Acesso em: 30 jun. 2021. p. 8.

[15] Vide Decreto nº 5.839/06, art. 2º, VI e VII; Lei nº 8.742/93, art. 9º, §2º; Lei nº 8.069/90, art. 90; entre outros.

cífico. Particularmente, guardadas os devidos respeitos ao princípio do *nonbis in idem* arrecadatório de penalidades administrativas, não se vislumbra maiores problemas do exercício fiscalizador por parte destes órgãos. Em especial, de fundamental importância a fiscalização em conselhos como o de Saúde ou o de Direitos do Consumidor, em que o próprio conselho se constitui mais um canal de encaminhamento de denúncias e fiscalização do cumprimento das políticas públicas.[16]

O poder normativo-regulatório[17] dos Conselhos também é questionado. Aqui não se afirma que o conselho tem o papel de estabelecimento de lei em sentido estrito, mas sem dúvida, tem o papel na elaboração de normas jurídicas em sentido amplo, que darão azo e fundamento jurídico às próprias políticas públicas neste setor. Contribui-se como exemplo o estabelecimento do Plano Decenal de competência na elaboração de políticas públicas para Crianças e Adolescentes no município ou o marco regulatório de medicamentos ofertados sob enfoque do Conselho de Saúde de cada um dos municípios.

O caráter consultivo[18] dos conselhos parece mais aceito amplamente, assim como o seu caráter gestor. O caráter consultivo tem o condão efetivo de atribuir peso democrático na escolha das políticas públicas por parte do administrador, que deve se socorrer dos Conselhos como legitimador de suas políticas. De outra sorte, o caráter gestor está associado à gestão dos fundos que normalmente são criados em associação aos conselhos. Os fundos são compostos por verbas de natureza pública, objeto de repasse orçamentário ou de doação ou destinação por parte de particulares ou mesmo de empresas de natureza pública. Cabe ao Conselho realizar a gestão do orçamento.

Antes de se continuar a discorrer sobre os conselhos, cumpre aqui lembrar o conceito já estudado de políticas públicas, em sentido lato, como sendo, segundo Dallari Bucci, o conjunto de ações racionais, coordenadas entre os diversos atores, que realizam um programa (conteúdo)

16 Vide Lei nº 8.689/93 e Lei nº 9.008/95.

17 Vide Decreto nº 5.839/06, art. 2º, II; Lei nº 8.742/93, art. 18, II; Lei nº 8.069/90, art. 90, §3º; entre outros.

18 Vide: Decreto nº 5.839/06, art. 2º, I; Lei nº 8.742/93, art. 18, X; Lei nº8.069/90, art. 260-I, II; entre outros.

seguindo um determinado processo (meio).[19] Estas decisões de gestão da coisa pública, naturalmente terão escala nacional, regional ou local, e sobre assuntos naturalmente de interesse público nas mais diversas áreas. Trata-se de manifestação de governança pública que elege soluções para alcançar objetivos em prol da população. Tem-se, portanto, que a atividade de estabelecimento de políticas públicas é perigosamente discricionária e, portanto, a importância dos Conselhos em, de um lado, ajudar a estabelecer as políticas públicas, de outro lado, em legitimá-las e, ainda, em fiscalizá-las.

Em verdade, cabe aos Conselhos um papel participativo na definição das políticas públicas de erradicação da pobreza.[20] Como se pode perceber, até então do exposto como atribuições dos Conselhos, compete não apenas ao Conselho Municipal de Assistência Social, como também a Conselhos como de Saúde, de Direitos da Criança e do Adolescente, do Idoso, da Pessoa com deficiência, apenas para mencionar alguns. Isto porque o Conselho, como já visto, é o local em que se deve nascer a política pública local para a erradicação da pobreza.

É, assim, por meio do Conselho que se estabelece e implementa uma política pública de erradicação da pobreza, de modo local; que se implementam as políticas regionais e nacionais de erradicação da pobreza; que se cria amparo político-jurídico para que haja a institucionalização das políticas públicas de erradicação da pobreza, consideradas como válidas e necessárias. Isto se dá a partir de um ambiente democrático de debates em que ocorre o Conselho.

A Constituição não é silente sobre os Conselhos. Alguns artigos, a maioria emendados, previram a atuação de conselhos, como o art. 77 §3º

[19] Bucci, Maria Paula Dallari. O conceito de políticas públicas em direito. *In:* BUCCI, Maria Paula Dallari (Org.). Políticas Públicas: reflexões sobre o conceito jurídico. São Paulo: Editora Saraiva, 2006.

[20] Exemplifica-se. Lei nº 8.742: "Art. 15. Compete aos Municípios:[...] III – executar os projetos de enfrentamento da pobreza, incluindo a parceria com organizações da sociedade civil;". Lei nº 8.069: "Art. 260-I. Os Conselhos dos Direitos da Criança e do Adolescente nacional, estaduais, distrital e municipais divulgarão amplamente à comunidade:[...] II – as ações prioritárias para aplicação das políticas de atendimento à criança e ao adolescente;". Decreto nº 5.839: "Art. 2º Ao CNS compete: [...] V – propor critérios para a definição de padrões e parâmetros assistenciais;"

e art. 79, parágrafo único, do ADCT, o art. 216A, §2º, II do texto permanente. No tocante aos municípios, diversos dispositivos conclamam à participação popular que dar-se-á, como sob análise, na figura dos conselhos: art. 29, XII, art. 194, parágrafo único, VII, art. 198, III, art. 204, II, art. 206, VI, art. 227, §1º.

Como já se adiantou, tendo em vista sua natureza pública, mas sua representatividade mista, um marco importante para os conselhos é a participação paritária entre sociedade civil e governo.[21] Um breve debate sobre a possibilidade de prevalência da sociedade civil sobre o governo: embora exista opinião no sentido que os "conselhos" pertencem ao povo e que, por isso, devessem ser "do povo", deve-se ter em mente a finalidade do Conselho. É um órgão de encontro para, essencialmente, debate de políticas públicas. Parece mais acertado imaginar que este debate ocorra por meio de um diálogo entre o governo e a sociedade civil, em paridade. Assim, de um lado, os anseios populares na política pública e, de outro lado, o possível iminentemente orçamentário da administração, se encontrariam e, em teoria, poderiam traçar políticas mais eficientes.

A função de conselheiro não é remunerada nem poderia ser.[22] É um múnus público. O conselheiro é um particular em colaboração com a administração pública, auxiliando a gestão da coisa pública. Sua atuação decorre de um mandato que dura, no geral, dois anos. Normalmente, o Conselho é composto por entidades públicas e privadas, de modo que o cargo de Conselheiro é múnus atribuído à pessoa nomeada por aquela determinada entidade. Não deve haver cumulação de cargo público e privado, em especial em assento destinado à porção "sociedade civil", de modo a garantir o paritarismo. Questão delicada concerne entidades que recebem qualquer tipo de recurso público: devem ser excluídas da porção "sociedade civil" ou isso não impede sua imparcialidade? São questionamentos que devem ser ponderados na consecução de um Conselho.

O que se percebe é que os conselhos frequentemente acabam por ser utilizados como ferramenta política para alçar voos eleitorais, assim como frequentemente se percebe em relação aos Conselhos Tutelares e outros órgãos criados com finalidade auxiliar e democrática. Não de

[21] Lei nº 8.742, arts. 16 e 30, I; Lei nº8.069, art. 88, II; Lei nº8.142, art. 1º, §4º.

[22] Lei nº 8.069, art. 89, Decreto nº 5.839, art. 10.

outra sorte, em especial no tocante ao "lado governo", também frequentemente se percebe uma designação de funcionários públicos para participar dos conselhos, os quais desprovidos de vocação para a temática. Faltas, desinteresse e desídia são vivências comuns nesta realidade, ao mesmo tempo em que paixões políticas e brigas vazias, deixando de lado completamente o interesse pela gestão da coisa pública.

O objeto de atuação dos Conselhos é a realização de políticas públicas relacionadas a direitos fundamentais de segunda e terceira gerações, em sua quintessência. Estas duas gerações espelham a necessidade de postura ativa-positiva por parte da administração pública, sendo certo que, ainda mais em especial os direitos de terceira geração, repartem o ônus com a sociedade, como um todo; é o que fica claro da leitura de artigos da Constituição, como o art. 225 ou 227, direitos tipicamente de terceira geração. Assim, tem-se Conselhos de Saúde, de Direitos da Criança e do Adolescente, da Assistência Social, de Proteção de Direitos do Consumidor, de Segurança Pública, de Pessoas com Deficiência, do Idoso, entre outros.

Em que pese não se tratar de atividade remunerada, o aparelhamento humano e de logística material é de atribuição do poder público,[23] o que constantemente não ocorre a contento. Os conselhos largamente lidam com burocracia pública, algo que normalmente foge aos conhecimentos dos conselheiros. Assim, ideal seria se fossem auxiliados por profissionais qualificados que estivessem aptos – contratados – para este fim. No entanto, esbarra-se no problema orçamentário dos municípios, em especial. Por exemplo, o Conselho de Saúde no município aprova as contas da administração pública quanto ao uso dos recursos utilizados via Fundo Municipal de Saúde. Este procedimento, como regra, é feito de modo exasperado com um prazo exíguo, algumas vezes propositadamente, com o objetivo de aprovas as contas, sem muito poder minuciosamente se atentar a elas, sob a alegação de que contas não aprovadas impedem o repasse e travariam todo o sistema de saúde municipal.

O mesmo ocorre no Conselho de Municipal de Direitos da Criança e do Adolescente, que faz a gestão do Fundo correspondente. Uma falta de

[23] Lei nº 8.069, art. 134, parágrafo único; Lei nº 8.142, art. 2º, parágrafo único.

pessoal dificulta a prestação de contas das atividades desenvolvidas com verbas do Fundo, propiciando que haja má utilização de verba pública. Esta realidade é replicada em quase todos os Conselhos. No entanto, em que pese esta dificuldade de pessoal e de recursos materiais, não se deve permitir a utilização de verbas dos Fundos temáticos para emprego na autogestão do Conselho. É extremamente perigoso a um órgão gerir, dar contas e aprovar contas sobre si mesmo.

Pesquisa do IBGE de 2001 revelou os seguintes dados, considerando o número total de municípios brasileiros. Em 2001, existiam 97,60% de Conselhos de Saúde e em 2013, 99,69%; em 2001, 93,1% de Conselhos de Assistência Social e em 2012, 99,3%; de 94,32% de municípios com Conselhos de Direitos das Crianças e Adolescentes, em 2012. Em conselhos, de igual importância, porém menor aderência, se percebe que em 2009, 35,5% de municípios com Conselho de Idosos e em 2012, 53,3%; na mesma toada, 8,8% dos municípios com Conselho de Deficientes e 19,7% em 2012.[24]

TABELA I – **Porcentagem de municípios brasileiros com Conselhos Municipais temáticos**

| Conselho | 2.001 | 2.009 | 2.012 | 2.013 |
|---|---|---|---|---|
| Saúde | 97,60% | | | 99,69% |
| Assistência Social | 93,10% | | 99,30% | |
| Direitos da Criança e do Adolescente | 77,50% | | 94,32% | |
| Educação | 73,30% | | | |
| Emprego/Trabalho | 33,90% | | | |
| Meio Ambiente | 29,10% | 56,30% | 63,70% | |
| Turismo | 22,10% | | | |

[24] INSTITUTO BRASILEIRO DE GEOGRAFIA E ESTATÍSTICA. Perfil dos Municípios de 2002. Disponível em < http://biblioteca.ibge.gov.br/visualizacao/livros/liv2278.pdf >. Acesso em: 30 jun. 2021.; INSTITUTO BRASILEIRO DE GEOGRAFIA E ESTATÍSTICA. Perfil dos Municípios de 2012. Disponível em < ftp://ftp.ibge.gov.br/Perfil_Municipios/2012/munic2012.pdf > Acesso em: 30 jun. 2021.

| Conselho | 2.001 | 2.009 | 2.012 | 2.013 |
|---|---|---|---|---|
| Cultura | 13,20% | | 32,30% | |
| Habitação | 11,30% | | | |
| Política Urbana | 6,00% | | 22,12% | |
| Transportes | 4,90% | | 6,40% | |
| Orçamento | 4,90% | | | |
| Idoso | | 35,50% | 53,80% | |
| Deficientes | | 8,80% | 19,70% | |
| Segurança Pública | | 10,40% | 11,50% | |
| Segurança Alimentar | | | 27,10% | |
| Preservação Patrimônio público | | | 15,80% | |

Esta quase unanimidade de municípios com Conselho Municipal de Assistência Social, bem como de outros conselhos correlatos, como Saúde e Criança e Adolescente se deve à uma política pública nacional na erradicação da pobreza e de assistência social: para que um município possa receber verbas federais na área da assistência social ou saúde, deve possuir um fundo que é gerido pelo respectivo conselho. No caso da Criança e do Adolescente, o Estatuto da Criança e do Adolescente cria os Conselhos Tutelares, que são orientados normativamente pelos respectivos Conselhos de Direitos das Crianças e dos Adolescentes.

Além disto, os Conselhos Municipais de Assistência Social são a primeira linha de verificação de entidades filantrópicas e assistenciais.[25] Por meio de verificações deste Conselho, a entidade pode receber a Certificação Municipal de Assistência Social, que é requisito para obtenção da Certificação Estadual de Assistência Social (no estado de São Paulo, representada pela DRADS) e, em nível federal, pela Certificação de Entidades Beneficentes de Assistência Social – CEBAS.[26] Assim, o que se percebe é que a atuação dos Conselhos permite a realização da política sob

[25] Lei nº 8.742, art. 9º, §2º.

[26] Vide Lei nº 12.101/09.

o ponto de vista de participação de atores estatais, por meio do recebimento de verbas e aplicação em equipamentos públicos; bem como sob a perspectiva de credenciamento do terceiro setor, que poderá contar com alguns benefícios a partir do desenvolvimento de atividades sociais reconhecidas como tal pelos Conselhos.

## 5. A rede protetiva do Estatuto da Criança e do Adolescente e o papel do Conselho Municipal de Direitos da Criança e do Adolescente

Primeiramente, há de se fixar que a proteção dos direitos da criança e do adolescente estão previstas em nível constitucional a partir do art. 226, 227 e 228, sendo o art. 227 o núcleo protetivo. Cabe, assim, estabelecer tais direitos como direitos fundamentais, que poderiam ser enquadrados como de terceira geração/dimensão, transidividuais: estabelece um dever compartilhado entre a sociedade e o estado para a proteção deste grupo de pessoas ligadas por uma situação fática (critério biológico etário, até 18 anos incompletos), diante de sua declarada e presumida vulnerabilidade. A partir disso, se percebe que os instrumentos usados por tais direitos beberão da fonte de direitos individuais e de direitos sociais, direitos fundamentais de primeira e de segunda gerações, respectivamente. A partir deste conceito geral dos direitos fundamentais, compete uma rápida análise da natureza das políticas públicas que institucionalizam estes direitos.

Observe-se que este conjunto de direitos fundamentais que visam garantir a proteção integral de crianças e de adolescentes constituem normas estruturantes das políticas públicas. Dallari Bucci define que políticas públicas como sendo o conjunto de ações racionais, coordenadas entre os diversos atores, que realizam um programa (conteúdo) seguindo um determinado processo (meio). Bem assim, lê-se que para que haja política pública, deve haver necessariamente fins, objetivos, princípios, diretrizes, instrumentos e sistema.[27]

Portanto, percebe-se que as políticas públicas não constituem movimento puramente jurídico, mas também social. É um processo dialético pelo qual um e outro colaboram para a síntese, que é a própria política

[27] BUCCI, Maria Paula Dallari. *Id.*

pública. E quanto mais arraigada se instala uma política pública, mais institucionalizada, sendo possível observar as seguintes características:

> a) [...] descolamento em relação ao governante ou gestor que institui o programa; b) um padrão de organização; c) a juridificação desse padrão organizativo, baseada na formalização e nos elementos jurídicos que o definem, que distribui posições e situações jurídicas subjetivas dos diversos atores — deveres, proibições, autorizações e permissões—, cujo exercício movimenta o programa de ação e lhe confere vida concreta; d) uma ideia-diretriz, isto é, um princípio referencial, que orienta todos os atores e atos envolvidos naquele arranjo, associado ao plano de ação.[28]

Retornando ao cerne, deveras, a Constituição estabelece o princípio da proteção integral, dispondo sobre a então necessidade de revisão das normas protetivas, com a revogação do Código de Menores e o estabelecimento do celebrado Estatuto da Criança e do Adolescente. E foi justamente pelo Estatuto que floresceu a rede protetiva.

O art. 13, §2º do Estatuto firma a ideia da rede protetiva, a percepção de que todas as ações promovidas para proteção integral deverão se dar por órgãos distintos, embora imbuídos da citada finalidade única. Percebe-se, mais uma vez, que há uma integração entre competências, entre leis, entre órgãos para esta atuação em rede, citando-se aqui alguns exemplos.

O primeiro órgão a ser analisado consiste no próprio Conselho Municipal de Direitos da Criança e do Adolescente, o CMDCA, regulado pelo art. 90, §§1º, 3º e ainda pelos arts. 91 e 139, todos do Estatuto. Em que pese a falta de uma diretriz geral que trate dos Conselhos, no Brasil, tem-se como seguro afirmar que estes conselhos detém função reguladora, fiscalizadora e sancionadora, no mínimo. Reguladora, uma vez que lhe toca a competência de estabelecer, a partir de estudos e do Plano Decenal, como serão fixadas as prioridades na consecução de políticas públicas protetivas, bem como incentivar prioridades de projetos por parte das entidades particulares e públicas. Ao CMDCA compete também

[28] Bucci, Maria Paula Dallari. Fundamentos para uma Teoria Jurídica das Políticas Públicas. São Paulo: Saraiva, 2013. p. 20 e ss.

fiscalizar entidades que lidam com projetos relacionados à criança e aos adolescentes além de, como todos, haver o dever geral de fiscalização no caso de denúncias ou de maus tratos pontuais. Compete, ainda, sancionar, descredenciando entidades e ou projetos que não atendam aos fins definidos pela lei. Nada obstante, ainda há uma função administrativa, que consiste em promover a eleição dos Conselheiros Tutelares.

Os Conselhos Tutelares foram firmados também pelo ECA, com organização sistematicamente fixada a partir do art. 131 daquela lei. Possuem uma função muito mais fiscalizatória equivalente ao exercício de poder de polícia administrativo, mas ainda tem atribuição regulatória, ao, por exemplo, "assessorar o Poder Executivo local na elaboração da proposta orçamentária para planos e programas de atendimento dos direitos da criança e do adolescente" (art. 136, IX do ECA).

Cumpre estabelecer algumas diferenças entre estes conselhos. Os CMDCAs são um órgão democrático, participativo, com sua principal atribuição de identificar e fixar políticas públicas municipais para a proteção de crianças e adolescentes, além de fiscalizar (poder de polícia administrativo) entidades e projetos ligados ao tema. Os Conselhos Tutelares são um órgão democrático com principal função de fiscalização (poder de polícia administrativo) ao respeito às normas protetivas a crianças e adolescentes, em geral. Não existe normativa que determine a composição de membros dos CMDCAs, mas firmou entendimento consolidado no sentido que haja composição paritária entre membros do setor público e do setor privado, sendo que destes recomenda-se composição entre entidades que cuidem da temática e sociedade civil não organizada, em geral. Cada município define as regras de ingresso de suas entidades participantes do Conselho e o conselheiro do CMDCA não receberá por sua atividade (como em qualquer conselho temático). Não podem servir de conselheiros do CMDCA membros do Ministério Público, do Judiciário, da autoridade policial. Os Conselheiros Tutelares são eleitos, por meio de voto direto, por parte dos munícipes, em eleição organizada pelo CMDCA e, como detentores de mandato eletivo, receberão os benefícios mínimos definidos pelo art. 134 do Estatuto.

Por fim, os Conselhos de Direitos têm organização federada, submetendo-se às disposições dos Conselhos Estaduais de Direitos da Criança e do Adolescente e ao Conselho Federal de Direitos da Criança e do Adolescente, aos quais tocam competência geral à qual ficam subordinados os CMDCAs.

Ainda discorrendo sobre a rede protetiva, percebe-se que o art. 15 da Lei Orgânica da Assistência Social também está em alinhamento com a fixação da atribuição dos municípios em executar políticas públicas sociais. Além do próprio Conselho Municipal de Assistência Social (CMAS), fixado pela citada lei, o Conselho Municipal de Direitos das Pessoas com Deficiência, o Conselho Municipal das Mulheres, o Conselho Municipal dos Idosos, são bons exemplos de interconexão entre o município e a sociedade civil para elaboração de políticas públicas que atendas às necessidades locais. Este órgão, o CMAS, lida com projetos de enfrentamento à pobreza estão previstos no art. 25 da LOAS, entabulando uma fundamental diferença entre a assistência social e o assistencialismo. Diz o dispositivo que estes projetos devem ser dotados de iniciativas que garantam meios, capacidade produtiva e de gestão para melhoria das condições gerais de subsistência, elevação do padrão da qualidade de vida, a preservação do meio-ambiente e sua organização social, por meio de ações articuladas de diferentes áreas governamentais e em sistema de cooperação entre organismos governamentais, não governamentais e da sociedade civil. De se concluir, assim, que os demais conselhos temáticos têm todos um papel colaborativo e cooperativo comum na consecução de suas respectivas finalidades, não podendo ser analisados isoladamente.

Também compõe a rede protetiva, neste espírito cooperativo: os Centro de Referência de Assistência Social (CRAS) e o Centro de Referência Especializado de Assistência Social (CREAS) (art. 6º da LOAS), órgãos operacionais que visam atuar em vulnerabilidades sociais; Ministério Público; Poder Judiciário; autoridades policiais; demais órgãos municipais (precipuamente, mas não exclusivamente) que visem auxílio à saúde mental, contra dependência de álcool e drogas, de saúde, de educação, de desporto, enfim, o rol é extenso.

## Conclusão

Como foi apontado inicialmente, este estudo não tem o condão de esgotar a temática relacionada a políticas públicas, cidadania, democracia, proteção de crianças e adolescentes e a sua correlação com os conselhos municipais temáticos. No entanto, a partir deste estudo, procurou-se entender de forma mais clara a profundidade dos temas debatidos, a partir do corte diagonal traçado.

Em um primeiro momento, se procurou fazer a análise do conceito insaturado de cidadania e de democracia. Se pode estabelecer, neste momento, que cidadania, em uma perspectiva jurídica, consiste em um processo subjetivo de reconhecimento de Direitos três camadas distintas, que permitem formar a ideia de uma cidadania plena: na participação da vida política do Estado (maiormente destinada aos nacionais); na proteção de direitos (destinada a todos); no estabelecimento e reconhecimentos de deveres (destinado a todos). Democracia, por sua volta, consiste em um ambiente político-jurídico próspero para: a participação da vida política do Estado (maiormente destinada aos nacionais); a proteção de direitos fundamentais de todos os sujeitos a tutela estatal.

Como fundamentador da cidadania e da democracia, estabelece-se, dentro deste processo de reconhecimento de direitos o papel da dignidade humana como profundo norteador do direito, como um todo. E a análise da dignidade, instituto com profunda carga axiológica, também não se mostra tarefa simplista, embora se consiga chegar a um consenso que, objetivamente, a dignidade humana está para o Direito como um simples reconhecimento da condição humana: o ser humano é digno porque é humano.

Assim, a cidadania estabelece um reconhecimento subjetivo de direitos, em uma compreensão de empoderamento popular enquanto partícipe do universo político-jurídico-social; a democracia consiste em um ambiente protetivo e participativo que proporciona a cidadania; e a dignidade humana corresponde a uma característica imanente à condição humana que sustenta tanto o ambiente democrático como a cidadania plena.

Como se pode perceber a partir da proposição da temática, os Conselhos temáticos têm um fundamental papel na compreensão do conceito de cidadania e de democracia. Para tanto, na sequência, foi necessário ser objeto de análise o federalismo brasileiro, com foco na questão do papel desempenhado pelo município, que de forma inédita, foi elevado à condição de ente federativo, contando com a autonomia esperada pelo pacto federativo. Embora se trate de um federalismo *sui generis*, inclusive com algumas violações da esperada simetria entre entes federados, o município tem um profundo papel de prevalência, em termos de sua competência, para estabelecimento de políticas públicas locais, que devem estar alinhadas com as políticas públicas regionais e federais.

E é por isso que os municípios têm relevância extraordinária na realização de políticas públicas de proteção de crianças e de adolescentes, bem como estabelecimento de uma rede protetiva proposta pelo Estatuto da Criança e do Adolescente com atores com papeis bem definidos, embora não exclusivos. Ao Conselho Municipal de Direitos da Criança e do Adolescente tocou competência propositiva e regulatória, em grande parte, justamente por sua composição e acesso amplo e democrático. Aos Conselhos Tutelares, um papel mais voltado ao fiscalizatório, de poder de polícia administrativa, em virtude de seu papel de "ponta de lança" definido pelo Estatuto.

A percepção de uma rede colaborativa, definida discretamente pelo Estatuto, talvez seja uma das mais efetivas contribuições, uma vez que efetivou notadamente três importantes princípios: o princípio democrático, por meio do acesso da sociedade às atribuições regulatórias estatais; o princípio cooperativo, por definir atribuições complementares e não exclusivas de todos os partícipes da rede; o princípio da proteção integral das crianças e dos adolescentes, como resultado das ações dos dois primeiros princípios acima citados.

## Referências

AVRITZER, Leonardo. Instituições participativas e desenho institucional: algumas considerações sobre a variação da participação no Brasil democrático Opin. Publica vol.14 no.1 Campinas, Junho/2008. Disponível em < http://www.scielo.br/scielo.php?script=sci_arttext&pid=S0104-62762008000100002 >. Acesso em: 20 jun. 2021.

BANDEIRA DE MELLO, Celso Antônio. A democracia e suas dificuldades contemporâneas. Revista de Informação Legislativa. Brasília, a. 35, n. 137 jan./mar. 1998. Disponível em < https://www2.senado.leg.br/bdsf/bitstream/handle/id/353/r137-24.pdf?sequence=4 > Acesso em: 30 jun. 2021.

—. Curso de Direito Administrativo. São Paulo: Malheiros, 2013.

BISPO JUNIOR, José Patrício; GERSCHMAN, Sílvia. Potencial participativo e função deliberativa: um debate sobre a ampliação da democracia por meio dos conselhos de saúde. Ciênc. saúde coletiva [online]. 2013, vol.18, n.1, p.7-16. Disponível em <

http://www.scielo.br/scielo.php?pid=S1413-81232013000100002&script=sci_abstract&tlng=pt >. Acesso em: 30 jun. 2021.

BRASIL. Supremo Tribunal Federal. HC 85.988-MC. Relator: Min. Celso de Mello. 2ª Turma. Julgado em 4 de maio de 2010.

BUCCI, Maria Paula Dallari. Fundamentos para uma Teoria Jurídica das Políticas Públicas. São Paulo: Saraiva, 2013.

—. O conceito de políticas públicas em direito. *In:* BUCCI, Maria Paula Dallari (Org.). Políticas Públicas: reflexões sobre o conceito jurídico. São Paulo: Editora Saraiva, 2006.

COMPARATO, Fábio Konder. A Afirmação Histórica dos Direitos Humanos. 4. ed., São Paulo: Saraiva, 2006.

D´AVILA LOPES, Ana Maria. A cidadania na Constituição Federal brasileira de 1988: redefinindo a participação política. *In:* BONAVIDES, Paulo; LIMA, Francisco Gérson Marques de; BEDÊ, Fayga Silveira (coords.). Constituição e democracia. Estudos em homenagem ao Prof. J. J. Gomes Canotilho. São Paulo: Malheiros Editores, 2006.

FERRAJOLI, Luigi. Los fundamentos de los derechos fundamentales. Trad.: Andrés Perfecto. 4. ed., Madrid: Trotta, 2009.

GAVARA DE CARA, Juan Carlos. Derechos fundamentales y desarrollo legislativo. Madrid: Centro de Estudios Constitucionales, 1994. p. 218-266.

INSTITUTO BRASILEIRO DE GEOGRAFIA E ESTATÍSTICA. Perfil dos Municípios de 2002. Disponível em < http://biblioteca.ibge.gov.br/visualizacao/livros/liv2278.pdf >. Acesso em: 30 jun. 2021.

—. Perfil dos Municípios de 2012. Disponível em < ftp://ftp.ibge.gov.br/Perfil_Municipios/2012/munic2012.pdf > Acesso em: 30 jun. 2021.

KANT, Immanuel. Fundamentação da Metafísica dos Costumes. Tradução: Antônio Pinto de Carvalho. Lisboa: Companhia Editora Nacional, 1964.

SARLET, Ingo Wolfgang, Dignidade da pessoa humana e Direitos fundamentais na Constituição Federal de 1988, 8. ed., Porto Alegre: Livraria do Advogado, 2010.

TEIXEIRA, Ana Claudia. A Formação dos conselhos no Brasil. *In:* FARIA, Hamilton, MOREIRA, Altair; VERSOLATO, Fernanda (Orgs.) Você quer um bom conselho? Conselhos municipais de cultura e cidadania cultural. São Paulo: Instituto Pólis, 2005.

# 12.
# LA INTERPRETACIÓN DINÁMICA DE LA CONVENCIÓN SOBRE LOS DERECHOS DEL NINO Y EL ROL A DESEMPENAR POR EL COMITÉ DE LOS DERECHOS DEL NINO

ISAAC RAVETLLAT BALLESTÉ

## Introducción

Tradicionalmente, al examinar cuáles son las funciones que está llamado a desempeñar el Comité de los Derechos del Niño, se ha focalizado la atención en su loable y esencial tarea de monitorizar y controlar el respeto y grado de cumplimiento del articulado de la Convención sobre los Derechos del Niño – en adelante CDN – por parte de los Estados que la han ratificado, cometido éste desplegado, esencialmente, a través de la técnica de la presentación de informes iniciales y periódicos por los Estados y su posterior evaluación por el citado Comité ginebrino – artículo 44 CDN -. Ahora bien, el Comité de los Derechos del Niño cuenta también con otras atribuciones, algunas de ellas emanadas del propio texto de la CDN,[1] y otras, en cambio, incorporadas a posteriori por otros instrumentos internacionales. Este último sería el caso, por ejemplo, del Protocolo

[1] O de su reglamento de aplicación, COMITÉ DE LOS DERECHOS DEL NIÑO, *Reglamento*, – Documento CRC/C/4, de 14 de noviembre de 1991-. Aprobado por el Comité en su 22ª reunión del primer período de sesiones y revisado por el Comité en su 79º de sesiones – CRC/C/4/Rev. 5, de 1 de marzo de 2019.

Facultativo relativo a un procedimiento de comunicaciones (2011),[2] que dota a este Comité de expertos de una potestad cuasi-jurisdiccional, al reconocérsele la posibilidad de resolver quejas individuales presentadas por sujetos o grupos de sujetos, por Estados o incluso intervenir de oficio cuando reciba información fidedigna que indique violaciones graves o sistemáticas por un Estado parte de los derechos enunciados en la CDN y/o en sus Protocolos facultativos sustantivos.[3]

De entre esas otras ocupaciones a las que nos referíamos *ut supra*, en el presente capítulo nos ocuparemos específicamente del examen de aquellas consideradas como de carácter eminentemente interpretativo y valorativo del texto de la CDN, en particular de las observaciones generales emitidas por el Comité de los Derechos del Niño. De esta forma trataremos de resaltar la significación e importancia de estas funciones atribuidas al Comité como verdaderos instrumentos o mecanismos que facilitan la comprensión e interpretación de los preceptos y principios contenidos en la CDN y sus Protocolos facultativos sustantivos.

En efecto, tomando en consideración que la interpretación de los preceptos y principios dimanantes de los tratados internacionales de derechos humanos debe atenerse a la evolución de los tiempos y las condiciones de vida de cada momento,[4] corresponde al Comité de los Derechos

[2] Este Protocolo facultativo entró en vigor el 14 de abril de 2014, tres meses después del depósito en poder del Secretario General de las Naciones Unidas del décimo instrumento de manifestación de voluntad requerido – umbral mínimo que se logró con la ratificación de Costa Rica.

[3] Beco (De), Gauthier, "The optional protocol to the Convention on the Rights of the Child on a Communications Procedure: good news?", *Human Rights Law Review*, Vol. 13, Nº. 2, pp. 367-387; Ravetllat Ballesté, Isaac y Contreras Rojas, Cristian, "El Protocolo Facultativo de la Convención sobre los Derechos del Niño relativo a un procedimiento de comunicaciones. Estudio a la luz de su aplicabilidad", *Estudios Constitucionales*, Año 17, Nº. 2, 2019, pp. 225-264; Philips, Charlotte, "Optional Protocol to the Convention on the Rights of the Child on a Communications Procedure", *International Association of Youth and Family Judges and Magistrates*, 2013, pp. 4-8; y Riquelme Cortado, Rosa, "Entrada en vigor de los Protocolos facultativos del Pacto Internacional de Derechos Económicos, Sociales y Culturales y de la Convención sobre los Derechos del Niño relativos a un procedimiento de comunicaciones", *Revista Española de Derecho Internacional*, Vol. 6, Nº. 2, pp. 11-48.

[4] Aguilar Caballo, Gonzalo, "Principios de interpretación de los derechos fundamentales a la luz de la jurisprudencia chilena e internacional", *Boletín Mexicano de Derecho*

del Niño, si de la CDN se trata, la asunción y el desarrollo de tan trascendente cometido.[5] Ciertamente, durante la tramitación de la CDN y con la intención de alcanzar el máximo consenso posible entre los Estados que participaron en su proceso de elaboración, se optó por redactar muchos de sus preceptos de forma abierta, amplia e incluso ambigua que, si bien es cierto, debían permitir su fácil adaptación a las diferentes realidades o contextos en que habían de ser aplicados, también denota una cierta percepción de que nos encontramos ante disposiciones con un ligero tinte programático. Y es que con razón suele afirmarse que la persona menor de edad es la fuente más importante de retórica legal, de declaraciones suntuosas y, en general, de grandes principios de tenor casi *poético*, pero de escasa efectividad y compleja aplicación práctica. Pues bien, es precisamente en ese contexto en el que la labor interpretativa y de adaptación del texto de la CDN asignada al Comité de los Derechos del Niño adquiere particular relevancia. Este quehacer se ha materializado en tres instrumentos fundamentales, cuya falta de conocimiento generalizada se ha convertido en característica intrínseca a su propio devenir. Dichos mecanismos son los enumerados acto seguido: los debates generales – *days of general discussions* –, los comentarios u observaciones generales – *general comments* –, y, por último, las peticiones de estudios monográficos.

Es por ello que en el presente capítulo, tras ofrecer una breve síntesis acerca de la naturaleza, estructura, y *modus operandi* del Comité de los Derechos del Niño, se procede acto seguido al análisis pormenorizado de esas *otras*, por identificarlas de algún modo, atribuciones de carácter más bien explicativo, interpretativo, adaptativo y evolutivo del articulado de la CDN que corresponden también a este órgano ginebrino, con particular atención a las observaciones generales.[6] De esta forma, se pretende

*Comparado*, Nº. 146, pp. 13-59.

[5] De acuerdo con CARMONA LUQUE, María del Rosario, *La Convención sobre los Derechos del Niño. Instrumento de progresividad en el Derecho Internacional de los Derechos Humanos*, Madrid, Dykinson, 2011, p. 143, la doctrina y jurisprudencia derivada de este mecanismo especializado – se refiere al Comité de los Derechos del Niño – debe contribuir significativamente a la interpretación de la Convención, así como beneficiar los mecanismos y órganos nacionales, regionales e internacionales.

[6] Un estudio detallado del origen, estructura y funciones del Comité de los Derechos del Niño podemos encontrarlo en RAVETLLAT BALLESTÉ, Isaac, "El Comité de los Derechos del

dar a conocer y poner a disposición del lector una información un tanto desconocida y de exiguo aprovechamiento por parte de los agentes sociales que se dedican, no solo desde la academia, sino también desde otros espacios profesionales a trabajar en pro de un mundo más adecuado para la infancia y la adolescencia.

## 1. El Comité de los Derechos del Niño

Antes de partir con el comentario de esas *otras* funciones asignadas al Comité de los Derechos del Niño, se nos antoja del todo imprescindible dedicar unas líneas, aún sin ánimo de agotar la materia, a la presentación de las particularidades que identifican al órgano de control y supervisión previsto por la CDN para verificar los progresos realizados en el cumplimiento de las obligaciones contraídas por los Estados signatarios, que no es otro sino el Comité de los Derechos del Niño.[7]

En ese sentido, la propia CDN crea, en su artículo 43, un órgano colegiado, el citado Comité de los Derechos del Niño,[8] encargado de verificar la aplicación de los preceptos del mentado tratado internacional en los diferentes Estados parte. Este Comité integrado en la actualidad por dieciocho expertos independientes,[9] procedentes de Estados y sistemas

Niño", en Villagrasa Alcaide, Carlos y Ravetllat Ballesté, Isaac (Coords.), *El desarrollo de la Convención sobre los Derechos del Niño en España*, Bosch, Barcelona, 2006, pp. 47-61.

[7] Ravetllat Ballesté, Isaac, "Los informes presentados ante el Comité de los Derechos del Niño como mecanismo para la promoción y protección de los derechos de los niños, niñas y adolescentes", en Tello Gilardi, Janet y Calderón Puertas, Carlos (Coords.), *Reglas de Brasilia. Por una justicia sin barreras*, Poder Judicial del Perú, Lima, 2019, pp. 129-135.

[8] Sus actuaciones se rigen por el contenido del Reglamento del Comité de los Derechos del Niño, *Reglamento*, – Documento CRC/C/4, de 14 de noviembre de 1991-. Aprobado por el Comité en su 22ª reunión del primer período de sesiones y revisado por el Comité en su 79º de sesiones – CRC/C/4/Rev. 5, de 1 de marzo de 2019 -.

[9] En su redacción originaria el texto de la Convención de 1989 fijaba que el Comité de los Derechos del Niño debía estar compuesto por 10 expertos de integridad moral y prestigio internacional reconocido en materia de derechos de la infancia nombrados por un período de 4 años reelegibles. No obstante lo apuntado, y desde el mes de febrero de 2003, por reforma del artículo 43 del texto de la Convención se elevó el número de sus integrantes y se pasó de 10 a 18. Con ello se pretendió dar mayor agilidad a las tareas de examen de los informes presentados por los Estados Parte y evitar así los retrasos en la emisión de las observaciones y recomendaciones que el Comité realiza de los mismos. La propuesta

jurídicos diferentes, se reúne tres veces al año en períodos de sesiones de 4 semanas de duración cada una de ellas.[10] Así, aunque los miembros del Comité son elegidos por los Estados partes, ejercen sus funciones a título personal, es decir, no representan a los gobiernos de sus países, ni a ninguna otra organización a la que pertenezcan.[11]

El Comité, en el desempeño de sus tareas, no adopta un planteamiento de confrontación, sino que, por el contrario, procura involucrar a los Estados en un diálogo constructivo con miras a valorar de manera crítica cuál es la situación real que vive la infancia y la adolescencia en su ámbito territorial y alentar su cooperación en la aplicación de la Convención de 1989. De hecho, el objetivo esencial del proceso internacional de revisión que lleva a cabo el Comité a través del análisis de los informes,

inicial de reforma del mencionado artículo de la Convención fue realizada por Costa Rica el año 1995, y un año después la Asamblea General de las Naciones Unidas la aprobó, pero tuvo que esperarse hasta febrero de 2003 para que esta enmienda entrara en vigor – momento en que fue aceptada por una mayoría de dos tercios de los Estados partes -. Esta misma problemática es identificada por SMITH, Lucy, "Monitoring CRC", en ALFREDSSON, Gudmundur y GRIMHEDEN, Jonas (Ed.), *International Human Rights monitoring mechanisms: essays in honour of Jakob T.H. Möller*, Leiden, Martinus Nijhoff, 2009, pp. 115-116.

[10] En un momento inicial, durante cada período de sesiones el Comité sobre los Derechos del Niño analizaba seis de los informes presentados por los Estados. Ello significaba que cada año se supervisaban 18 de esos informes. Posteriormente, en enero de 2000, el Comité de los Derechos del Niño decidió examinar anualmente los informes de 27 Estados partes, aumentando así su volumen de trabajo en un 50 %, para ocuparse del retraso en el examen de los mismos – CRC/C/100, de 14 de noviembre de 2000. Informe sobre el veinticincoavo período de sesiones del Comité de los Derechos del Niño -. Finalmente, desde enero de 2005, y por un período inicial de dos años, el Comité examinó los informes en dos cámaras paralelas, cada una formada por nueve de sus integrantes, teniendo debidamente en cuenta la distribución geográfica equitativa, por lo que el número de informes de los Estados partes examinados por el órgano ginebrino aumentó de 27 a 48 por año – CRC/C/133, de 12 de enero de 2004. Informe sobre el treinta y cuatro período de sesiones del Comité de los Derechos del Niño.

[11] Antes de asumir sus funciones, cada miembro del Comité debe realizar en sesión pública de este organismo de las Naciones Unidas la siguiente declaración solemne: "declaro solemnemente que, en el desempeño de mis funciones y en el ejercicio de mis facultades como miembro del Comité de los Derechos del Niño, actuaré en forma honorable, fiel, imparcial y concienzuda" (Artículo 15 del Reglamento del Comité de los Derechos del Niño).

inicial y periódicos, que presentan los Estados, no consiste en reemplazar la capacidad nacional para asegurar y verificar el cumplimiento de los derechos de la niñez, sino en reforzar esa competencia. Esta manera de proceder contribuye también a fortalecer la participación general de todos los sectores implicados en el ámbito de la infancia y la adolescencia en la formulación de políticas, así como alentar el escrutinio público de las responsabilidades gubernamentales. En igual medida, coadyuva a la realización de los derechos de la infancia y la adolescencia al ofrecer a los poderes públicos nacionales, a las instituciones privadas, a los promotores independientes e incluso, en algunos casos, a los propios niños, niñas y adolescentes, la oportunidad de colaborar juntos en la mejora de las condiciones de vida de este colectivo de la población en situación de especial vulnerabilidad.

Además, no podemos olvidar que el Comité de los Derechos del Niño no es un órgano de supervisión convencional que deba considerarse de forma aislada, sino que por el contrario se encuentra inserto dentro del sistema de promoción y garantías de los derechos humanos de las Naciones Unidas. Este modelo de intervención está compuesto por dos clases principales de instrumentos: aquéllos constituidos en virtud de la Carta de la ONU,[12] incluyendo la Comisión de Derechos Humanos; y, los creados en atención a los tratados internacionales de protección de los derechos humanos, cuya tarea fundamental es la de actuar como mecanismos de control.

Ahondando en lo apuntado en el párrafo anterior, mentar que actualmente son nueve los comités previstos en los convenios de protección de los derechos fundamentales encargados de supervisar su puesta en acción: Comité de Derechos Humanos (HRC),[13] Comité de Derechos

[12] Incluimos la Comisión de Derechos Humanos; los Procedimientos especiales de la Comisión de Derechos Humanos; y la Subcomisión para la promoción y la protección de los derechos humanos.

[13] Supervisa la aplicación del Pacto Internacional de Derechos Civiles y Políticos de 1966 – resolución de la Asamblea General 2200 A (XXI), de 16 de diciembre de 1966 – y sus Protocolos Facultativos. Inicialmente, todos los Estados partes deben presentar un informe un año después de su ratificación o adhesión al Pacto y luego siempre que el Comité lo solicite – por lo general cada cuatro años -. El Comité, integrado por dieciocho expertos de prestigio internacional, examina cada informe y expresa sus preocupaciones y reco-

Económicos, Sociales y Culturales (CESCR),[14] Comité para la Eliminación de la Discriminación Racial (CERD),[15] Comité para la Eliminación de la Discriminación contra la Mujer (CEDAW),[16] Comité contra la Tortura (CAT),[17] Comité de los Derechos del Niño (CRC),[18] Comité para la

mendaciones al Estado en forma de observaciones finales. Además del procedimiento de presentación de informes, el artículo 41 del Pacto establece que este conjunto de expertos debe examinar las denuncias entre los Estados. También, el Primer Protocolo Facultativo del Pacto otorga al Comité competencias para examinar las denuncias de los particulares en relación con supuestas vulneraciones del tratado internacional cometidas por los Estados partes en el Protocolo.

[14] Se encarga de controlar el cumplimiento de las disposiciones del Pacto Internacional de Derechos Económicos, Sociales y Culturales de 1966 – resolución de la Asamblea General 2200 A (XXI), de 16 de diciembre de 1966 -. Este órgano de dieciocho expertos independientes se estableció en virtud de la resolución 1985/17, de 28 de mayo de 1985, del Consejo económico y Social de las Naciones Unidas –ECOSOC-. Inicialmente, los Estados deben presentar informes a los dos años de aceptación del Pacto y a continuación cada cinco años – artículos 16 y 17. Asimismo, el Protocolo Facultativo a este Pacto, de 10 de diciembre de 2008, que en entró en vigor el 5 de mayo de 2013, permite atribuirle al Comité competencias para conocer de comunicaciones individuales, interestatales e incluso actuar de oficio.

[15] Supervisa la aplicación de la Convención Internacional sobre la Eliminación de todas las Formas de Discriminación Racial de 1965 – resolución de la Asamblea General 2106 A (XXI), de 21 de diciembre de 1965 -. Inicialmente, todos los Estados Partes deben presentar informes un año después de la ratificación o adhesión al Tratado internacional, y después cada dos años – artículo 9. Además del procedimiento de presentación de informes, la Convención establece otros tres mecanismos mediante los cuales este órgano de expertos – dieciocho en total – desempeña sus funciones de supervisión: el procedimiento de alerta temprana, el examen de las denuncias entre los Estados y el estudio de las denuncias de particulares.

[16] Supervisa la aplicación de la Convención sobre la Eliminación de todas las Formas de Discriminación contra la Mujer de 1979 – resolución de la Asamblea General 34/180 18 de diciembre de 1989. Los Estados partes deben presentar su informe inicial un año después de la ratificación del texto del Tratado, a continuación los informes periódicos deben presentarse cada cuatro años – artículo 18. El mencionado grupo de expertos está configurado por veintitrés personas.

[17] Integrado por diez expertos internaciones encargados de supervisar la aplicación de la Convención Contra la Tortura y otros Tratos o Penas Crueles, Inhumanos o Degradantes de 1984 – resolución de la Asamblea General 39/46, de 10 de diciembre de 1984 -. Los Estados deben presentar su primer informe un año después de su ratificación o adhesión a la Convención y posteriormente cada cuatro años – artículo 19 -. Junto con la presen-

Protección de los Derechos de todos los Trabajadores Migratorios y de sus Familiares (CMW),[19] Comité de los Derechos de las Personas con Discapacidad (CRPD),[20] y Comité contra las Desapariciones Forzadas (CED).[21]

tación de informes, la Convención establece otros tres mecanismos para llevar a cabo su tarea de monitorización del texto del Tratado internacional: examinar, en determinadas circunstancias, las denuncias o comunicaciones de los particulares que afirman que se ha atentado contra los derechos consagrados en la Convención, llevar a cabo investigaciones de oficio y examinar las denuncias entre Estados.

[18] Supervisa la aplicación de la Convención sobre los Derechos del Niño de 1989 – resolución de la Asamblea General 44/25, de 20 de noviembre de 1989 – y sus tres Protocolos Facultativos – el último de ellos relativo a un procedimiento de comunicaciones, de 19 de diciembre de 2011, y que entró en vigor el 14 de abril de 2014, habilita al Comité de los Derechos del Niño para recibir y examinar denuncias de los particulares, y según los casos entre Estados y procedimientos de investigación de oficio.

[19] Supervisa la aplicación de la Convención Internacional sobre la Protección de los Derechos de todos los Trabajadores Migratorios y de sus Familiares de 1990 – resolución de la Asamblea General 45/158, de 18 de diciembre de 1990 -. Este Comité celebró su primer período de sesiones en marzo de 2004. Inicialmente, los Estados deben presentar un informe un año después de su adhesión a la Convención, y los periódicos cada cinco años – artículos 73 y 74 -. Los catorce expertos independientes que forman parte de este órgano de control – el 1 de enero de 2010 se pasó de los originarios 10 miembros a los actuales 14 –, también pueden, en determinadas circunstancias, examinar denuncias o comunicaciones presentadas por particulares, una vez que diez Estados partes hayan aceptado este procedimiento de conformidad con el artículo 77 del texto de la Convención.

[20] Supervisa la aplicación de la Convención de los Derechos de las Personas con Discapacidad de 2006 – resolución de la Asamblea General 61/106, de 13 de diciembre de 2006 -. Este Comité celebró su primer período de sesiones en febrero de 2009. Inicialmente, los Estados deben presentar un informe a los dos años de la entrada en vigor del Convenio en su respectivo territorio, y los periódicos, al menos, cada cuatro años – artículo 35 -. Los doce expertos independientes que inicialmente forman parte de este órgano de control se incrementarán en seis miembros más cuando la Convención obtenga, además de las 20 necesarias para su entrada en vigor, otras 60 ratificaciones o adhesiones – artículo 34.2 -; cosa que sucedió el 2 de febrero de 2010 y llevó a que el número de integrantes de este Comité pasara a 18, el 1 de enero de 2011. Su Protocolo Facultativo de 13 de diciembre de 2006 permite atribuir al Comité competencias para entender de las comunicaciones individuales, así como actuar de oficio.

[21] Integrado por diez expertos internaciones encargados de supervisar la aplicación de la Convención Internacional para la Protección de todas las Personas contra las Desapariciones Forzosas de 20 de diciembre de 2006. Los Estados deben presentar su primer informe

Así las cosas, y trayendo a colación la universalidad, la indivisibilidad y la interdependencia existente entre los derechos humanos, desde un momento inicial ya se planteó la necesidad de garantizar que los órganos de supervisión a los que acabamos de hacer referencia trabajaran de forma cohonestada y complementaria entre sí, denotando de este modo el carácter integrador del marco de los tratados y convenios de derechos humanos. Fruto de esa preocupación, desde Naciones Unidas se idearon dos instrumentos cuyo objetivo primordial es el de asegurar el debate, el intercambio de información y la coordinación entre las actuaciones de los citados Comités: la reunión anual de sus presidentes y la denominada reunión inter-comités.[22]

Pareciera, pues, que este acercamiento entre los órganos de expertos llamados no solo a supervisar el efectivo cumplimento y desarrollo del contenido de los Tratados internacionales de protección de los derechos humanos de las Naciones Unidas, sino también a garantizar la adecuada interpretación de sus preceptos conforme a la realidad socio-histórica vivida en cada momento, debiera redundar en una optimización de los recursos, así como en una racionalización de los circuitos de intervención de los diferentes Comités. No obstante, y aun reconociendo los esfuerzos y avances alcanzados durante el último decenio en la materia, no podemos ignorar los retos todavía pendientes de afrontar.

Sin ir más lejos no fue hasta el año 2014 – trece años a contar desde su primera Observación general – que el Comité de los Derechos del Niño emitió una observación general conjunta con otro de los órganos de expertos encargados de velar por el respeto del acervo normativo emanado del sistema de tratados de derechos humanos de las Naciones

dos años después de su ratificación o adhesión a la Convención – artículo 29 -. Junto con la presentación de ese informe, la Convención establece – artículo 31 – que los Estados partes podrán declarar, en el momento de la ratificación o con posterioridad a ésta, que reconocen la competencia del Comité para recibir y examinar las comunicaciones presentadas por personas que se encuentren bajo su jurisdicción o en nombre de ellas y que denuncien haber sido víctimas de violaciones de las cláusulas del Tratado internacional por ese Estado parte. Además, el artículo 32 de la Convención establece que el Comité podrá tomar en consideración las denuncias entre Estados.

[22] OCHOA RUÍZ, Natalia, *Los mecanismos convencionales de protección de los derechos humanos en las Naciones Unidas*, Civitas, Madrid, 2004, pp. 32-42.

Unidas, concretamente el Comité para la Eliminación de la Discriminación contra la Mujer.[23] Posteriormente, esa experiencia se ha repetido tan solo en una única ocasión, específicamente con la aprobación de dos Observaciones generales conjuntas entre el Comité de los Derechos del Niño y, en esta oportunidad, el Comité de Protección de los Derechos de Todos los Trabajadores Migratorios y de sus Familiares, ambas emitidas el año 2017.[24] Poco rédito, entendemos, para una tarea de coordinación inter-comités que sobre el papel se inició con muy buenas intenciones pero con escasos resultados. Las razones que explican esa falta de colaboración o trabajo en unísono de los órganos de los tratados de derechos humanos de las Naciones Unidas obedecen a múltiples razones: dispares niveles de implementación y consolidación de las Convenciones internacionales de referencia; diferidos ritmos de avance en sus cometidos ordinarios; sobresaturación en el volumen de sus tareas; y limitados recursos – tanto personales como económicos – para afrontar tales desafíos, son simplemente algunos, a modo ejemplificativo, de los motivos más relevantes.

Idéntica falta de coordinación inter-comités se denota en los procedimientos de comunicaciones, pues en ciertas ocasiones un mismo supuesto de hecho puede resultar de interés para más de un comité y, por ende, debería preverse la posibilidad de un trabajo conjunto y sistematizado de dichos órganos de control. En otras, en cambio, el caso presentado puede no ser competencia del mecanismo cuasi-jurisdiccional

[23] Comité de los Derechos del Niño, *Observación General Nº. 18, sobre las prácticas nocivas, de 14 de noviembre de 2014*, – Documento CRC/C/GC/18 -. Tomar en consideración, además, que esta Observación General posteriormente fue revisada tanto por el Comité para la Eliminación de la Discriminación contra la Mujer en su 72º período de sesiones, como por el Comité de los Derechos del Niño en su 88º período de sesiones. La versión actualizada es Documento CRC/C/GC/18/Rev.1, de 8 de mayo de 2019.

[24] Comité de los Derechos del Niño, *Observación General Nº. 22, sobre los principios generales relativos a los derechos humanos de los niños en el contexto de la migración internacional, de 16 de noviembre de 2017*, – Documento CRC/C/GC/22 -; y Comité de los Derechos del Niño, *Observación General Nº. 23, sobre las obligaciones de los Estados relativas a los derechos humanos de los niños en el contexto de la migración internacional en los países de origen, tránsito, destino y retorno, de 16 de noviembre de 2017*, – Documento CRC/C/GC/23 -. Ambos documentos son independientes por derecho propio, si bien se complementan y deben interpretarse y aplicarse de manera conjunta.

ante el que se acude, pero sí de otro. Pues bien, un sistema de remisión entre los diferentes Comités que actuara de oficio agilizaría y garantizaría que las posibles vulneraciones de derechos fundamentales no quedaran sin ser resueltas.[25]

## 2. Esas llamadas *otras* funciones del Comité de los Derechos del Niño

Además de su actividad principal – el análisis de los informes de los Estados – el Comité también lleva a cabo otras actividades dirigidas fundamentalmente a la promoción de los derechos de la infancia y la adolescencia, así como a su adaptación y evolución a las diferentes vicisitudes que puedan irse dando a lo largo del tiempo. De entre esas tareas complementarias, tal y como ya hemos avanzado con anterioridad, podemos destacar tres: los debates generales; la posibilidad de instar la redacción de estudios monográficos; y los comentarios u observaciones generales. En este apartado nos haremos cargo de los dos primeros de esos instrumentos y dejaremos para el subsiguiente epígrafe el abordaje de las observaciones generales.

### 2.1. Los debates generales – *Days of general discussions*

Con el fin de profundizar en el entendimiento del contenido y las consecuencias de la aplicación del texto de la Convención de 1989, el Comité de los Derechos del Niño puede consagrar una o más reuniones de sus períodos ordinarios de sesiones a un debate general que verse sobre un artículo específico de la Convención o sobre un tema conexo. El *día de debate* constituye una verdadera asamblea pública, abierta a todos los representantes gubernamentales, expertos particulares, organismos y agencias especiales de las Naciones Unidas, así como cualquier otro ciudadano/a, incluidos los propios niños, niñas y adolescentes.[26]

La finalidad perseguida por estos días de debate general, que durante los últimos tiempos se han venido celebrando cada dos años, se centra en el desarrollo de conocimientos y la recopilación de buenas prácticas en la

[25] RAVETLLAT BALLESTÉ, Isaac y CONTRERAS ROJAS, Cristian, "El Protocolo Facultativo de la Convención sobre los Derechos del Niño relativo a un procedimiento de comunicaciones. Estudio a la luz de su aplicabilidad", *Estudios Constitucionales*, Año 17, Nº. 2, 2019, p. 256.

[26] Previsto en el artículo 79 del Reglamento del Comité de los Derechos del Niño.

esfera de los derechos humanos de la infancia y la adolescencia, y no en las intervenciones de casos particulares – ello, en su caso, sería más bien objeto de un procedimiento de comunicación individual, siempre que cumpliera, por supuesto, con lo estipulado en el artículo 7º del Protocolo Facultativo del año 2011.

Para seleccionar la materia a tratar durante el día de debate general, el Comité acoge con beneplácito las sugerencias de temáticas presentadas por escrito con más de dieciséis meses de antelación – con respecto a la fecha programada para llevar a cabo el evento –, según un modelo normalizado que requiere información sobre las razones por las que se propone y su pertenencia en relación con la Convención, su alcance, los resultados previstos, los objetivos perseguidos, el formato y los posibles oradores, así como los métodos para financiar y asegurar la participación de niños, niñas y adolescentes.

Aunque el formato del día de debate general puede variar según el tema y el programa planteados, normalmente principia con una breve sesión plenaria que incluye declaraciones de apertura por parte de miembros del Comité y representantes de diversos organismos de las Naciones Unidas, organizaciones de la sociedad civil y niños/as. Acto seguido, y para facilitar el intercambio de opiniones, las personas que participan del evento suelen dividirse en dos o más grupos de trabajo a fin de tratar las esferas específicas de interés en relación con la cuestión elegida. La jornada finaliza con una sesión plenaria de clausura, en la que cada grupo de trabajo informa al plenario y, por último, un integrante del órgano ginebrino formula observaciones y recomendaciones a modo de cierre.

El primero de esos debates generales se celebró el 5 de octubre de 1992 y versó sobre la participación de las personas menores de edad en los conflictos armados.[27] El artículo 38 de la CDN estatuye los 15 años como edad a partir de la cual pueden ser reclutados los adolescentes para participar en los conflictos armados, ello provocó que muchos Estados en el momento de ratificar el texto de la Convención presentasen reservas a

[27] Para tener acceso a las actas completas del debate general relativo a los "Efectos de los conflictos armados en la infancia" vid. el Informe sobre el segundo período de sesiones del Comité de los Derechos del Niño, Documento CRC/C/10, de 19 de octubre de 1992, párr. 61-77.

la aplicación del mencionado precepto, esta circunstancia es justamente la que impulsó a los miembros del Comité a dedicar la primera de sus sesiones monográficas a esta cuestión.[28] La consecuencia más evidente de ese primer debate general es que se sentaron las bases del actual Protocolo facultativo relativo a la participación de la infancia en los conflictos armados, aprobado por la Asamblea General de las Naciones Unidas el 25 de mayo de 2000.[29] Otros temas tratados en el llamado *day of general discussion* son los citados a continuación: la explotación económica de la infancia – 4 de octubre de 1993[30] -; el rol de la familia en la promoción de los derechos de la infancia – 10 de octubre de 1994[31] -; la protección de las niñas – 23 de enero de 1995[32] -; la administración de justicia juvenil – 9 de octubre de 1995[33] -; los niños/as y los medios de comunicación – 7 de

[28] Fruto de las recomendaciones derivadas de ese encuentro del Comité de los Derechos del Niño, la Asamblea General de las Naciones Unidas aprobó la Resolución 48/157, de 7 de marzo de 1994, en la que se aconsejaba al Secretario General de las Naciones Unidas el nombramiento de un experto independiente que se encargara de elaborar un estudio sobre el impacto de los conflictos armados sobre la infancia. Graça Machel, ex-ministra de educación de Mozambique, fue la persona designada para llevar a cabo esa tarea. El año 1996, tras dos años de exhaustivas investigaciones, consultas y visitas sobre el terreno, Machel presentó su informe ante la Asamblea General en su 51º período de sesiones – A/51/306 Add.1.

[29] Resolución de la Asamblea General A/RES/54/263, aprobada el 25 de mayo de 2000.

[30] Para consultar las actas completas del debate general sobre "La explotación económica de la infancia" vid. el Informe sobre el cuarto período de sesiones del Comité de los Derechos del Niño, Documento CRC/C/20, de 25 de octubre de 1993, párr. 186-196.

[31] Las actas completas del debate general sobre "El rol de la familia en la promoción de los derechos de la infancia" se encuentran en el Informe sobre el quinto período de sesiones del Comité de los Derechos del Niño, Documento CRC/C/24, de 8 de marzo de 1994 (Anexo V: bosquejo de cuestiones que se han de plantear durante el debate general sobre el tema) y en el Informe sobre el séptimo período de sesiones del Comité de los Derechos del Niño, Documento CRC/C/34, de 8 de noviembre de 1994, párr. 183-201.

[32] El debate general sobre "Las niñas" se encuentra recogido en toda su extensión en el Informe sobre el octavo período de sesiones del Comité de los derechos del Niño, Documento CRC/C/38, de 20 de febrero de 1995, párr. 275-299 y Anexo V.

[33] La preparación y las discusiones seguidas en el debate general sobre la "Administración de justicia de menores" se encuentran recogidas en el Informe sobre el noveno período de sesiones del Comité de los Derechos del Niño, Documento CRC/C/43, de 9 de junio de 1995, párr. 214-216 y Anexo VIII: en el que se contiene un esbozo del debate general

octubre de 1996[34] -; los derechos de los niños/as con discapacidades – 6 de octubre de 1997[35] -; efectos del VIH/SIDA en la infancia – 5 de octubre de 1998[36] -; décimo aniversario de la CDN: logros y tareas pendientes – 1 de octubre de 1999[37] -; las formas de violencia de los Estados con respecto a las personas menores de edad – 22 de septiembre de 2000[38] -; la violencia contra los niños/as en el seno de la familia y en la escuela – 28

sobre "La administración de justicia de menores" y en el Informe sobre el décimo período de sesiones, Documento CRC/C/46, de 18 de diciembre de 1995, párr. 203-238.

34 Las bases, el desarrollo y el seguimiento del debate general sobre "Los niños y los medios de comunicación" se detallan en el Informe sobre el onceavo período de sesiones del Comité de los Derechos del Niño, Documento CRC/C/50, de 22 de marzo de 1996, Anexo IX, en el Informe sobre el treceavo período de sesiones, Documento CRC/C/57, de 31 de octubre de 1996, párr. 242-257, y en el Informe sobre el quinceavo período de sesiones, Documento CRC/C/66, de 6 de junio de 1997, párr. 327 y Anexo IV.

35 La preparación, el desarrollo y el posterior seguimiento del debate general sobre "Los derechos del niño/a con discapacidades" están documentados en el Informe sobre el quinceavo período de sesiones del Comité de los Derechos del Niño, Documento CRC/C/66, de 6 de junio de 1997, párr. 328-329 y Anexo V: esbozo del debate general sobre "Los derechos del niño/a con discapacidades", en el Informe sobre el decimonoveno período de sesiones del Comité de los Derechos del Niño, Documento CRC/C/80, de 9 de octubre de 1998, párr. 244-247: actividades complementarias de preparación y en el Informe sobre el veinteavo período de sesiones del Comité de los Derechos del Niño, Documento CRC/C/84, de 5 de marzo de 1999, párr. 219-222.

36 Para tener acceso a las actas completas de la preparación y desarrollo del debate general relativo a los "Efectos del VIH/SIDA en la infancia" vid. el Informe sobre el decimoctavo período de sesiones del Comité de los Derechos del Niño, Documento CRC/C/79, de 27 de julio de 1998, Anexo VI, y el Informe sobre el decimonoveno período de sesiones del Comité de los Derechos del Niño, Documento CRC/C/80, de 9 de octubre de 1998, párr. 210-243.

37 La preparación, el desarrollo y el posterior seguimiento del debate general sobre "El décimo aniversario de la Convención: logros y tareas pendientes" están documentados en el Informe sobre el veintiún período de sesiones del Comité de los Derechos del Niño, Documento CRC/C/87, de 30 de julio de 1999, Anexo IV: esbozo del debate general sobre "El décimo aniversario de la Convención", y en el Informe sobre el veintidós período de sesiones del Comité de los Derechos del Niño, Documento CRC/C/90, de 7 de diciembre de 1999, Anexos VI y VII.

38 El debate general sobre "Las formas de violencia de los Estados con respecto a los menores" se encuentra recogido en toda su extensión en el Informe sobre el veinticuatro período de sesiones del Comité de los derechos del Niño, Documento CRC/C/97, de 7 de julio de 2000 (Anexo VII: líneas generales para el día de debate general sobre "La

de septiembre de 2001[39] -; el sector privado como proveedor de servicios – 20 de septiembre de 2002[40] -; los derechos de los niños/as indígenas – 19 de septiembre de 2003[41] -; la implementación de los derechos de los niños/as en la pequeña infancia – 17 de septiembre de 2004[42] -; los derechos de los niños/as carentes de cuidado parental – 16 de septiembre de 2005[43] -; hablar, participar y decidir: el derecho del niño/a a ser oído – 15 de septiembre de 2006[44] -; recursos para los derechos del niño/a. Res-

violencia del Estado y los niños") y en el Informe sobre el veinticinco período de sesiones, Documento CRC/C/100, de 14 de noviembre de 2000, párr. 666-688.

[39] Las actas completas del debate general sobre "La violencia contra los niños/as en el seno de la familia y en la escuela" se encuentran en el Informe sobre el veintiocho período de sesiones del Comité de los Derechos del Niño, Documento CRC/C/111, de 28 de noviembre de 2001, párr. 746 y Anexo VIII.

[40] La preparación, el desarrollo y el posterior seguimiento del debate general sobre "El sector privado como proveedor de servicios y su función en la realización de los derechos del niño" están documentados en el Informe sobre el veintinueve período de sesiones del Comité de los Derechos del Niño, Documento CRC/C/114, de 14 de mayo de 2002 (Anexo VIII: líneas generales para el día de debate general sobre el tema "El sector privado como proveedor de servicios y su función en la realización de los derechos del niño"), y en el Informe sobre el treinta y uno período de sesiones del Comité de los Derechos del Niño, Documento CRC/C/121, de 11 de diciembre de 2002, párr. 630-653 y Anexo II.

[41] Las bases y el contenido del debate general sobre "Los derechos de los niños y las niñas indígenas " se hallan recogidos en el Informe sobre el treinta y dos período de sesiones del Comité de los Derechos del Niño, Documento CRC/C/124, de 3 de junio de 2003 (Anexo II: esquema para el día de debate general sobre "Los derechos de los niños y niñas indígenas") y en el Informe sobre el treinta y cuatro período de sesiones del Comité de los Derechos del Niño, Documento CRC/C/133, de 14 de enero de 2004, párr. 608-624 y Anexo II.

[42] El esquema y el contenido del debate general sobre "La realización de los derechos del niño/a en la primera infancia" se encuentran recogidos en el Informe sobre el treinta y cinco período de sesiones del Comité de los Derechos del Niño, Documento CRC/C/137, de 11 de mayo de 2004 (Anexo II: esquema para el día de debate general sobre "Realización de los derechos del niño/a en la primera infancia") y en el Informe sobre el treinta y siete período de sesiones del Comité de los Derechos del Niño, Documento CRC/C/143, de 12 de enero de 2005, párr. 532-563 y Anexo II.

[43] Las actas completas del debate general "Niños carentes de cuidado parental" se encuentran en el Informe sobre el cuarenta período de sesiones del Comité de los Derechos del Niño, Documento CRC/C/153, de 17 de marzo de 2006, párr. 636-689.

[44] Las actas completas del debate general "Hablar, participar y decidir: el derechos del niño a ser oído" se encuentran en el Informe sobre el cuarenta y tres período de sesiones

ponsabilidad de los Estados – 21 de septiembre de 2007[45] -; el derecho a la educación en las situaciones de emergencia – 19 de septiembre de 2008[46] -; los hijos/as de padres y madres encarcelados – 30 de septiembre de 2011[47] -; los derechos de todos los niños/as en el contexto de la migración internacional – 28 de septiembre de 2012[48] -; los derechos de los niños/as y la prensa digital – 12 de septiembre de 2014[49] -; derechos del niño/a y el medio ambiente – 23 de septiembre de 2016[50] -; y, por último, proteger y empoderar a los niños y niñas como defensores de los derechos humanos – 28 de septiembre de 2018.[51]

Estaba programado para el 18 de septiembre de 2020, durante la celebración del 86º período de sesiones del Comité de los Derechos del Niño, un debate general que versara sobre los derechos del niño/a y los mecanismos de cuidado alternativo. Ahora bien, producto de la crisis sanita-

del Comité de los Derechos del Niño, Documento CRC/C/43/3, de 16 de julio de 2007, párr. 980-1041.

[45] Las actas completas del debate general "Recursos para los derechos del niño. Responsabilidad de los Estados" se encuentran en el Informe sobre el cuarenta y seis período de sesiones del Comité de los Derechos del Niño, Documento CRC/C/46/3, de 22 de abril de 2008, párr. 41-95.

[46] Las actas completas del debate general "El derecho a la educación en las situaciones de emergencia" se encuentran en el Informe sobre el cuarenta y nueve período de sesiones del Comité de los Derechos del Niño, Documento CRC/C/49/3, de 25 de febrero de 2010, párr. 37-94.

[47] El informe detallado de este día de debate general puede encontrarse en el siguiente link https://www.ohchr.org/Documents/HRBodies/CRC/Discussions/2011/DGD2011ReportAndRecommendations.pdf (Consulta realizada el 19 de mayo de 2020).

[48] El informe detallado de este día de debate general puede encontrarse en el siguiente link https://www.ohchr.org/Documents/HRBodies/CRC/Discussions/2012/DGD2012ReportAndRecommendations.pdf (Consulta realizada el 22 de mayo de 2020).

[49] El informe detallado de este día de debate general puede encontrarse en el siguiente link https://www.ohchr.org/Documents/HRBodies/CRC/Discussions/2014/AnnexIII_SP.docx (Consulta realizada el 21 de mayo de 2020)

[50] El informe detallado de este día de debate general puede encontrarse en el siguiente link https://www.ohchr.org/Documents/HRBodies/CRC/Discussions/2016/DGDoutcomereport-May2017.pdf (Consulta realizada el 23 de mayo de 2020).

[51] El informe detallado de este día de debate general puede encontrarse en el siguiente link https://www.ohchr.org/Documents/HRBodies/CRC/Discussions/2018/crc_dgd_2018_outcomereport_es.pdf (Consulta realizada el 23 de mayo de 2020).

ria por la que está atravesando el mundo, el Comité decidió postergar el citado evento hasta el año 2021.[52]

Finalmente, no podemos cerrar este apartado sin hacer mención expresa, por su especial relevancia, a la voluntad del Comité de los Derechos del Niño de facilitar, en la medida de lo posible, la participación directa de niños, niñas y adolescentes, ya sea presencialmente o a distancia, en las sesiones del día de debate general. En ese sentido, el Comité pone de relieve que los niños/as tienen derecho a participar del evento en pie de igualdad y juegan un rol fundamental para que el mentado órgano de expertos y las demás partes interesadas comprendan mejor las cuestiones relacionadas con la aplicación de la CDN. Es por ello, que se alienta a los niños y niñas a que participen libre y activamente en los días de debate general, y a que compartan sus conocimientos, aptitudes, opiniones, experiencias y recomendaciones. La voz de los niños, niñas y adolescentes ayuda a que el Comité establezca un contexto real y no textual con respecto a sus derechos y responsabilidades.[53]

El proceso de participación de las personas menores de edad en este tipo de instancias internacionales, según ha establecido el propio Comité en su Observación General Nº. 12, relativa al derecho del niño a ser escuchado (2009), debe ineludiblemente ser transparente e informativo; voluntario; respetuoso; pertinente; adaptado; inclusivo; apoyado en la formación; seguro; y, responsable. Asimismo, los niños, niñas y adolescentes deben ser informados sobre la manera en que han influido en los debates y cualesquiera actividades de seguimiento, y debe contarse, por

[52] Para acceder a una información más actualizada con respecto a este acontecimiento de carácter internacional organizado por el Comité de los Derechos del Niño, acudir a la siguiente página web https://www.ohchr.org/EN/HRBodies/CRC/Pages/Discussion2020.aspx (Consulta realizada el 24 de mayo de 2020).

[53] Para facilitar, asegurar y ordenar la participación de los niños, niñas y adolescentes en los días de debate general del Comité de los Derechos del Niño, este propio órgano de control de las Naciones Unidas ha elaborado (2018) unas pautas metodológicas para tratar de garantizar la adecuada intervención de las personas menores de edad antes, durante y tras el citado evento internacional. COMITÉ DE LOS DERECHOS DEL NIÑO, *Métodos de trabajo para la participación de los niños en los días de debate general del Comité de los Derechos del Niño, 12 de septiembre de 2018*, – Documento CRC/C/155.

supuesto, con su intervención en los subsiguientes procesos de evaluación de los resultados obtenidos.

### 2.2. Peticiones de estudios monográficos

El Comité de los Derechos del Niño podrá recomendar a la Asamblea General de las Naciones Unidas que solicite al Secretario General que efectúe, en su nombre, estudios sobre cuestiones concretas relativas a los derechos de la infancia – artículo 45 c) de la CDN[54] -. También podrá invitar a la presentación de investigaciones por parte de otros órganos del sistema de las Naciones Unidas de protección de los derechos humanos sobre temas de importancia para el propio Comité.[55]

Los principales estudios que se han desarrollado bajo los auspicios de esta previsión del texto de la Convención guardan relación con dos aspectos específicos: el impacto de los conflictos armados sobre la infancia[56] y la explotación sexual comercial de los niños, niñas y adolescentes; temas éstos que casualmente fueron objeto de los dos Primeros Protocolos Facultativos de la CDN (2000).

## 3. Observaciones generales del Comité de los Derechos del Niño

De acuerdo con lo estipulado en el artículo 77 del Reglamento del Comité de los Derechos del Niño, este órgano ginebrino ostenta la posibilidad de hacer pública su interpretación acerca del contenido de las provisiones estipuladas en la CDN y sus Protocolos facultativos sustantivos en forma de comentarios u observaciones generales, que deben versar, en todo caso, sobre ejes temáticos concretos y específicos. En efecto, estas observaciones generales se basan en artículos determinados y cuestiones precisas de la CDN y tienen como objetivo proporcionar apoyo a los Estados partes en sus labores de cumplimiento y desarrollo de las obligaciones emanadas del citado tratado internacional.

Para dar contenido al redactado de una observación general, el Comité de los Derechos del Niño, en primera instancia, asigna la fun-

[54] Newell, Peter y Hodgkin, Rachel, *Implementation handbook for the Convention on the Right of the Child*, Unicef, New York, 1998, p. 586.

[55] Previsto en el artículo 80 del Reglamento del Comité de los Derechos del Niño.

[56] Machel, Graça, *Impact of Armed Conflict on Children*, United Nations, New York, 1996.

ción de ponente a uno o varios de sus integrantes, para que sean éstos los encargados de guiar, coordinar y desarrollar el mentado documento. Asimismo, y con el ánimo de recabar la mayor y más diversa información posible con respecto de la materia monográfica tratada en cada una de sus observaciones, el propio Comité hace un llamado público – a través de sus canales oficiales y de su espacio web – a todas las partes interesadas en colaborar en la construcción de la susodicha observación. Para ello el Comité redacta un nota conceptual – *Concept note* – en la que resume los aspectos fundamentales que la observación general debe contener e invita a los Estados, organismos internacionales, sociedad civil, expertos, niños, niñas y adolescentes, y ciudadanía en general a presentar sus aportes durante un determinado período de tiempo. Toda contribución es bienvenida, si bien se priorizan los comentarios vinculados con el propósito y alcance de la observación; su estructura; situación en la que se encuentran los Estados con respecto a la temática abordada; opiniones sobre las cuestiones y preguntas planteadas en la misma nota conceptual; y, por último, sugerencias de nuevos prismas o enfoques para su inclusión en el documento de trabajo.[57] En otras palabras, se reciben todos aquellos aportes procedentes de investigaciones, buenas prácticas, leyes, políticas o programas que puedan contribuir positivamente al proceso de redacción de la observación proyectada.

Paralelamente, se celebran consultas con niños, niñas y adolescentes de diversos contextos en diferentes países, así como con expertos de las esferas pertinentes, a fin de garantizar que sus puntos de vista son debidamente tomados en consideración en la observación general.

Finalmente, tras examinar pormenorizadamente todas las contribuciones, el Comité prepara un primer borrador de la observación general para, posteriormente, si lo estima oportuno, celebrar consultas adiciona-

[57] Todos los comentarios deben presentarse en uno de los idiomas de trabajo del Comité – inglés, francés o español -; deben contenerse en un documento conciso que se centre explícitamente en las implicaciones del tema de fondo abordado, todo ello sin exceder de las 5-6 páginas; debe incluir una breve declaración en la que se presente a la organización o personas que presenta la propuesta; se publicarán en la página web del Comité dedicada al proyecto de la observación general

les con las partes interesadas, a fin de resolver ciertas dudas que hubieran podido suscitarse.

Por el momento, veinticuatro son las Observaciones generales adoptadas por el Comité de los Derechos del Niño, algunas de ellas han generado un importante debate e incluso han tenido un gran impacto en el modo de interpretar, dar contenido y aplicar ciertos preceptos de la CDN, otras, en cambio, han pasado absolutamente desapercibidas y su incidencia práctica ha sido escasa, por no decir nula. Presentamos, acto seguido, la enumeración completa de todas y cada una de las Observaciones generales adoptadas hasta la fecha por el Comité de los Derechos del Niño:

- Observación general nº. 1 (2001), propósitos de la educación. Significado del párrafo primero del artículo 29 de la CDN.[58]
- Observación general nº. 2 (2002), sobre el papel de las instituciones nacionales independientes de derechos humanos en la promoción y protección de los derechos del niño.[59]
- Observación general nº. 3 (2003), sobre el VIH/SIDA y los derechos del niño.[60]
- Observación general nº. 4 (2003), sobre la salud y el derecho de los adolescentes en el contexto de la CDN.[61]
- Observación general nº. 5 (2003), sobre medidas generales de aplicación de la CDN (artículos 4, 42 y párrafo sexto del artículo 44 de la Convención sobre los Derechos del Niño).[62]

[58] Comité de los Derechos del Niño, *Observación general nº. 1, sobre propósitos de la educación. Párrafo primero del artículo 29 de la CDN, de 17 de abril de 2001,* Documento CRC/GC/2001/1.

[59] Comité de los Derechos del Niño, *Observación general nº. 2, sobre el papel de las instituciones nacionales independientes de derechos humanos en la promoción y protección de los derechos del niño, de 15 de noviembre de 2002,* Documento CRC/GC/2002/2.

[60] Comité de los Derechos del Niño, *Observación general nº. 3, sobre el VIH/SIDA y los derechos del niño, de 17 de marzo de 2003,* Documento CRC/GC/2003/3.

[61] Comité de los Derechos del Niño, *Observación general nº. 4, sobre la salud y el desarrollo de los adolescentes en el contexto de la Convención sobre los Derechos del Niño, de 21 de julio de 2003,* Documento CRC/GC/2003/4.

[62] Comité de los Derechos del Niño, *Observación general nº. 5, sobre medidas generales de aplicación de la Convención sobre los Derechos del Niño (artículos 4, 42 y párrafo sexto del artículo 44), de 27 de noviembre de 2003,* Documento CRC/GC/2003/5.

– Observación general nº. 6 (2005), sobre el tratamiento de los menores no acompañados y separados fuera de su país de origen.[63]
– Observación general nº. 7 (2005), sobre realización de los derechos del niño en la primera infancia.[64]
– Observación general nº. 8 (2006), sobre el derecho del niño a la protección contra los castigos corporales y otras formas de castigo crueles o degradantes (artículos 19, párrafo segundo del artículo 28 y artículo 37).[65]
– Observación general nº. 9 (2006), sobre los derechos de los niños con discapacidad.[66]
– Observación general nº. 10 (2007), sobre los derechos del niño en la justicia de menores.[67]
– Observación general nº. 11 (2009), sobre los niños indígenas y sus derechos en virtud de la CDN.[68]
– Observación general nº. 12 (2009), sobre el derecho del niño a ser escuchado.[69]
– Observación general nº. 13 (2011), sobre el derecho del niño a no ser objeto de ninguna forma de violencia.[70]

[63] COMITÉ DE LOS DERECHOS DEL NIÑO, *Observación general nº. 6, sobre tratamiento de los niños no acompañados y separados fuera de su país de origen, de 3 de junio de 2005*, Documento CRC/GC/2005/6.
[64] COMITÉ DE LOS DERECHOS DEL NIÑO, *Observación general nº. 7, sobre realización de los derechos del niño en la primera infancia, de 20 de septiembre de 2006*, Documento CRC/GC/7/Rev.1.
[65] COMITÉ DE LOS DERECHOS DEL NIÑO, *Observación general nº. 8, sobre el derecho del niño a la protección contra los castigos corporales y otras formas de castigo crueles o degradantes (artículos 19, párrafo segundo del artículo 28 y artículo 37), de 21 de agosto de 2006*, Documento CRC/C/GC/8.
[66] COMITÉ DE LOS DERECHOS DEL NIÑO, *Observación general nº. 9, sobre los derechos de los niños con discapacidad, de 27 de febrero de 2007*, Documento CRC/C/GC/9.
[67] COMITÉ DE LOS DERECHOS DEL NIÑO, *Observación general nº. 10, sobre los derechos del niño en la justicia de menores, de 25 de abril de 2007*, Documento CRC/C/GC/10.
[68] COMITÉ DE LOS DERECHOS DEL NIÑO, *Observación general nº. 11, sobre los niños indígenas y sus derechos en virtud de la CDN, de 12 de febrero de 2009*, Documento CRC/C/GC/11.
[69] COMITÉ DE LOS DERECHOS DEL NIÑO, *Observación general nº. 12, sobre el derecho del niño a ser escuchado, de 20 de julio de 2009*, Documento CRC/C/GC/12.
[70] COMITÉ DE LOS DERECHOS DEL NIÑO, Observación general nº. 13, sobre el derecho del niño a no ser objeto de ninguna forma de violencia, de 18 de abril de 2011, Documento CRC/C/GC/13.

– Observación general nº. 14 (2013), sobre el derecho del niño a que su interés superior sea una consideración primordial (artículo 3, párrafo 1).[71]
– Observación general nº. 15 (2013), sobre el derecho del niño al disfrute del más alto nivel posible de salud (artículo 24).[72]
– Observación general nº. 16 (2013), sobre las obligaciones del Estado en relación con el impacto del sector empresarial en los derechos del niño.[73]
– Observación general nº. 17 (2013), sobre el derecho del niño al descanso, el esparcimiento, el juego, las actividades recreativas, la vida cultural y las artes (artículo 31).[74]
– Observación general nº. 18 (2014), sobre las prácticas nocivas, adoptada de manera conjunta con el Comité para la Eliminación de la Discriminación contra la Mujer.[75]
– Observación general nº. 19 (2016), sobre la elaboración de presupuestos públicos para hacer efectivos los derechos del niño (artículo 4).[76]

[71] Comité de los Derechos del Niño, Observación general nº. 14, sobre el derecho del niño a que su interés superior sea una consideración primordial (artículo 3, párrafo 1º), de 20 de mayo de 2013, Documento CRC/C/GC/14.
[72] Comité de los Derechos del Niño, Observación general nº. 15, *sobre el derecho del niño al disfrute del más alto nivel posible de salud (artículo 24), de 17 de abril de 2013,* Documento CRC/C/GC/15.
[73] Comité de los Derechos del Niño, Observación general nº. 16, *sobre las obligaciones del Estado en relación con el impacto del sector empresarial en los derechos del niño, de 17 de abril de 2013,* Documento CRC/C/GC/16.
[74] Comité de los Derechos del Niño, Observación general nº. 17, *sobre el derecho del niño al descanso, el esparcimiento, el juego, las actividades recreativas, la vida cultural y las artes (artículo 31), de 17 de abril de 2013,* Documento CRC/C/GC/17.
[75] Comité de los Derechos del Niño, Observación general nº. 18, *sobre las prácticas nocivas, de 14 de noviembre de 2014,* Documento CRC/C/GC/18.
[76] Comité de los Derechos del Niño, Observación general nº. 19, *sobre la elaboración de presupuestos públicos para hacer efectivos los derechos del niño (artículo 4), de 21 de julio de 2016,* Documento CRC/C/GC/19.

- Observación general nº. 20 (2016), sobre la efectividad de los derechos del niño durante la adolescencia.[77]
- Observación general nº. 21 (2017), sobre los niños en situación de calle.[78]
- Observación general nº. 22 (2017), sobre los principios generales relativos a los derechos humanos de los niños en el contexto de la migración internacional, adoptada de manera conjunta con el Comité de Protección de los Derechos de Todos los Trabajadores Migratorios y de sus Familiares.[79]
- Observación general nº. 23 (2017), sobre las obligaciones de los Estados relativas a los derechos humanos de los niños en el contexto de la migración internacional en los países de origen, tránsito, destino y retorno.[80]
- Observación general nº. 24 (2019), relativa a los derechos del niño en el sistema de justicia juvenil.[81]

Llegados a este punto, no podemos obviar la particular relevancia que supone que estas Observaciones sean conocidas, entendidas y utilizadas por parte de los operadores y agentes que trabajan de manera directa con niños, niñas y adolescentes, pues pareciere ser esa la única vía factible para lograr atribuirles una verdadera incidencia en la manera como la CDN y sus Protocolos facultativos vienen siendo aplicados y desarrollados en la vida real.

[77] Comité de los Derechos del Niño, Observación general nº. 20, *sobre la efectividad de los derechos del niño durante la adolescencia, de 6 de diciembre de 2016*, Documento CRC/C/GC/20.

[78] Comité de los Derechos del Niño, Observación general nº. 21, *sobre los niños en situación de calle, de 21 de julio de 2017*, Documento CRC/C/GC/21.

[79] Comité de los Derechos del Niño, Observación general nº. 22, *sobre los principios generales relativos a los derechos humanos de los niños en el contexto de la migración internacional, de 16 de noviembre de 2017*, Documento CRC/C/GC/22.

[80] Comité de los Derechos del Niño, Observación general nº. 23, *sobre las obligaciones de los Estados relativas a los derechos humanos de los niños en el contexto de la migración internacional en los países de origen, tránsito, destino y retorno, de 16 de noviembre de 2017*, Documento CRC/C/GC/23.

[81] Comité de los Derechos del Niño, Observación general nº. 24, *relativa a los derechos del niño en el sistema de justicia juvenil, de 18 de septiembre de 2019*, Documento CRC/C/GC/24.

De este modo, siguiendo el modelo establecido por el artículo 42 de la CDN, que contiene una cláusula de difusión, y tomando también en consideración las observaciones y recomendaciones efectuadas por el Comité de los Derechos del Niño ante multitud de informes presentados por Estados parte, el mismo órgano ginebrino resalta la imperiosa necesidad que los Estados reafirmen sus esfuerzos para difundir y promover sistemáticamente no solo la CDN, sino también sus Observaciones generales, entre el público en general, y entre los profesionales que trabajan con y para la infancia y la adolescencia, los medios de comunicación, los progenitores y los propios niños, niñas y adolescentes.

## Conclusiones

En virtud de lo estudiado, consideramos del todo imprescindible que los Estados asuman la responsabilidad de hacer efectivo que los principios y disposiciones de la CDN, así como las Observaciones generales adoptadas por el Comité se incorporen de manera progresiva a los diferentes planes de estudio de todos los niveles y de todos los centros educativos. Así como en los itinerarios curriculares de las diferentes carreras universitarias en que los futuros profesionales del ámbito social y jurídico se estén formando. Idéntica medida se debería garantizar en los temarios y programas de las oposiciones públicas convocadas por los órganos de la administración del Estado.

Pareciera ser ésta la única fórmula eficaz para lograr que el contenido de las observaciones generales emitidas por el Comité de los Derechos del Niño sea realmente tomado en consideración por parte de los agentes sociales encargados de implementar a nivel nacional los postulados comprendidos en la CDN.

## Bibliografía

AGUILAR CABALLO, Gonzalo, "Principios de interpretación de los derechos fundamentales a la luz de la jurisprudencia chilena e internacional", *Boletín Mexicano de Derecho Comparado*, Nº. 146, pp. 13-59.

BECO (DE), Gauthier, "The optional protocol to the Convention on the Rights of the Child on a Communications Procedure: good news?", *Human Rights Law Review*, Vol. 13, Nº. 2, pp. 367-387.

CARMONA LUQUE, María del Rosario, *La Convención sobre los Derechos del Niño. Instrumento de progresividad en el Derecho Internacional de los Derechos Humanos*, Madrid, Dykinson, 2011.

MACHEL, Graça *Impact of Armed Conflict on Children*, United Nations, New York, 1996.

NEWELL, Peter y HODGKIN, Rachel, *Implementation handbook for the Convention on the Right of the Child*, Unicef, New York, 1998.

PHILIPS, Charlotte, "Optional Protocol to the Convention on the Rights of the Child on a Communications Procedure", *International Association of Youth and Family Judges and Magistrates*, 2013, pp. 4-8.

RAVETLLAT BALLESTÉ, Isaac, "Los informes presentados ante el Comité de los Derechos del Niño como mecanismo para la promoción y protección de los derechos de los niños, niñas y adolescentes", en TELLO GILARDI, Janet y CALDERÓN PUERTAS, Carlos (Coords.), *Reglas de Brasilia. Por una justicia sin barreras*, Poder Judicial del Perú, Lima, 2019, pp. 129-135.

RAVETLLAT BALLESTÉ, Isaac y CONTRERAS ROJAS, Cristian, "El Protocolo Facultativo de la Convención sobre los Derechos del Niño relativo a un procedimiento de comunicaciones. Estudio a la luz de su aplicabilidad", *Estudios Constitucionales*, Año 17, Nº. 2, 2019, pp. 225-264.

RAVETLLAT BALLESTÉ, Isaac, "El Comité de los Derechos del Niño", en VILLAGRASA ALCAIDE, Carlos y RAVETLLAT BALLESTÉ, Isaac (Coords.), *El desarrollo de la Convención sobre los Derechos del Niño en España*, Bosch, Barcelona, 2006, pp. 47-61.

RIQUELME CORTADO, Rosa, "Entrada en vigor de los Protocolos facultativos del Pacto Internacional de Derechos Económicos, Sociales y Culturales y de la Convención sobre los Derechos del Niño relativos a un procedimiento de comunicaciones", *Revista Española de Derecho Internacional*, Vol. 6, Nº. 2, pp. 11-48.

SMITH, Lucy, "Monitoring CRC", en ALFREDSSON, Gudmundur y GRIMHEDEN, Jonas (Ed.), *International Human Rights monitoring mechanisms: essays in honour of Jakob T.H. Möller*, Leiden, Martinus Nijhoff, 2009, pp. 109-116.

**Documentación oficial Comité de los Derechos del Niño**

COMITÉ DE LOS DERECHOS DEL NIÑO, *Reglamento*, – Documento CRC/C/4, de 14 de noviembre de 1991-. Aprobado por el Comité en su 22ª reunión del primer período de sesiones y revisado por el Comité en su 79º de sesiones – CRC/C/4/Rev. 5, de 1 de marzo de 2019 -.

COMITÉ DE LOS DERECHOS DEL NIÑO, *Observación general nº. 1, sobre propósitos de la educación. Párrafo primero del artículo 29 de la CDN, de 17 de abril de 2001*, Documento CRC/GC/2001/1.

COMITÉ DE LOS DERECHOS DEL NIÑO, *Observación general nº. 2, sobre el papel de las instituciones nacionales independientes de derechos humanos en la promoción y protección de los derechos del niño, de 15 de noviembre de 2002*, Documento CRC/GC/2002/2.

COMITÉ DE LOS DERECHOS DEL NIÑO, *Observación general nº. 3, sobre el VIH/SIDA y los derechos del niño, de 17 de marzo de 2003*, Documento CRC/GC/2003/3.

COMITÉ DE LOS DERECHOS DEL NIÑO, *Observación general nº. 4, sobre la salud y el desarrollo de los adolescentes en el contexto de la Convención sobre los Derechos del Niño, de 21 de julio de 2003*, Documento CRC/GC/2003/4.

COMITÉ DE LOS DERECHOS DEL NIÑO, *Observación general nº. 5, sobre medidas generales de aplicación de la Convención sobre los Derechos del Niño (artículos 4, 42 y párrafo sexto del artículo 44), de 27 de noviembre de 2003*, Documento CRC/GC/2003/5.

COMITÉ DE LOS DERECHOS DEL NIÑO, *Observación general nº. 6, sobre tratamiento de los niños no acompañados y separados fuera de su país de origen, de 3 de junio de 2005*, Documento CRC/GC/2005/6.

COMITÉ DE LOS DERECHOS DEL NIÑO, *Observación general nº. 7, sobre realización de los derechos del niño en la primera infancia, de 20 de septiembre de 2006*, Documento CRC/GC/7/Rev.1.

COMITÉ DE LOS DERECHOS DEL NIÑO, *Observación general nº. 8, sobre el derecho del niño a la protección contra los castigos corporales y otras formas de castigo crueles o degradantes (artículos 19, párrafo segundo del artículo 28 y artículo 37), de 21 de agosto de 2006*, Documento CRC/C/GC/8.

COMITÉ DE LOS DERECHOS DEL NIÑO, *Observación general nº. 9, sobre los derechos de los niños con discapacidad, de 27 de febrero de 2007*, Documento CRC/C/GC/9.

COMITÉ DE LOS DERECHOS DEL NIÑO, *Observación general nº. 10, sobre los derechos del niño en la justicia de menores, de 25 de abril de 2007*, Documento CRC/C/GC/10.

COMITÉ DE LOS DERECHOS DEL NIÑO, *Observación general nº. 11, sobre los niños indígenas y sus derechos en virtud de la CDN, de 12 de febrero de 2009*, Documento CRC/C/GC/11.

COMITÉ DE LOS DERECHOS DEL NIÑO, *Observación general nº. 12, sobre el derecho del niño a ser escuchado, de 20 de julio de 2009*, Documento CRC/C/GC/12.

COMITÉ DE LOS DERECHOS DEL NIÑO, Observación general nº. 13, sobre el derecho del niño a no ser objeto de ninguna forma de violencia, de 18 de abril de 2011, Documento CRC/C/GC/13.

COMITÉ DE LOS DERECHOS DEL NIÑO, Observación general nº. 14, sobre el derecho del niño a que su interés superior sea una consideración primordial (artículo 3, párrafo 1º), de 20 de mayo de 2013, Documento CRC/C/GC/14.

COMITÉ DE LOS DERECHOS DEL NIÑO, Observación general nº. 15, *sobre el derecho del niño al disfrute del más alto nivel posible de salud (artículo 24), de 17 de abril de 2013,* Documento CRC/C/GC/15.

COMITÉ DE LOS DERECHOS DEL NIÑO, Observación general nº. 16, *sobre las obligaciones del Estado en relación con el impacto del sector empresarial en los derechos del niño, de 17 de abril de 2013,* Documento CRC/C/GC/16.

COMITÉ DE LOS DERECHOS DEL NIÑO, Observación general nº. 17, *sobre el derecho del niño al descanso, el esparcimiento, el juego, las actividades recreativas, la vida cultural y las artes (artículo 31), de 17 de abril de 2013,* Documento CRC/C/GC/17.

COMITÉ DE LOS DERECHOS DEL NIÑO, Observación general nº. 18, *sobre las prácticas nocivas, de 14 de noviembre de 2014,* Documento CRC/C/GC/18.

COMITÉ DE LOS DERECHOS DEL NIÑO, Observación general nº. 19, *sobre la elaboración de presupuestos públicos para hacer efectivos los derechos del niño (artículo 4), de 21 de julio de 2016,* Documento CRC/C/GC/19.

COMITÉ DE LOS DERECHOS DEL NIÑO, Observación general nº. 20, *sobre la efectividad de los derechos del niño durante la adolescencia, de 6 de diciembre de 2016,* Documento CRC/C/GC/20.

COMITÉ DE LOS DERECHOS DEL NIÑO, Observación general nº. 21, *sobre los niños en situación de calle, de 21 de julio de 2017,* Documento CRC/C/GC/21.

COMITÉ DE LOS DERECHOS DEL NIÑO, Observación general nº. 22, *sobre los principios generales relativos a los derechos humanos de los niños en el contexto de la migración internacional, de 16 de noviembre de 2017,* Documento CRC/C/GC/22.

COMITÉ DE LOS DERECHOS DEL NIÑO, Observación general nº. 23, *sobre las obligaciones de los Estados relativas a los derechos humanos de los niños en el contexto de la migración internacional en los países de origen, tránsito, destino y retorno, de 16 de noviembre de 2017,* Documento CRC/C/GC/23.

COMITÉ DE LOS DERECHOS DEL NIÑO, *Métodos de trabajo para la participación de los niños en los días de debate general del Comité de los Derechos del Niño, 12 de septiembre de 2018,* – Documento CRC/C/155 -.

COMITÉ DE LOS DERECHOS DEL NIÑO, Observación general nº. 24, *relativa a los derechos del niño en el sistema de justicia juvenil, de 18 de septiembre de 2019*, Documento CRC/C/GC/24.